2015 年世界就业和社会展望

——工作性质的不断改变

国际劳工组织　著
中国财政经济出版社　组织翻译

中国财政经济出版社

本书英文版由国际劳工研究所（日内瓦）出版，书名为 World Employment and Social Outlook：Trends 2015

图书在版编目（CIP）数据

2015 年世界就业和社会展望：工作性质的不断改变 / 国际劳工组织著；中国财政经济出版社组织翻译. —北京：中国财政经济出版社，2016. 6

ISBN 978 - 7 - 5095 - 6750 - 0

Ⅰ. ①2…　Ⅱ. ①国…　②中…　Ⅲ. ①劳动就业 - 研究 - 世界 - 2015　Ⅳ. ①F249. 1

中国版本图书馆 CIP 数据核字（2016）第 114031 号

责任编辑：吴　敏　　　　责任校对：徐艳丽

中国财政经济出版社出版

URL：http：//www. cfeph. cn

E - mail：cfeph @ cfeph. cn

社址：北京市海淀区阜成路甲 28 号　邮政编码：100142

发行处电话：88190406　财经书店电话：64033436

北京富生印刷厂印刷　各地新华书店经销

880 × 1230 毫米　16 开　10 印张　292 000 字

2016 年 6 月第 1 版　2016 年 6 月北京第 1 次印刷

定价：60. 00 元

ISBN 978 - 7 - 5095 - 6750 - 0/F · 5431

图字：01—2016 - 3401

（图书出现印装问题，本社负责调换）

本社质量投诉电话：010 - 88190744

目　录

图目录

表目录

专栏目录

序言

2015年1月出版的《世界就业和社会展望》着重介绍了就业机会创造方面的停滞局面，而这种局面在持续冲击着全球经济，同时提醒各国应通过提振总需求和企业投资的方式来应对全球就业缺口问题。

本报告名为“工作性质的不断改变”。在本报告中，我们描述了推动劳动力市场目前正在经历的各种变革的一系列趋势。

本报告对处于不同发展水平的超过180个国家的就业模式进行了分析。在此基础上，我们发现，在过去的十年中，就业模式发生了相当大的变化。签订稳定的全职就业合同的就业岗位在全部就业岗位中的占比不足1/4，而且这一状况没有发生明显的改善。此外，过去呈现的趋势如果延续下去，在未来数年中，稳定就业关系在全部就业关系中的比例将会更小。

工作模式的改变可能会影响总需求的发展趋势以及经济增长与就业和生产率之间的整体关系。工作性质的改变会加剧全球需求疲软和就业创造缓慢之间的恶性循环风险，而这种恶性循环一直主导着整个危机后时期的全球经济以及许多国家的劳动力市场。国际劳工组织的估测显示，全球就业缺口所产生的工资差额达到全球总产出的约1.2%。不过，随着工作形式以及工作场所安排的不断多元化，如果不充分考虑工作质量以及工作者收入保障等因素而单纯实现就业增长，可能会导致无法为总需求提供强大和持久的支持。

上述考虑因素为政策决策以及国际劳工组织本身提出了很多问题。首先，应该确定正在出现的工作模式的多样化在多大程度上是外部因素作用的结果，如新技术的崛起、生产分散化进程以及与其伴生的价值链演变。本报告中给出的佐证似乎表明，全球价值链的蔓延与工作形式的多样化以及生产力的提高相关（但这并不一定导致在上述价值链中就业的工作者的收入增长）。另一方面，不同国家的就业模式之间存在显著的差别，这表明各国政府、企业和工作者对所创造的就业类型具有某种程度的影响力。

其次，不同就业类型对个人福祉以及社会凝聚力的影响也需要虑及。本报告显示，处于非标准就业形式的工作者的平均工资往往低于那些拥有稳定工作的工作者。此外，非正规就业、未经申报和临时工作安排以及非自愿兼职工作的兴起为收入不平等程度的扩大起到了推波助澜的作用，大多数国家在过去的20年中均出现了这种情况。

更加多样化的工作安排的存在也为社会对话和社会凝聚力提出了问题。工作者的就业类型存在差别，而企业在价值链中所处的位置也各有不同。在这种多样化的情境下，工作者和雇主的组织安排变得愈发具有挑战性。

再次，政策能发挥怎样的作用？问题在于如何在推动经济增长的同时，为各种就业类型提供充分的劳动和社会保障。由于全球就业和社会条件在变化的经济状况中发生转变和逐步发展，所以需要制定能够响应预计变化的政策。在此方面，本报告记录了许多发达和发展中经济体的重要政策创新。

上述国家的经历表明，在提高生产率和增进技术创新的同时，为女性和男性创造体面就业机会的目标是可以实现的。

在这种多变的环境下，各国需要对社会保障做出进一步的变革。如采取措施使个体经营者以及那些处于其他就业形式的人参与社会保障计划。延伸非缴费型（non－contributory）机制是扩大覆盖范围的一种可能方式，尤其是针对那些处于标准就业之外的工作者，特别是那些个体经营者。

本报告还特别关注了劳动力监管针对工作形式的变化所做出的适应性改变，并显示，许多国家和地区均在一定程度上加强了就业保障立法。在一些案例中，保障水平近年出现下降，但并未起到促进就业产出的作用。总而言之，本报告指明了监管与具体经济和劳动力市场状况相匹配的重要性。

第 104 届国际劳工组织大会召开在即，我希望本报告中所提供的调查结果能够帮助国际劳工组织成员国做出努力，基于可持续性企业以及为所有人提供体面工作的原则改善经济和社会效果。

盖伊·莱德（Guy Ryder）
国际劳工组织总干事

致谢

《2015 年世界就业和社会展望——工作性质的不断改变》作者

本报告是由国际劳工组织研究部的工作人员在部门主任的带领下完成的。各章的作者分别为：

- 雷蒙德·托雷斯（执行概要以及该报告的有关协调工作）；
- 史蒂文·凯普索斯、雷蒙德·托雷斯、弗洛伦斯·邦内特、理查德·霍恩（第一章）；
- 乌玛·拉尼、玛丽安·费雷、汤姆·莱福斯（第二章）；
- 弗洛伦斯·邦内特（第三章）；
- 科林·芬威克、萨拉·马丁松、克莱门特·皮革纳蒂、基迪塔·鲁斯科尼（第四章）；
- 马尔瓦·科里—库利巴利、登旦木津、斯蒂芬·库恩、拉斐尔·皮尔斯、克里斯丁·维格拉恩（第五章）。

科林·芬威克、史蒂文·托宾、理查德·霍恩和朱迪·拉弗蒂协调了本报告的制作过程。莫扎姆·马哈茂德提供了宝贵的建议和反馈。

国际劳工组织政策部副主任桑德拉·博拉斯基以及国际劳工组织总干事特别顾问詹姆斯·霍华德为我们提供了指导和建议，我们对他们表示感谢。

国际劳工组织研究审查组于 2015 年 1 月 14—15 日召开会议，对本报告进行讨论。我们对其成员为我们提供的深刻见解和建议表示感谢，其中包括阿斯马·洛朗·科佳教授、贾亚提·高希教授、杨格—苏克·纳姆教授、乔斯·安东尼奥·奥坎波·加维里亚教授和阿兰·苏皮尔特教授。

国际劳工组织非洲、阿拉伯国家、亚洲、欧洲和中亚以及拉丁美洲和加勒比地区的区域办公室为本报告提供了宝贵的建议和意见。

国际劳工组织的各部门主任为本报告提供了反馈意见，我们在此谨对他们表示感谢。他们是：就业政策部的阿兹塔·贝拉尔·阿瓦德；数据统计部的拉斐尔·迪茨·德·麦地那；国际劳动标准部的克里欧佩特拉·敦比亚—亨利；社会保障部的伊莎贝拉·奥尔蒂斯；治理和第三方部的穆萨·奥马鲁；企业部的彼得·伯申；工作条件和平等部主任曼纽拉·托梅伊；以及行业活动部的艾雷特·凡·鲁尔。此外，经济和社会问题政策总干事特别顾问桑基恩·李以及 2016 年国际劳工大会全球供应链问题特别工作小组也为我们提供了建设性的意见。

最后，我们要对研究部的同事以及其他为我们提供了宝贵意见和编撰建议的国际劳工组织同事表示感谢，包括：德拉古斯·阿德斯卡里泰、玛利亚·阿勒科斯因斯卡、帕特里克·贝尔塞、亚尼内·伯格、帕特里克·布林、薇若妮卡·埃斯库德罗、法利德·赫加齐、萨米尔·哈提瓦达、戴维·库塞拉、斯蒂芬·库恩、菲利普·马克丹特、桑托·米拉斯、玛利亚·德洛丽丝·蒙特欧·库尔、埃尔瓦·洛佩斯·莫雷洛、伊姆加德·纽布勒、爱丽丝·欧德拉古、克莱门特·皮革纳蒂、那伦·普拉萨德、丹·里斯、阿里安娜·罗西、凯瑟琳·扎格特、沃尔夫冈·肖尔茨、戴维·赛里格森、约翰娜·希尔万德以及艾米丽·希姆斯。

执行概要

由于目前全球经济未能创造出充足的工作岗位，就业状况正在发生深刻的变化。据国际劳工组织估计，2014 年全球失业人口达到了 2.01 亿，比 2008 年金融危机爆发之前多出 3000 万。① 而且，每年全球劳动力市场新增 4000 多万劳动力，事实证明，为这些人口提供就业岗位已成为一项非常艰巨的挑战。在失业潮四处蔓延之际，就业关系也面临着重大转变，这带来了更多挑战。

就业关系的安全性有所下降……

本报告显示，目前的就业正在偏离标准就业模式；在标准就业模式中，工作者在与雇主形成的依赖性雇佣关系中赚取工资，具有稳定的全职性工作。在发达经济体中，标准就业模式的主导地位正在不断减弱。在新兴和发展中经济体中，尽管对雇佣合同和关系进行了某种程度的强化，但非正规就业在许多国家依然普遍，而且，在全球供应链的最底层，期限非常短的合同以及不规则的工作时长正在变得日益普遍（参见本报告的第一章和第五章）。

当前，工薪就业在全球就业中的份额仅为大约 1/2，而在撒哈拉以南非洲和南亚地区，该份额仅为 20%。在许多发达经济体，工薪就业率一直呈现下降趋势，逐渐偏离传统模式。另一方面，传统的雇主—雇员关系之外的自营工作和其他就业形式正在兴起。在新兴和发展中经济体中，提高工薪就业比例的历史趋势正在减缓。在大多数发展中国家中，非正规经济所提供的就业岗位以及无报酬家庭工作的比例依然居高不下。

此外，在工薪工作者之中，也正在出现新的发展动态。从事长期全职工作的工薪工作者的比例不足 45%，而且这一比例似乎还在不断下降。也就是说，在全球范围之内，将近 60% 的工薪工作者处于工薪就业的兼职或临时工作模式之中。在工薪就业的临时和兼职工作模式中，女性所占比例偏大。

简言之，由于仅有不足 1/4 的工作者的就业状况符合标准就业模式的特征，在当今的全球就业中，标准就业模式的主导性正在不断弱化。

……造成了需求不足、产出降低以及不平等程度的加剧……

就业关系中不断发生的转变有着重要的经济和社会影响。它为劳动收入和生产率差距的不断扩大起着推波助澜的作用，并且在全球大部分地区，生产率的增长速度要高于劳动收入的增长速度。这进而导致了总需求不足，而这种局面自从危机爆发以来呈现迁延态势。据本报告估测，失业导致全球需求减少 3.7 万亿美元，劳动收入增长滞后以及这两者对消费、投资和政府收入造成影响。

此外，就业关系的改变可能也加剧了收入的不平等（第二章）。尽管各国的情况有所不同，但总体而言，标准就业形式的报酬优于其他工作类型——而且在过去的十年中，两者之间的差距出现扩大趋势。临时和非正规工作者、兼职工作

① 2016 年 2 月出版的《世界就业和社会展望——2015 年趋势》中文版中有详细论述。

者和无报酬家庭工作者多为女性，贫困和社会排斥对其的影响也更加显著。

……为围绕标准就业模式制定的政策和制度带来了重大挑战。

就业关系转变和新的工作形式蔓延背后的主要驱动力量是新技术以及企业组织生产的方式的改变。对大多数工作者而言，实现标准就业模式变得愈发困难。

因此，公共政策不应仅关注推动非标准就业安排向全职的长期依赖性就业转变。与此同时，我们还应考虑如何确保为处于所有就业类型中的劳动者提供充分的保障。本报告探讨了社会保障和就业监管规定在这方面的作用（第三章和第四章）。

在工作性质不断变化的情况下，应制定扩大社会保障覆盖面的政策……

孱弱的社会保障覆盖以及针对那些持有正规就业合同的劳动者在许多福利方面设置的限制削弱了社会保障体系对大部分劳动力人口的影响和潜在贡献。因此，应对现行规定进行审视，将处于变化之中的工作模式纳入考虑因素。如本报告所示，许多国家已经在这方面取得了显著的进步并且为这一进步提供了可能的蓝图。在正在建立社会保障体系的地方，就有机会从一开始便覆盖各种不同的工作形式。而在那些社会保障体系已经建立完毕的地方，则需要更新现有的资格要求和覆盖面，以便更为精准地反映劳动力的构成。

上述政策创新有助于通过创建新的缴费型（contributory）社会保障、简化注册和税收征收流程以及针对社会保障体系缴费给予补助等方式将法定社会保障（有些情况下是有效的）扩展至那些非标准形式的工作。例如，在阿根廷、巴西、中国和南非，社会保障的创新形式业已帮助处于弱势就业状态的工作者改善了收入保障情况。在许多发达和发展中经济体，政府一直在采用各种社会保障和劳动力市场政策组合，并实现了正规就业的增长。

尽管存在上述积极的趋势，处于不同就业类型的工作者所享有的社会保障依然存在显著的差异。例如，个体经营工作者的缴费型社会保险计划以及处于非标准就业形式的工作者（大部分为女性）的养老金领取仍然不甚规范。

……必须对劳动法规进行调整，以适应各种不同的就业形式。

本报告发现，许多国家的政府通过调整和扩展就业法规的覆盖范围来应对不断变化的就业模式。在有关个体经营、兼职工作、固定期限就业和派遣工作的立法领域已经有了显著改进。本报告分析结果显示，在我们所分析的大部分国家中，在较长一段时期内，上述领域的劳动法规的保障能力实现了稳步增长，这在一定程度上可归功于“平等待遇”立法的引入，因为该立法要求对处于非标准就业和标准就业形式的劳动者提供相同的保障。尽管如此，在未能与时俱进的或不到位的法律框架未能充分反映工作不断变化的性质时，仍有很大数量的工作者被排斥在社会保障法律的覆盖范围之外。此外，近年来在一些国家，尤其是在欧洲，标准就业和非标准就业的劳动者的社会保障水平被双双降低，其目的在于刺激就业增长。

不过，本报告针对劳动法规与失业等关键劳动力市场指标之间关系的分析显示，降低劳动者的保障水平并不等于减少失业。事实上，本报告的研究结果表明，从短期和长期来看，那些弱化就业保障法律、设计欠佳的变革措施可能会对就业和劳动力市场参与率起到事与愿违的作用。显然，在这一政策空间，并不存在“放之四海而皆准”的方法。恰恰相反，对基于具体的劳动力市场状况以及相关效果而非意识形态来精心设计的方法，存在明确的需求。如果社会对话能够帮助寻找前行之路，那么这一目标就更有可能达成。

全球供应链有助于实现经济增长，但就业质量和社会升级改造需要付出额外努力。

本报告还考察了全球供应链在改变就业模式方面的作用（第五章）。据估计，大约五位工作者中就有一位就职于全球供应链中。行业分析表明，参与全球供应链与更高的生产率相关，但在发展中经济体中，其影响相对较弱。行业分析还显示，一般而言，在参与全球供应链的行业中就业的工作者所赚取的工资与较少参与全球供应链的工作者的工资相仿。总体来说，生产率和工资未能实现同步的增长表明，在一段时期之内，附加值进入工资的比例有所下降，这导致了工资份额的下降以及收入不平等程度的加剧。

某些全球供应链中所存在的激烈竞争以及较短的产品周期也导致了工作者合同安排和工作时间的缩减。

上述特征使社会对话和劳动力市场治理问题显得非常重要。尽管企业社会责任举措日益增多，但还需要迈出更为大胆的步伐。因此，在这方面，国际劳工组织成员国之间的合作势在必行。必须采取提高技能、培训和教育等积极的劳动力市场政策来确保通过其他就业机会来弥补技术和供应链全球化所造成的工作机会损失。在供应链的最末端，既需要劳工规则也需要强制实行。更广义而言，从基准标准起步的国际劳工标准的实施对确保整个供应链的经济和社会效益同步发展至关重要。这是向上融合，而非向下融合的必经之路。

第一章
新兴就业模式：全球和地区趋势*

引言

从全球经济危机初露端倪到现在为止，已经接近八年了。尽管在2010年至2011年之间出现了令人鼓舞的迹象，但最近全球失业状况加剧，到2014年失业人口预计已达到2.01亿。此外，还存在严重的不充分就业，在许多新兴国家和发展中国家尤甚。国际劳工组织在其《世界就业和社会展望——2015年趋势》报告中强调，危机爆发之后，全球就业恢复至今一直处于不均衡和脆弱的状态。

除上述最新趋势之外，还需阐明就业模式是否已经发生了根本性的改变，以考量未来更长远的转变，这也是至关重要的。在回顾过去20年间全球就业和劳动生产率趋势并分析其与经济增长的关联（第一节）之后，本章探究了就业模式的多元化（第二节）。本报告试图更加清晰地了解工作和工作场所组织形式上的变化如何对企业、工作者以及更加广泛的职场，乃至对可持续的就业促进型经济增长前景产生影响。最后，本章对报告的其他内容进行了介绍（第三节）。

第一节　就业和经济增长之间的关系

“就业缺口”在发达经济体最为严峻，近年来女性的境遇最为不利

在全球层面，自2011年以来，就业增长一直停留在每年约1.4%的水平。这一增长水平比危机期间（2008—2010年）有所好转，当时的平均就业增长仅为0.9%，但是依旧远低于2000年至2007年间1.7%的年增长率。尽管就业增长下降的部分原因在于人口统计学方面的趋势，但即便将该因素考虑在内，各地区就业增长依然存在很大的差距，这种情况在发达经济体和欧盟地区尤为突出。在上述地区，自2008年以来年均就业增长率仅为0.1%，而在2000年和2007年之间则达到0.9%。

国际劳工组织通过比较危机前就业人口占总人口的比例趋势（考虑到人口统计学方面的变化）和自危机开始以来实际观察到的趋势，通过估算获得了全球就业缺口，该缺口在2014年达到6100万。也就是说，2014年全球就业人口总数比危机前就业增长趋势延续的情况下减少了6100万。《世界就业和社会展望——2015年趋势》报告中指出，全球就业缺口中大约有一半源自劳动力参与率的意外大幅下降，很大数量的怯志工作者完全退出了劳动力市场。

---

* 帕特里克·贝尔塞和克里斯丁·索贝克为本章中给出的工资差距计算提供了重要的支持和数据。

图 1.1 按年龄组和性别划分的全球和地区就业缺口，2009 年和 2014 年

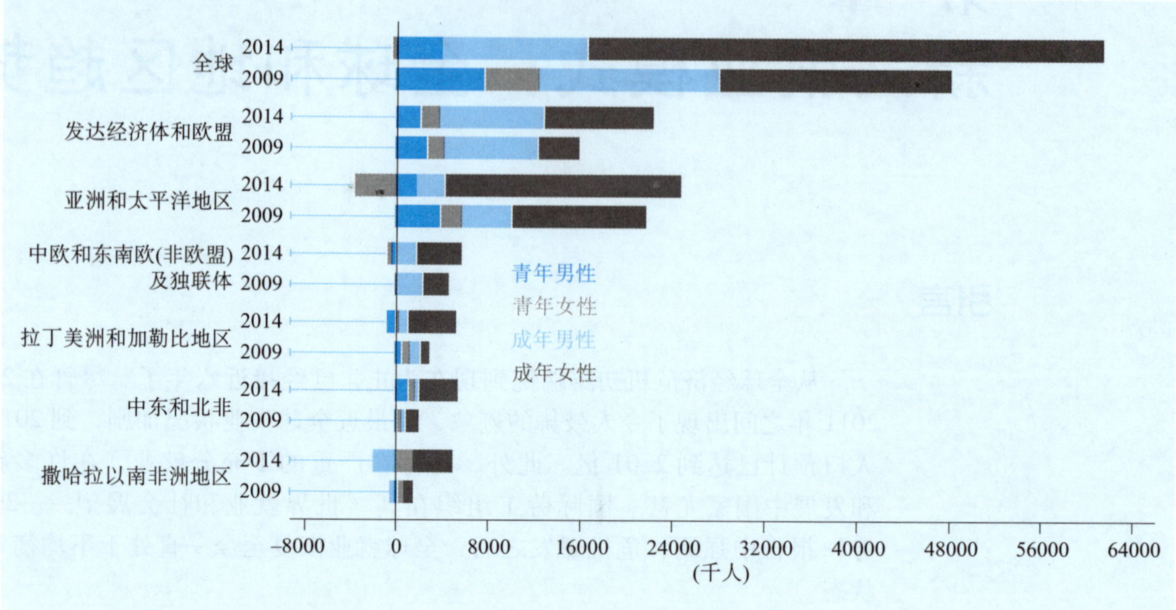

注：关于国家分组表，参见附录 A。

资料来源：国际劳工组织基于《趋势计量经济学模型》（2014 年 10 月）的计算。

不过，值得注意的是，就业缺口在全球不同地区之间和不同人口统计学群体之间存在很大的差异。图 1.1 给出了在全球范围内以及在六大地理区域按照年龄和性别划分的就业缺口估计值。根据该图，2014 年全球就业缺口中约有 71% 是由发达经济体和欧盟以及亚洲和太平洋地区就业情况造成的，上述两大地区的劳动力人口共占全球劳动力人口的约 70%。

不过，通过更仔细地观察我们发现，发达经济体和欧盟的就业缺口问题要比亚洲和太平洋地区严重许多。尽管 2014 年发达经济体和欧盟在全球劳动力人口中仅占 15.4%，但其在全球就业缺口中的比例超过了 37%。2009—2014 年，全球就业缺口 50% 的增长来自发达经济体和欧盟就业缺口的扩大。与此同时，亚洲和太平洋地区的劳动力占全球劳动力总人口的 55.1%，但 2014 年该地区在全球就业缺口中的比例仅为 34% 左右。

对按照年龄和性别划分的估计值进行分析可以发现，2014 年全球就业缺口中接近 73% 源自女性（主要是成年女性）就业机会的不足，而女性在全球劳动力人口中所占的比例仅为约 40%[①]。全球女性就业停滞的主要原因是近年来印度女性劳动力参与率和就业人口的急剧下降，这对亚洲和太平洋地区的总体就业缺口产生了显著影响。[②]

在 2009 年至 2014 年之间，许多地区女性失业状况的好转也相对较为缓慢。在发达经济体和欧盟，女性失业率在此期间下降了 0.1 个百分点，而男性失业率则降低了 0.9 个百分点（表 1.1）。2009—2014 年，欧盟男性和女性的失业率均出现了上升，但女性失业率的上升幅度相对更大。在除拉丁美洲和加勒比地区以外的全球所有地区，女性失业率趋势相比男性均更为严峻。

---

① 在本章中，“青年”指年龄介于 15 岁至 24 岁之间的人群；而“成年人”指年龄在 25 岁及以上的人群。

② 凯普索斯等人（Kapsos 等人，2014）发现，尽管上述下降的部分原因可能是家庭调查难以对无报酬家庭工作进行准确计量，但印度女性就业缺口主要源自劳动力市场中职业隔离和歧视所造成的印度女性工作机会的相对下降。

表 1.1 全球和各地区按性别划分的失业率，2007 年、2009 年、2013 年和 2014 年（百分比）

	男性					女性				
	2007 年	2009 年	2013 年	2014 年	变化，2009—2014 年	2007 年	2009 年	2013 年	2014 年	变化，2009—2014 年
全球	5.2	6.1	5.7	5.7	−0.4	5.9	6.5	6.4	6.3	−0.2
发达经济体和欧盟	5.6	8.8	8.6	7.8	−0.9	6.1	7.9	8.4	7.8	−0.1
欧盟	*6.6*	*9.0*	*10.9*	*10.1*	*1.1*	*7.9*	*8.9*	*10.9*	*10.4*	*1.5*
中欧和东南欧（非欧盟）及独联体	8.6	10.6	8.0	8.0	−2.6	7.8	9.2	7.5	7.4	−1.8
亚洲和太平洋地区	4.2	4.6	4.3	4.4	−0.2	3.9	4.2	4.1	4.2	0.0
拉丁美洲和加勒比地区	5.5	6.3	5.2	5.5	−0.7	9.0	9.4	7.8	8.1	−1.3
中东和北非	8.7	8.2	9.0	9.1	0.9	18.7	19.3	21.3	21.3	2.0
撒哈拉以南非洲	6.9	7.1	6.9	6.9	−0.3	8.8	8.8	8.6	8.7	−0.2

注：参见附录 A 中的国家分组清单。“变化”一栏中的数字表示百分点变化，由于四舍五入的原因，可能不能完全精确对应年度失业率栏中的数字。

资料来源：国际劳工组织研究部基于国际劳工组织《趋势计量经济学模型》（2014 年 10 月）的计算。

不充分的经济增长抑制了就业机会的产生……

就业增长的放缓可能源自经济增长的减速，产出、就业和生产率之间关系的改变或者上述因素的结合。本小节主要通过衡量经济增长的“就业强度”这一指标来对这一问题进行探讨。该指标对在某选定期间产出增长发生 1 个百分点的变化所带来的平均就业率的百分比变化给出了数值估计——即就业针对产出的弹性，在本文中称之为“就业弹性”。

三个历史时期（1991—1999 年，1999—2007 年以及 2007—2014 年）的就业弹性趋势显示，全球的增长就业强度变化并不显著：1991—1999 年的平均值为 0.35；1999—2007 年略有下降，达到 0.33；在 2007—2014 年的危机和恢复时期又稍降至 0.32。① 这样，在上述时期，全球国内生产总值（GDP）每增长一个百分点，就业增长率介于 0.32% 至 0.35% 之间。② 这样看来，危机后时期全球疲弱的就业状况并非源于就业强度本身的显著下降。事实上，就业表现走弱似乎反映了全球经济增长远逊于危机前时期这一事实。

不过，从细分角度来看，在此期间在就业强度方面存在较大差异，尤其是在发达经济体中。图 1.2 给出了在上述三个时期发展中国家组别和发达国家组别的就业弹性估计值以及平均 GDP 增长率。总体而言，在发达经济体中，2007 年至 2014 年的危机和后危机时期的就业弹性最大，但该时期的整体就业增长率则比其他两个危机前时期要疲弱很多。原因在于，该时期的平均经济增长率仅为 0.7%，比危机前时期低大约两个百分点。与全球状况相同，在发达经济体中，总体而言，关键问题并非近年来经济增长的就业强度降低，而是经济增长不充分，无法加速创造就业和避免就业缺口的扩大。

在发展中经济体，较为明显地存在着一个有所不同的模式，在上述三个时期

① 总就业弹性的计算基于各国的就业弹性，并按照劳动力规模进行加权。各国就业弹性通过就业对数针对产出对数的双变量回归来计算得出。

② 应注意到就业弹性也给出了产出—生产率之间的关系。对于给定的经济增长率而言，就业弹性的增长对应就业强度的增加，就业增长对经济增长的驱动作用要大于生产率增长。

图 1.2 发达和发展中国家组别在部分时期的就业弹性和 GDP 增长率

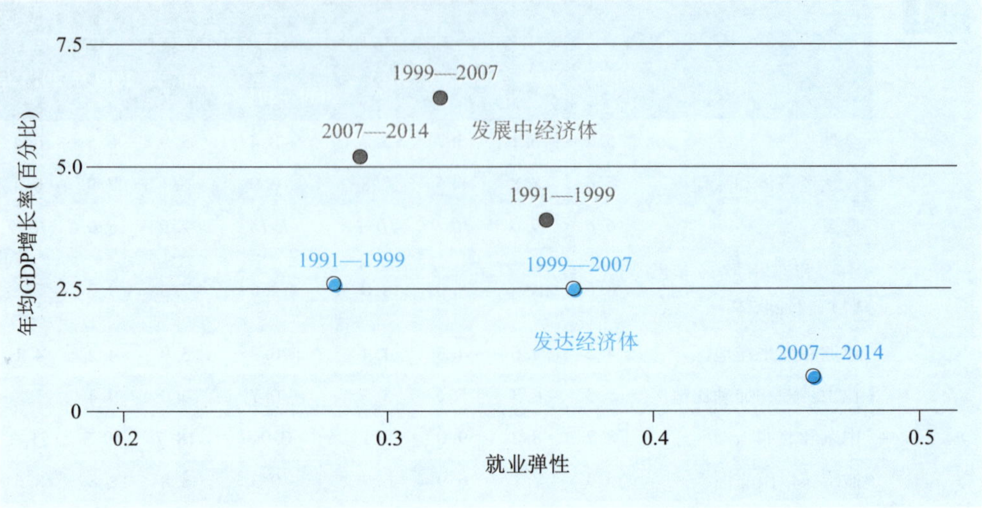

资料来源：国际劳工组织研究部基于国际劳工组织《趋势计量经济学模型》（2014 年 10 月）的计算；国际货币基金组织，《世界经济展望》数据库，2014 年 10 月。

内所体现的就业强度方面的变化较小。在 1991 年至 1999 年这段时期，实现了最具就业密集性的增长（就业弹性为 0.36）。不过，在 1999 年至 2007 年期间，经济增长和就业增长的综合表现显著提高，年平均经济增长加速，达到 6.4%（在 1991 年至 1999 年期间为 3.9%），而就业强度也仅出现了小幅下降。在危机和恢复期，发展中世界的就业强度有所下降，就业弹性下降至 0.29，而经济增长率下滑了 1.2 个百分点。

……造成这种情况的部分原因是全球需求不足……

近期经济增长缓慢的一个关键因素可能是全球总需求不足。尤其是，劳动力收入和生产效率之间的脱节加剧，可能对私人消费和全球需求产生了影响，并进而降低了私人投资。可能已经出现了恶性循环，需求降低影响了产出和就业，并进一步抑制了需求。事实上，如果就业下降或者其增速低于正常状况，则工资总额会受到负面影响，并进而对家庭消费及总需求产生负面影响。

将包含国际劳工组织的全球就业缺口估算的各国就业缺口估算值与国际劳工组织的全球工资数据库中的工资估算结合起来，我们有可能获得由全球就业缺口导致的全球工资总额的减少（附录 B 详细描述了所使用的方法和数据）。由于全球工资额反映的是全部就业人数乘以平均工资的总和，所以，请注意，该估算值仅考虑了全球就业增长率下降所导致的全球工资总额的缩减，而没有考虑自全球经济危机爆发以来全球工资增速减缓这一情况。在整个危机和恢复期间，劳动力市场的疲弱加剧，大多数地区的工资增长速度减缓，在一些受危机打击最大的国家中，平均工资出现下降。[①]

全球就业缺口对工资总额的直接影响是显著的。如表 1.2 所示，2013 年的全球就业缺口在全球范围内产生了约 1.218 万亿美元的工资缩减（按购买力平

① 参见国际劳工组织，《全球工资报告：2014/2015 年》

表 1.2 **2013 年全球和各地区由于就业缺口导致的工资损失估计值，2013 年国际美元（10 亿）**

	工资缺口，男性	工资缺口，女性	工资缺口，所有性别
全球	629	589	1218
发达经济体和欧盟	531	358	889
欧盟	*281*	*186*	*467*
中欧和东南欧（非欧盟）及独联体	46	50	97
亚洲和太平洋地区	35	114	149
拉丁美洲和加勒比地区	-4	27	23
中东和北非	7	16	23
撒哈拉以南非洲地区	14	23	37

注：由于四舍五入的原因，数字有可能无法精确加总。

资料来源：国际劳工组织基于《趋势计量经济学模型》（2014 年 10 月）的计算；国际劳工组织《全球工资》数据库。

价）。[①] 这相当于全球年度总产出的约 1.2%，或者全球总消费的约 2%。[②] 从地区角度来看，发达经济体和欧盟的工资缺口在全球总工资缺口中的比例为 73%，亚洲和太平洋地区占 12%，其他地区的比例约为 15%。[③]

工资收入减少对于全球 GDP 下降产生了哪些影响？如果不存在当前的全球就业缺口，2013 年的全球工资总额应比实际观测水平提高 1.218 万亿美元。由于工作者通常会花费掉其工资收入的很大部分，所以在估算工资对整体 GDP 的影响时需考虑重要的乘数效应。也就是说，通过降低全球就业缺口来增加工资总额会导致家庭消费增加，并进而增加收入，不仅会增加直接获益的工作者的收入，还会增加整个经济体中众多企业和工作者的收入，因为通过销售更多的商品和服务，企业和工作者会实现更多的利润和获得更高的收入。

在获得更高的利润和收入后，这些公司和工作者将有能力增加支出和投资，从而提供更多总收入和收益。简言之，该情境所体现的是就业增长疲弱、消费支出和企业投资减缓以及整体经济增长疲软所形成的恶性循环的反转，而这种恶性循环在危机迁延期间一直主宰着全球经济。乘数效应以及弥合全球就业差距所带来的工资增长、消费增加、利润和投资水平提高所形成的良性循环估计将会为全球 GDP 带来 3.7 万亿美元的增值——相当于全球产出值一次性猛增 3.6%。[④] 重要的是，上述估值建立在这样一个假设之上，即投资的主要限制存在于需求

① 在本章中，全部全球工资缺口估计值所使用的单位为经购买力平价（PPP）调整过的定值国际美元，基准年为 2013 年。

② 基于国际货币基金组织《世界经济展望》全球 GDP 估计值（按 2013 年购买力平价）以及世界银行《世界发展指标》数据库的 2012 年全球消费在全球 GDP 中的份额估计值。

③ 除就业缺口外，工资增速降低也对全球工资总额缩减产生了显著影响。对于发达经济体和欧盟而言，与危机前（2000—2007 年）平均年工资增长率在 2008—2013 年期间继续保持的情境相比，估计危机和危机后时期工资增长减速造成该地区 2013 年工资总额下降 4850 亿美元。这相当于该地区因就业缺口工资总额下降的 55%，如表 1.2 中所示。

④ 为了对消除就业缺口所带来的全球产出增长进行估算，我们将平均消费倾向（APC）的全球预估值应用于就业危机所导致的国民工资损失估值。我们采用了 0.75 的 APC 值。即我们所采用的假设是，弥合全球就业缺口所额外增加的每 1 美元工资中有 0.75 美元将用于消费，0.25 美元将用于储蓄。采用 0.70 的 APC 值，计算可得全球产出增长 2.84 万亿美元，而采用 0.80 的 APC 值则会得出全球产出增长 4.87 万亿美元。通常认为，上述取值范围较为保守，因为历史数据表明，在那些具有可用数据的国家，净家庭储蓄率通常低于 10%（2013 年欧元区的平均估值为 7.8% 左右；美国的估值为 4.5%）。参见经济合作与发展组织的家庭储蓄率——预测，网址为：http：//www. oecd - ilibrary. org/economics/household - savingrates - forecasts_ 2074384x - table7（2015 年 4 月 25 日）。

图 1.3 2008—2013 年全球就业缺口导致的全球工资损失估值，2013 年国际美元（万亿）

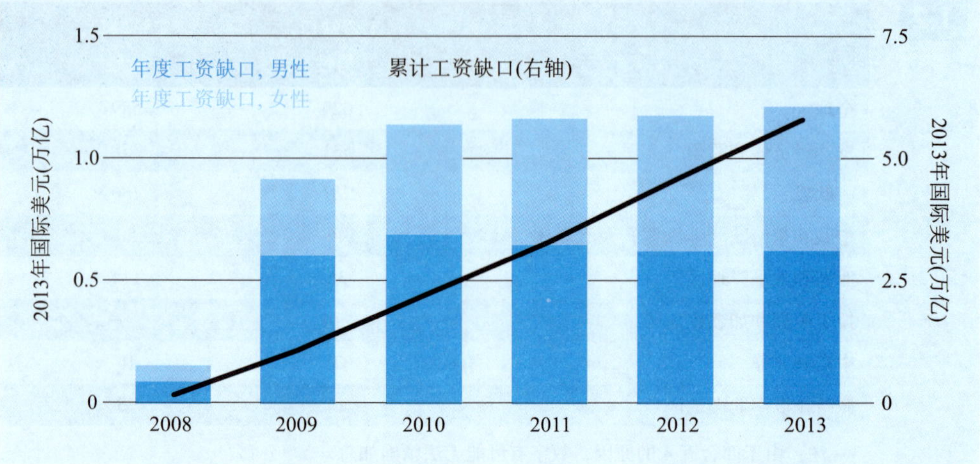

资料来源：国际劳工组织研究部基于国际劳工组织《趋势计量经济学模型》（2014 年 10 月）的计算；国际劳工组织《全球工资》数据库。

端，而非由于利润率较低（ILO，2013a）。更为常见的假设是，世界经济的运行远未达到满负荷，而那些有助于恢复生产与其产能之间关联的传统机制并未充分发挥作用——比如，由于限制货币政策效率的流动性陷阱。

也可以对全球经济危机和整个恢复期间工资缺口的演变过程进行估算（图 1.3）。由就业缺口产生的全球年度工资损失从 2008 年的不足 1600 亿美元跃升至 2009 年的 9200 亿美元，在 2010—2012 年期间又增至每年 1.1 万亿美元以上，并在 2013 年超过了 1.2 万亿美元。在 2009 年危机最为严重的这一年，男性的工资损失占工资损失总额的三分之二；不过，在恢复期，由于女性就业增长率降低，该比例日益提高，主要原因在于全球几个地区中，女性的相对劳动力市场恢复情况较弱。总之，在 2008 年至 2013 年期间，全球就业缺口所导致的工资损失估计达到 5.789 万亿美元。

工资收入缺口对国民收入的劳动分配比例也会产生负面的影响（第二章对此进行了详细探讨）。对于全球整体而言以及从地区角度看，可以对 2011 年工资缺口（未经调整）对国民收入的劳动分配比例的影响进行估算。[①] 在全球层面上，据估算，工资缺口导致劳动收入分配比例下降 0.7 个百分点（表 1.3）。在发达经济体和欧盟，下降幅度为 1 个百分点；中欧和东南欧（非欧盟）及独联体的下降幅度为 0.6 个百分点；亚洲和太平洋地区为 0.3 个百分点。

以上对全球工资缺口从各个角度进行了分析，从中可以看出，危机引发的就业岗位损失以及经济恢复期间全球就业岗位创造的疲弱局面为全球经济投下了阴影。总需求直接或间接地通过消费渠道遭受了严重损失。与此同时，上述分析也表明，通过劳动收入分配渠道，劳动力市场的疲弱对经济恢复期间许多国家中出现的不平等加剧现象也起到了推波助澜的作用。

……以及在一定程度上由生产率趋势所致……

也有一种观点认为，生产率增长可能出现了下降，并对上述疲弱的经济增长

① 一般说来，未经调整的劳动分配比例是指雇员薪酬占全部附加值的比例，两者均为名义上的数值。调整后的劳动收入分配比例将（个体经营工作者）的劳动所得的正面贡献考虑在内。参见国际劳工组织《全球工资报告：2010/2011 年》（技术附录 II），其中有对调整后和未经调整的国民收入劳动分配比例的说明。本分析中的工资估计不包括雇主缴纳的部分。

表 1.3 **2011 年全球和各地区在存在和不存在全球就业缺口情况下的国民收入劳动分配比例（未经调整）**

	劳动分配比例（百分比）	不存在就业缺口时的劳动分配比例（百分比）	差异（百分点）
全球	44.9	45.6	0.7
发达经济体和欧盟	52.4	53.3	1.0
中欧和东南欧（非欧盟）及独联体	46.6	47.2	0.6
亚洲和太平洋地区	42.8	43.1	0.3
拉丁美洲和加勒比地区	39.2	39.4	0.1
中东和北非	25.3	25.6	0.3

注：由于劳动分配比例数据有限，撒哈拉以南非洲地区的估值未包括在内。

资料来源：国际劳工组织研究部基于国际劳工组织《趋势计量经济学模型》（2014 年 10 月）的计算；国际劳工组织，《全球工资》数据库。

表现起到了一定的负面影响。① 一个国家内部的平均生产率趋势与就业和产出趋势紧密相连：就业人数的增长和生产率增长（每个工作者的平均额外产出数量）共同决定了整体经济增长动态。因此，与就业模式一样，劳动生产率趋势也是长期经济增长的一个重要决定因素。②

生产率增长是实际工资和消费水平持续增长的一个必要（但不充分）的前提条件。在企业或者国家层面，生产率可通过各种途径提高，包括增加固定资本投资、改善基础设施、进行结构转变、加速创新和技术发展、采用更加高效的商业惯例、提高工作者的教育和技能水平、改善工作者的健康和安全状况以及促进工作场所中更加有效的社会对话。在企业层面，在其他因素保持不变的情况下，如果劳动生产率提高，企业利润将增加。增加的利润可用于为企业工作者提高工资水平，降低企业所提供产品和服务的价格（这对消费者有利）以及/或者为企业主提高利润。如何将增加的利润用于上述目的是各种体制因素和其他因素共同作用的结果。

生产率的提高可使企业利用更少的工作者来生产相同（或甚至更多）数量的产出，这将导致就业人口的缩减。生产率增长确实会减少工作岗位，尤其是在那些受可减少劳动力需求的新兴技术影响最大的行业和职业当中（专栏 1.1），但生产率增长也是创造新就业机会的一个重要因素。减轻上述“创造性破坏”负面影响的重要议题包括确保劳动者具备抓住就业机会所需的技能，确保经济体产生足够数量的新的体面和生产性就业机会，以及确保社会保障体系能够为那些受到负面影响的人员提供充分的保障。

当我们考察全球总体生产率趋势和就业增长趋势时，我们会发现，在 2010 年至 2014 年经济恢复时期，劳动生产率增长的恢复速度要明显快于就业增长率（图 1.4）。危机前时期的全球劳动生产率增幅为平均每年 1.5%，在危机蔓延的数年中降至 -1.0%，不过在 2010 年至 2014 年期间又反弹至 1.4%。

在发达经济体，危机期间生产率增长率和就业增长率双双跌入负增长；不过，在经济恢复期间，生产率的反弹势头要大大高于就业率增长。在发展中世界，总体来说，在危机蔓延的数年中生产率保持正增长并在恢复时期加速增长，达到了 3.7% 的年均增长率，这一增长率相比危机前 4.1% 的年均增幅有所减缓。

① 参见 Gordon（2012）和 Gordon（2014），其中有关于美国生产率增长下降的讨论。

② 本章中的“劳动生产率”指标是指每个劳动者的产出。

专栏 1.1

技术和工作：零和游戏？

有关“未来工作”讨论的一个核心问题是技术的作用。诚然，自动化和创新在日常服务和生产中方兴未艾，有可能会出现新一轮由微芯片和计算机技术支撑的工业革命。

技术和创新与价值增值和增长密切相关，所产生的财富积累可用于研发领域的再投资，并进一步提高创新主导的生产率。当前，我们可以在各种技术领域看到此类进步，如在绿色和能源技术领域、生物技术和生物工程领域、纳米技术和材料科学领域、信息技术和大数据科学领域。所有上述发展为创业和就业提供了更多机会，也在更广泛的经济领域产生影响（如降低价格和碳排放）。根据经济合作与发展组织（2013a），过去十年间在经济合作与发展组织成员国中，创新型新建公司提供了接近一半的就业机会。此外，国际劳工组织（2014c）引用了“数字化泰勒主义”概念（Broun 等人，2011），认为在发展中国家，服务业中的新技术可通过外包推动进一步的就业增长。然而，尽管技术进步的受益者众多，但还有很多人被排除在外。

在最近的数十年中，技术创新，尤其是先进的自动化技术一直在帮助完成日益复杂的任务并进而取代技术要求更高的工作岗位，这种态势目前依然有增无减。例如，近年来，数字化技术的应用明显缩减了制造业和零售业的就业机会，同时对金融、医疗以及法律等要求高技能的服务领域也产生了影响。在发达经济体中，上述技术上的进步对那些在技术领域具有高技能的人士、就职于资本密集型行业以及掌握财富和资源的人有利，却为那些身处劳动密集型行业的人带来风险（参见 ILO，2013b）。奥特尔（Autor，2014）认为，这种局面带来的结果是，技术进步扩大了高技能、高工资工作者和低技能、低工资工作者之间的差距。

然而，试图阻止技术进步的潮流也不是一个可行的策略，因为这种做法会限制生产率的提高和产出的增长。事实上，问题在于各种政策如何能够有效实现效益，并同时确保为那些受到负面影响的人提供各项保障以及实现经济体和劳动力市场上的包容性。例如，斯蒂格利茨（Stiglitz，2014）指出，市场重组响应技术快速变化的速度通常较慢，这导致了长期的高失业率和不平等状况的加剧。此外，尽管创新和技术有能力产生大量净收益，但在实践中，重新分配实际上很少能够充分进行。因此，政府有责任创造一个有利于创造体面工作机会和解决不平等问题的环境。政策响应是复杂的，因为需要考虑就业关系的不断转变，本报告将对这种情况进行详细探讨。

图 1.4 全球、发达经济体和发展中经济体在部分时期的年均生产率和就业增长率

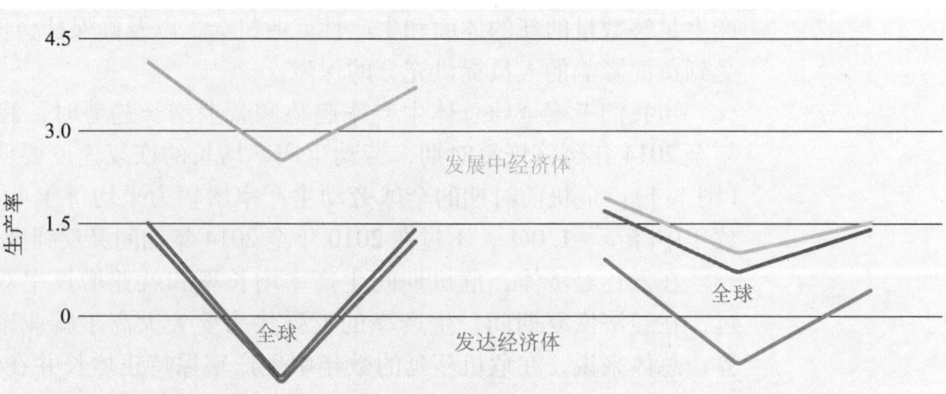

资料来源：国际劳工组织，《趋势计量经济学模型》（2014 年 10 月）。

……这反映了经济结构和企业规模。

在上述生产率趋势中，经济和劳动力市场结构在劳动力的行业分布方面发挥着关键作用。我们考察各国生产率水平及其就业的行业分布之间的关系时发现，农业的就业份额与劳动生产率平均水平之间存在很强的负相关；生产率水平与服务业的就业份额存在很强的正相关；生产率和工业的就业份额之间存在略微弱一些的正相关关系（图 1.5）。①

图 1.5 最近一年各国生产率水平（每个工作者的产出对数，以 2005 年定值美元计）与各行业和不同状态组别的就业分布对比

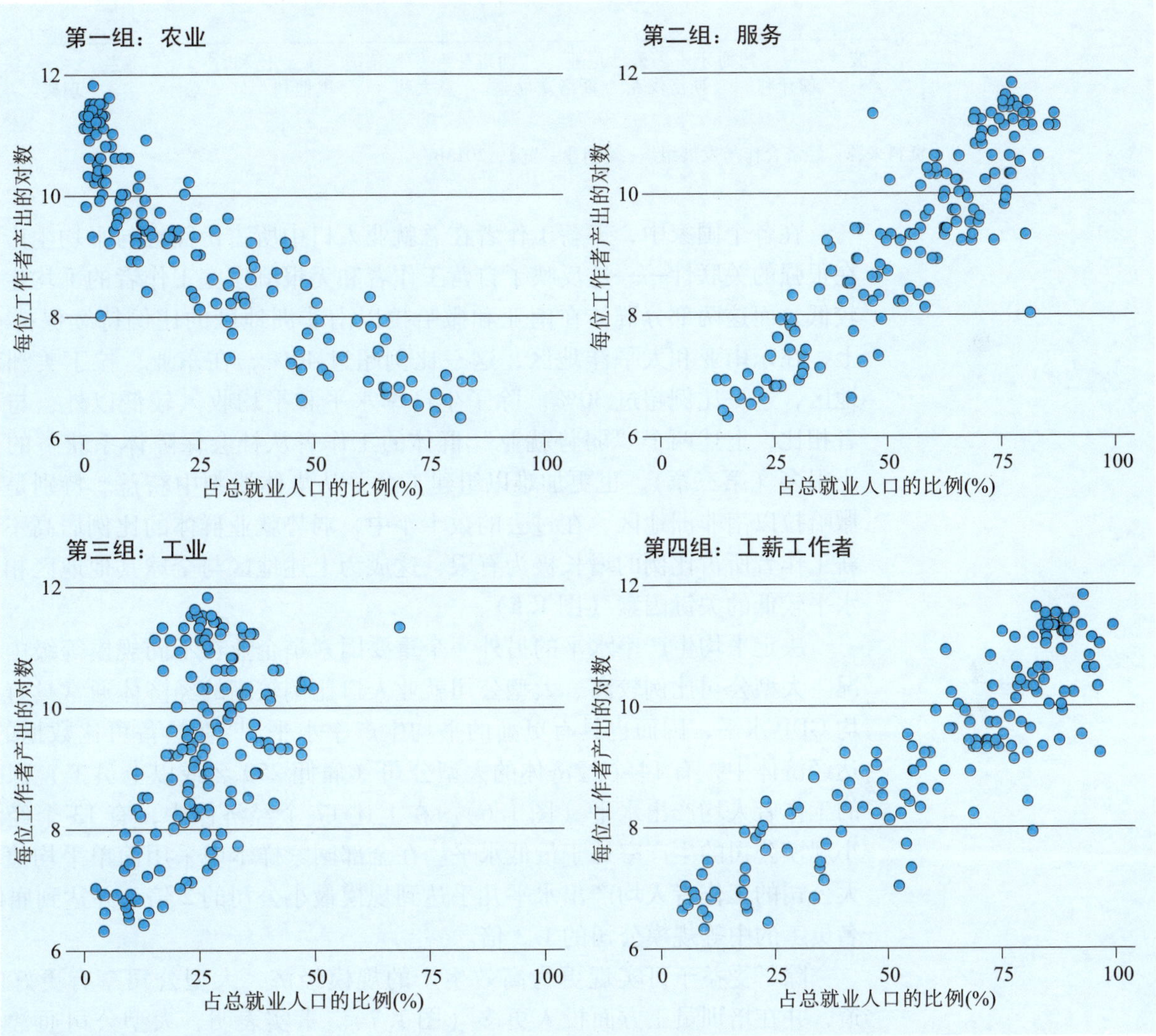

注：R 平方估计值对应散点图：农业（0.80）、工业（0.29）、服务业（0.78）以及工薪就业（0.79）。图中 54% 的观测值对应 2013 年。80% 的观测值取自 2010 年至 2013 年，其余 20% 观测值取自 2010 年以前。

资料来源：国际劳工组织，《趋势计量经济学模型》（2014 年 10 月）；国际劳工组织，《劳动力市场关键指标》（KILM），第八版。

---

① 工业的就业份额和平均生产率水平之间较弱的相关性体现了各国制造业生产率水平方面的较大差异，在许多发展中国家，小规模工业企业成为常态，在最不发达国家尤为如此。与此同时，尽管总体而言服务行业工作者所占份额与平均生产率水平之间存在较强的相关性，但在不同的服务子行业中，平均生产率水平和就业质量通常差异很大。一个国家所经历的结构性转型的程度以及转型的类型在决定其整体生产率水平方面均有显著影响。

图 1.6 2010 年所有经济体按企业规模等级划分的生产率，美元/雇员（千美元）

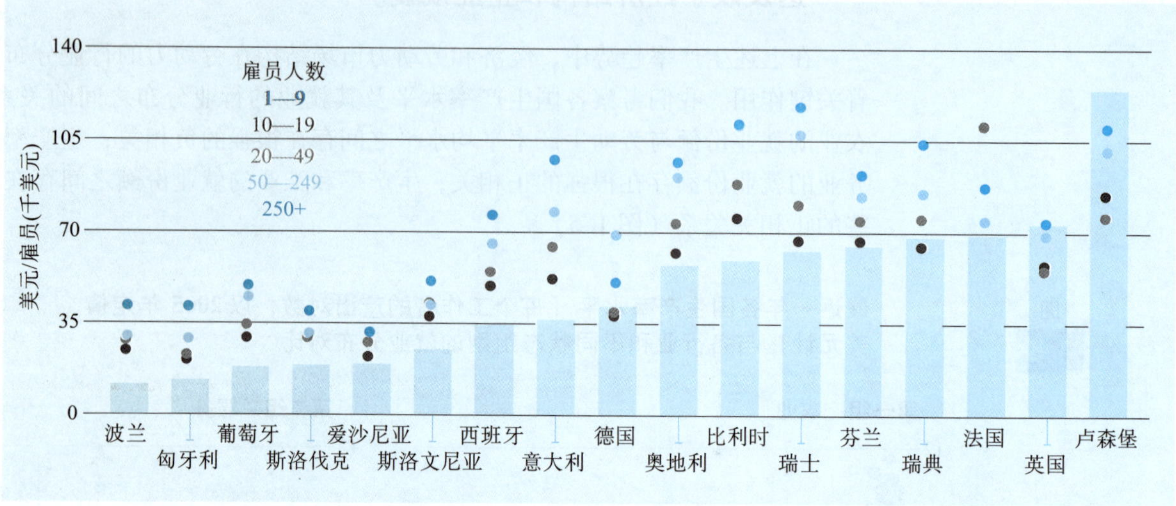

资料来源：经济合作与发展组织，《创业一览》，2013b。

在各个国家中，工薪工作者在总就业人口中所占份额也与平均生产率水平存在很强的关联性——这反映了自营工作者和无报酬家庭工作者的平均生产率水平较低，而这两部分群体在南亚和撒哈拉以南非洲地区的比例持续保持在 70% 以上，在东南亚和太平洋地区，这一比例超过 40%，在东亚、拉丁美洲和加勒比地区，这一比例超过 30%。除了生产率水平和平均收入较低以外，与工薪工作者相比，上述两个“弱势就业”群体的工作者从社会保障体系获益的可能性要小很多（第三章），也更加难以组建工会并从集体谈判中获益。特别是在南亚和撒哈拉以南非洲地区，在过去的数十年中，弱势就业群体的比例居高不下，而工薪工作者所占比例的增长极为有限，这成为上述地区与全球其他地区相比生产率水平较低的关键因素（图 1.5）。

决定平均生产率水平的另外一个重要因素是企业在不同规模等级中的分布情况。大型公司比例较高、大型公司就业人口比例较高的经济体通常具有更高的人均 GDP 水平，因而也具有更高的平均生产率水平。[①] 在具备可比数据的 17 个发达经济体中，有 14 个经济体的大型公司（雇佣 250 名或以上员工）保持着最高的工作者人均产出水平（图 1.6）。在上述 17 个经济体中，有 13 个经济体的最小规模公司的生产率处于最低水平。在全部国家样本中采用简单平均值，规模最大公司的工作者人均产出水平几乎达到规模最小公司的 2 倍，并达到雇佣 20—49 名员工的中等规模公司的 1.3 倍。

除了受益于可实现更为高效生产的规模经济，大型公司享有更好的融资渠道，并在培训员工方面投入更多（图 1.7）。事实表明，大型公司通常具有更高的平均生产率水平，除此之外，基于世界银行企业调查数据库中来自 134 个发展中国家的最新可获得数据，雇佣 100 名或者更多员工的公司的生产率增长水平高于中小型公司，大型公司的生产率年增长率平均为 3.2%，与此相比，中型公司（员工人数在 20—99 之间）的增长率为 1.3%，而小型公司（员工人数在 5—19 之间）的增长率为 1.7%。如果这种局面保持较长时间，这一生产率增长差异会为大型公司带来显著的竞争优势，因为大型公司更加有可能实现盈利能力的增长并有能力通过提高工资水平来吸引顶尖人才。

① 参见 Poschke，(2014)，获得更多详细内容。

图 1.7 最近一年部分发展中经济体按企业规模等级划分的公司特征（百分比）

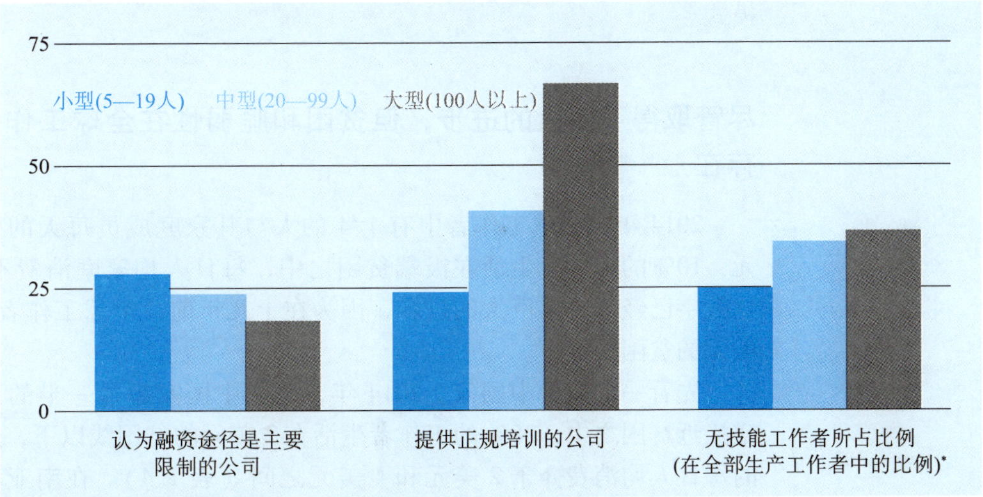

注：包括 134 个发展中国家的数据，提供中值数据。

* 表明仅可获得制造业公司的数据，包括 109 个国家的数据。

资料来源：企业调查（http：//www. enterprisesurveys. org），世界银行。

在仅具备制造业公司数据的部分国家，有一个现象值得关注，即在三个企业规模群组中，规模较大的公司具有最高的无技能生产工作者份额，而规模最小的公司中的无技能生产工作者的份额最低。具备更高平均生产率水平、更高生产率增长率，同时具有更高无技能工作者比例说明大型公司的生产更加具有资本密集性和技术密集性（本报告第五章详细探讨了企业动态，并主要侧重于全球生产模式）。

在全球总需求疲弱以及发达国家就业缺口持续存在且尤为严重的背景下，上述针对劳动生产率趋势的分析表明，与发展中地区相比，发达地区面临不同的挑战，其政策侧重地区也有所不同。在整个发达经济体中，与就业增长相比，生产率增长恢复相对强劲，同时总需求持续疲弱，这表明需要采用促进就业的政策，同时加强生产率增长和实际工资增长之间的联系。发达经济体如果希望实现持久的经济恢复，需通过实现消费增长来促进总需求的提高，这将继而要求扩大就业并提高工作者的购买力。

在发展中地区，近期生产率增长的下降表明，需要采取政策，提高生产率，促进投资，支持富有成效的结构转型并加速经济增长，如通过采用提高国内需求的政策。上述政策包括投资于教育和培训、基础设施投资、加强社会保障体系以及有关最低工资和集体谈判的政策。各项政策应力图为企业提供有利的环境，如为小型企业提供支持，使其能够更好地管理与大型公司相比所面临的一些劣势。

第二节　多元化的劳动力市场

我们有必要探讨一下工作模式的变化，以便更加清晰地阐明第一节中所谈到的各种趋势。工作模式确实很可能对总需求以及经济增长与就业和生产率增长之间的总体关系的变化趋势产生影响。比如，如果整体就业增长源于无报酬家庭工作者人数的增长，则与由工薪工作者人数增长带动的就业增长相比，在消费、生产率和总需求方面均会出现不同结果。本节的目的在于考察不同工作类型的模式。

尽管取得了巨大的进步，但贫困和脆弱性在全球工作者之中依然普遍存在

2014 年，全球工作者中有 1/4 的人与其家庭成员每天的生活标准不足 2 美元，10% 的工作者生活在极端贫困之中，每日人均家庭消费不足 1.25 美元。上述数字已经体现出巨大的进步，因为在十几年前，全球工作者中有一半生活在 2 美元的贫困线以下。

先看一下发展中国家。2014 年，发展中国家超过一半的工作者生活在贫困或接近贫困之中，28% 的工作者生活在 2 美元的贫困线以下，还有 25% 的工作者的每日人均消费介于 2 美元和 4 美元之间（表 1.4）。在南亚和撒哈拉以南非洲地区，2014 年 80% 的工作者生活在贫困或接近贫困状态。值得注意的是，尽管在过去的 20 年中，发展中国家在降低工作性贫困方面成绩斐然，但发展中国家刚刚脱离贫困线（2 美元至 4 美元之间）的工作者的比例总体上出现上升，大部分发展中地区均为此种情况。也就是说，尽管在降低贫困工作者比例方面取得了非常良好进展，但发展中国家劳动人口中有很大一部分依旧处于贫困状态或徘徊在贫困边缘。上述趋势表明，贫困和脆弱性在一段时间之内可能还将继续存在。

表 1.4　1991 年、2000 年和 2014 年部分地区生活在贫困状态（不足 2 美元）和接近贫困状态（介于 2 美元和 4 美元之间）的工作者占总就业人口的比例

	贫困（不足 2 美元）			接近贫困（介于 2 美元和 4 美元之间）		
	1991 年	2000 年	2014 年	1991 年	2000 年	2014 年
发展中世界	68.2	55.9	28.0	14.3	22.5	25.2
中欧和东南欧（非欧盟）及独联体	6.0	10.5	2.1	16.2	24.7	10.1
拉丁美洲和加勒比地区	16.5	15.3	5.3	22.6	22.1	13.2
东亚	85.0	56.0	11.4	11.1	27.3	21.7
东南亚和太平洋地区	74.1	64.0	23.9	14.7	20.8	34.5
南亚	85.1	78.5	54.4	12.4	17.9	34.2
中东和北非	20.3	16.4	10.5	32.0	34.3	31.0
撒哈拉以南非洲地区	76.1	77.9	61.1	14.4	13.6	23.4

资料来源：国际劳工组织，《趋势计量经济学模型》（2014 年 10 月）；Kapsos 和 Bourmpoula（2013）。

工薪就业人数出现增长，但也仅占全球总就业人口的一半

从全球范围来看，仅有 1/2 的工作者属于工薪就业，具体情况在全球不同地区存在很大差异（图 1.8）。在发达经济体和欧盟以及中欧、东南欧（非欧盟）及独联体，大约 80% 的工作者属于雇员，而在南亚和撒哈拉以南非洲地区，该比例接近 20%，而大约 75% 的工作者为自营工作者或者无报酬家庭工作者。在东南亚和太平洋地区，接近半数的工作者处于上述两种弱势就业状态之中；在东亚，这一比例超过 40%。这两种弱势就业状态的特征是更加可能从事非正规就业，并且从劳动和社会保障覆盖中受益的机会更小（第三章和第四章）。

在 2015 年至 2019 年期间，全球净新增就业增长中估计有 2/3 来自工薪就

图 1.8　全球和各地区的工薪就业（占总就业人口的百分比）

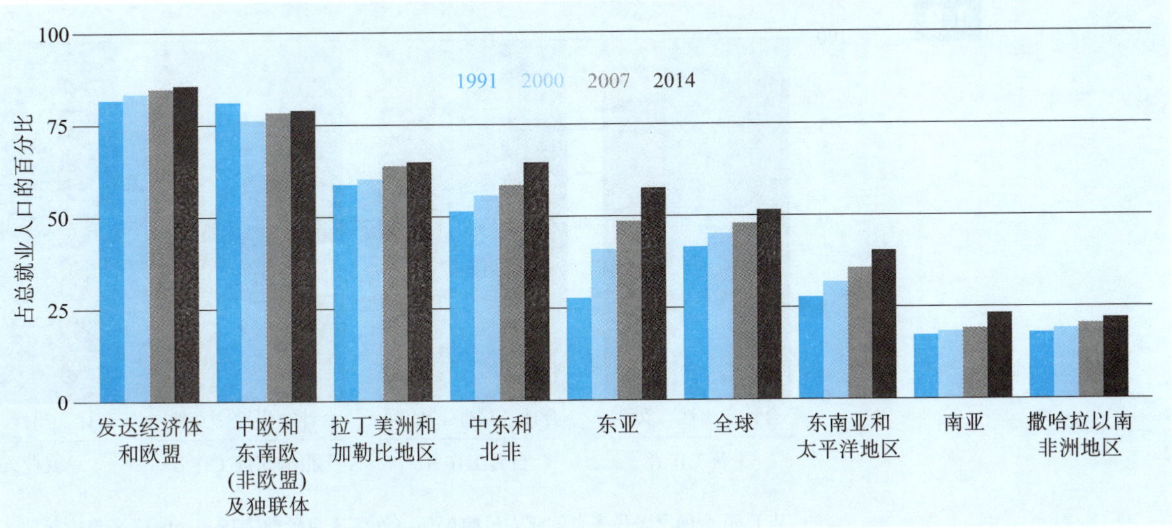

资料来源：国际劳工组织，《趋势计量经济学模型》（2014 年 10 月）。

业，大约 30% 的新增就业来自自营工作者和无报酬家庭工作者人数的增加——主要由撒哈拉以南非洲和南亚地区的就业增长所带动。① 在撒哈拉以南非洲地区，全部就业增长中的 2/3 可能来自自营工作者和无报酬家庭工作者。在南亚，新增就业中大约有一半来自上述两种就业形式。在其他发展中地区，未来五年新增就业的大部分将由工薪就业的增长所带动。在其他条件保持一致的情况下，如果工薪就业在净就业增长中的比例不断提高，将会促进就业形势变化与经济增长之间的关联。

兼职就业分布较广，尤其是在女性之中，且总体而言处于增长趋势

兼职就业广泛存在。在覆盖全球 65% 就业人口的 86 个国家中，超过 17% 的就业人口从事每周工作时长在 30 小时以下的兼职工作（图 1.9）。与男性相比，女性兼职的比例更高，在样本国家中，24% 的受雇女性从事兼职工作，而从事兼职工作的工薪男性的比例为 12.4%。在工薪工作者中，兼职就业率较低，比例为 11.6%（男性雇员的兼职就业比例为 8.2%，女性为 15.9%）。无报酬家庭工作者的兼职就业率最高，超过 1/3。

在信息可获取的绝大部分国家中，2009—2013 年兼职工作数量的增长超过了全职工作的增加。② 在法国、意大利、日本、西班牙以及欧盟 28 国，兼职就业的增加与全职工作的减少同时出现，造成了在此期间总体工作机会减少的一些情形。例如，在欧盟 28 国，全职就业岗位减少了接近 330 万个，而兼职岗位增加了 210 万个。在数据可获得的国家中，只有巴西、俄罗斯和美国的整体就业机会实现增长，主要由此间全职就业机会的增加带动。在上述几个国家中，全职工作岗位的增长超过了兼职就业岗位的下降。应着重指出的是，在数据可获得的国家中，大部分增加的兼职就业是非自愿的（也就是说，工作者转入兼职就业岗位是由于无法获得全职工作机会）。③

① 国际劳工组织，《趋势计量经济学模型》（2014 年 10 月）。

② 经济合作与发展组织，全职和兼职就业数据表："基于同用定义的 FTPT 就业"。https://stats.oecd.org/

③ 例如，在欧盟 28 国中，非自愿兼职就业（占全部兼职就业中的比例）从 2007 年的 22.4% 上升至 2013 年的 29.2%。

图 1.9 最近一年按就业状态划分（占总就业人口的百分比）的兼职和全职就业

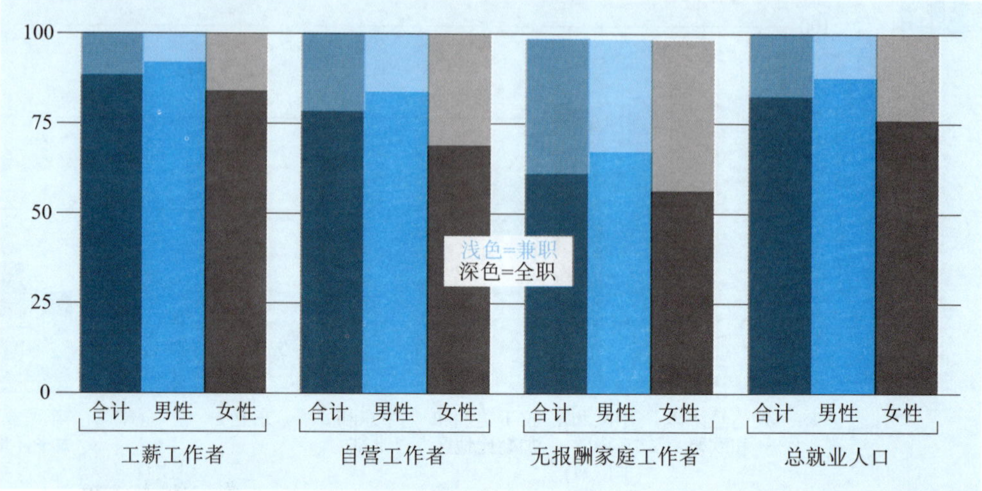

注：基于86个国家，代表总就业人口的65%（26%来自低收入国家，64%来自中等收入国家，95%来自高收入国家）。全职就业是指每周工作时长超过30个小时。

资料来源：国际劳工组织研究部，基于家庭调查数据。

在全球范围内，签有长期合同的工作者依然是凤毛麟角

在覆盖全球84%总就业人口的数据可获得的国家中，仅有约1/4（26.4%）的工作者签订了长期合同，约13%的工作者签订了临时合同或固定期限合同，而绝大部分工作者（60.7%）没有签订任何合同（图1.10）。在高收入经济体中，超过3/4的工作者签订了长期合同（其中不足2/3为全职工作），还有另外9.3%工作者签订了临时合同，没有签订合同的劳动者比例仅为14%。在数据可获得的中等收入国家中（覆盖中等收入国家88%的就业人口），接近72%的工作者没有劳动合同，仅有13.7%的工作者签订了长期合同。在数据可获得的13个低收入国家中（覆盖低收入国家49%的就业人口），仅有5.7%的工作者签订了长期合同，近87%的工作者没有签订任何劳动合同；这些工作者中的绝大部分为自营工作者或无报酬家庭工作者。①

因而，全球未签订雇佣合同的工作者的较大比例与发展中国家从事自营就业或无报酬家庭工作的劳动者占比居高不下紧密相关。不过，即便在工薪工作者当中，仅有约一半人签订了长期合同。上述数据表明，在全球劳动力市场中普遍存在的不安全感背后的现实情况不容乐观。尽管上述不安全感在很大程度上来自于高比例的非工薪就业，但全球雇员中有很大一部分人也面临着由其雇佣合同引发的不安全感。

按照合同类型划分的近期就业趋势如何？目前具备充分的数据，可对覆盖全球高收入国家接近92%就业人口的33个国家在一段时期内的变化进行研究（表1.5）。在上述国家中，2004年84.6%的工作者签订了长期合同或临时合同；2012年，该比例略有下滑，达到83.4%。新出现的不签订合同的雇员类型以及自营工作者比例的轻微上升填补了上述比例的下降，其中不签订合同类型雇员占比在2012年达到1.1%。上述趋势导致了高收入经济体中劳动力人口在危机前后时期就业安全感的下降。

① 本分析仅针对员工，而非全部雇员，在可获得数据的高收入、中等收入和低收入经济体中没有签订合同的员工比例分别为0.7%、36.9%和24.8%。

图 1.10 最近一年部分收入群组按就业状态和合同类型划分的就业分布（百分比）

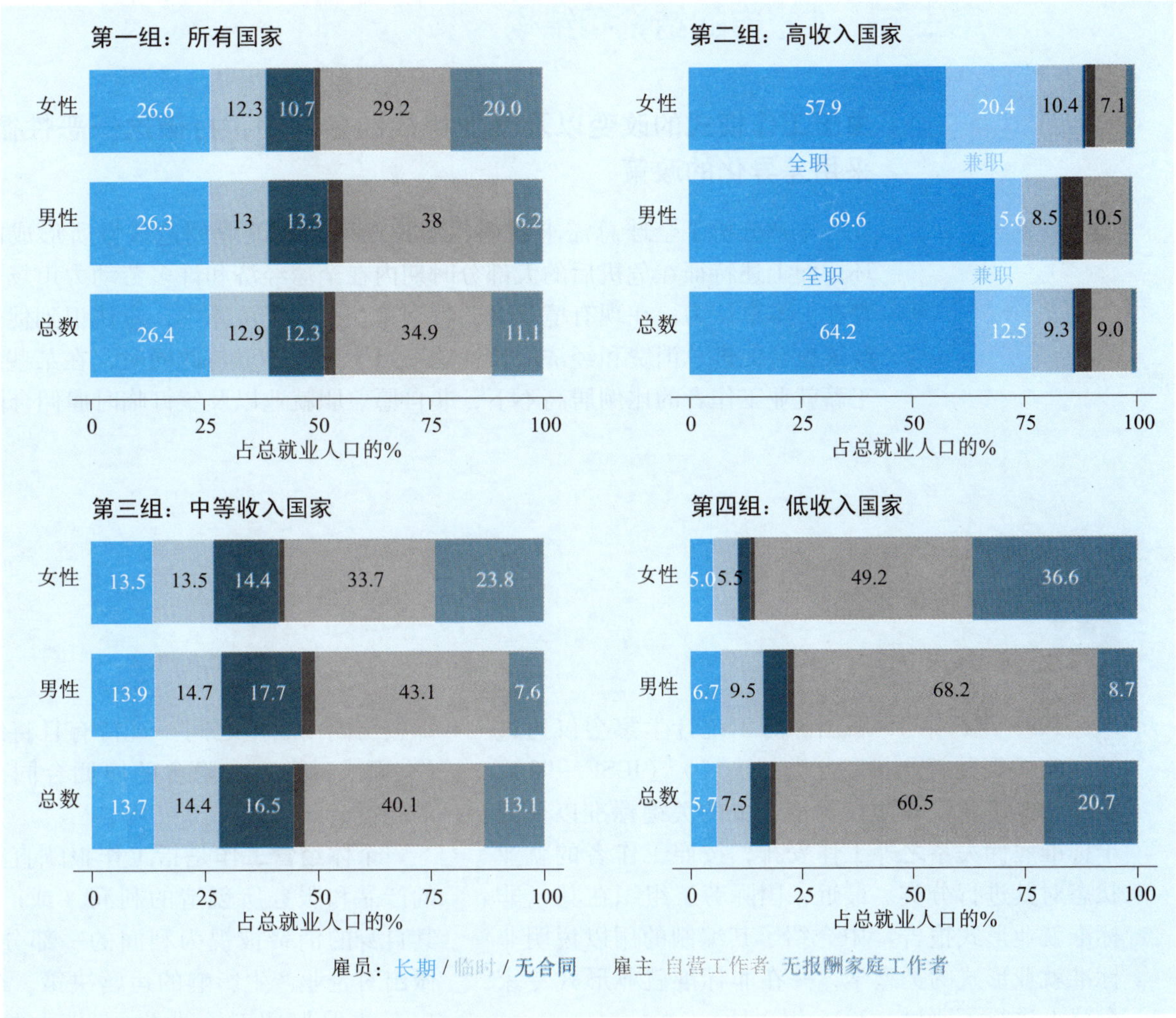

注：国家分组对应世界银行的收入分类。估计值基于 90 个国家，占全部就业人口的 84%（13 个低收入国家，占全部就业人口的 49%；42 个中等收入国家，占全部就业人口的 88%；35 个高收入国家，占全部就业人口的 92%）。最具共性的一年为2012 年（对于43 个国家而言）。将长期员工划分为全职和兼职两类仅针对高收入国家。对于56% 的国家而言，最近一年在 2012 年和 2014 年之间；对于 26% 国家，介于 2010 年和 2011 年之间；对于 18% 的国家，介于 2006 年和 2009 年之间。

资料来源：国际劳工组织研究部，基于家庭调查数据。

表 1.5 2004 年和最近一年高收入国家不同合同类型在就业人口中所占比例（百分比）

	总数		男性		女性	
	2004 年	最近	2004 年	最近	2004 年	最近
员工：长期	74. 0	73. 2	73. 1	71. 2	74. 9	75. 4
员工：临时	10. 6	10. 2	9. 4	9. 2	12. 2	11. 4
员工：无合同	0. 0	1. 1	0. 0	1. 0	0. 0	1. 1
雇主	4. 7	3. 9	5. 9	5. 4	3. 0	2. 2
自营工作者	9. 2	10. 4	10. 8	12. 3	7. 1	8. 0
无报酬家庭工作者	1. 5	1. 3	0. 7	0. 8	2. 7	1. 9

注：基于两年数据均可获得的 33 个高收入国家，代表全部就业人口的 91. 5%。对于绝大部分国家来说，2012 年是可获得数据的最近一年。

资料来源：国际劳工组织研究部，基于家庭调查数据。

第三节　本报告的结论和结构

由于工作模式的改变以及就业挑战的多样性，打破这一恶性循环需要采用差异化的政策

本章分析了全球总需求疲弱、增长放缓以及就业创造减慢所形成的恶性循环，而上述特征在危机后的大部分时期内在全球经济和许多劳动力市场中都广泛存在。本章认为，在现有境况下，特别是在发达经济体中，应认识到促进就业的政策也会促进总消费和经济增长，这一点十分重要。与此同时，在某些地区，非工薪就业工作者的比例居高不下，非自愿兼职就业以及签订临时雇佣合同或者没

专栏 1.2

定义就业类型

1993 年，第 15 届国际劳工统计学家会议通过了《有关国际就业状态分类的决议》（ICSE－93），根据与经济风险和职权类型相关的关键标准以及处于标准雇佣关系之外工作安排，按照工作者的就业状态对其进行分类。最近，国际劳工组织在其《非标准就业形式报告》中介绍了其编制的用以说明非标准就业形式的类型学，并在非标准就业形式专家会议上进行了研讨（2015 年 2 月）。

根据 ICSE－93，工作分类的依据是工作者与其他人员或机构所签订的明确或隐含雇佣合同的类型。用于确定分类群组的基本标准是经济风险的类型，其中的一个构成因素是工作者与工作之间依附程度的强弱，对机构的职权类型以及工作者目前支配或将要支配的其他工作者。

部分 ICSE－93 群组定义

有偿雇佣工作是指在职工作者持有明确的（书面或口头）或隐含的雇佣合同，借此他们可获得基本的酬劳，该酬劳与其工作单位的收入没有直接相关性（工作单位可以是公司、非营利组织，也可以是政府机构或家庭）。在职工作者使用的部分或全部工具、资本设备、信息系统和/或经营场所可能由他人拥有，且在职工作者可能受到业主或业主雇佣的人员的直接管理，或需要遵守其制定的严格规则。

- *工薪就业（雇员）*：雇员是指那些从事“有偿雇佣工作”的工作者。具有稳定合同的雇员是指那些与同一雇主之间一直持有且将继续持有明确的（书面或口头）或隐含的雇佣合同，或一系列连续的此类合同的雇员。

个体经营工作是指工作报酬直接取决于所提供的产品和服务所创造的利润（或产生利润的潜能，其自身的消费被视为利润的一部分）。在职工作者做出对企业产生影响的运营决策，或者将上述决策权下放但保留对企业发展状况的责任（在此处，“企业”包括仅有一个工作者的商业运营）。

- *自营工作者*：自营工作者是指那些自己独立工作或与一个或多个合作伙伴合作的工作者，他们所从事的工作属于“个体经营工作”，且在参考期不连续雇佣任何“雇员”为其工作。应该注意的是，在参考期，此类工作者可能曾雇佣过“雇员”，但是雇佣不具有连续性（合作伙伴可能是相同家庭的成员，也可能不是）。
- *无报酬家庭工作者*：无报酬家庭工作者是指那些在同一家庭的相关人员经营的市场导向型机构拥有“个体经营”工作，但不能被视为合伙人的工作者，因为他们对机构运营在工作时间或由国家情况所决定的其他方面的承诺度与机构领导不具备可比性。

国际劳工组织关于非标准就业形式的类型学

目前，对非标准就业形式（NSFE）尚无官方定义。通常认为，非标准就业状态包括那些不属于标准就业关系领域的工作安排，而一般认为标准就业

有签订合同的工作者的比例双双增加，这可能会制约就业水平提高对消费和总需求的潜在贡献。上述就业形式一般也会导致较低的生产率增幅。

本章中所做的分析指出了许多广泛的政策关注领域。在就业差距持续存在的发达经济体中，着手推动就业增长和提高工资对于支持经济增长而言是首当其冲的要务。在发展中世界，由于经历了对发展前景产生威胁并制约经济增长潜力的生产率下降，那些旨在提高劳动生产率增长的政策，如投资于教育、培训、医疗和基础设施，具有重要的意义。财政、货币和劳动力市场领域的具体政策的确定必须基于各国具体情况和工作重点。不过，由于工作形式和工作场所组织的多元性和多样化不断提高，上述政策必须意识到，如果不对就业质量以及工作者的收入保障和社会保障给予适度考虑，就业增长本身并不能为总需求提供强劲和持久的支持。

工作安排是全职性的、无限期的，同时属于一种从属性的双边就业关系。国际劳工组织认为下述就业安排为非标准性的：（1）临时性就业；（2）包括临时派遣工作且涉及多方的合同安排；（3）模糊的就业关系，包括依附性的个体经营就业关系和隐含的就业关系；（4）兼职就业（ILO，2015a，2015b）。由于非标准就业的工作者处于一种依赖性的就业关系，所以独立的个体经营工作者即使处于非正规的工作状态，也不属于这一类别。不过，非标准就业包括正规或非正规就业安排中的工作者，只要其合同状态属于国际劳工组织定义中所包含的四种类别之一。具体如下：

（1）*临时性就业*是指从事一段时间的工作，签订的合同可能是固定期限合同，基于项目或任务的合同，也可能是季节性工作或散工，包括日工。固定期限合同可能是书面的，也可能是口头的，但都具备预先确定的期限。大多数国家有特定的法律条款对固定期限合同的最长时间、续签次数以及追索权的正当原因进行规范。散工是指劳动者所从事的工作具有偶然性和间歇性的特征，可能工作几个小时、几天或几周，并藉此获得每日或定期工作协议条款所规定的工资；散工是低收入发展中国家非正规受雇就业的一个显著特征。

（2）*涉及多方的合同安排*，包括临时性派遣工作，包含这样的情况：工作者被私人就业机构或服务提供商派遣到特定工作岗位并获取报酬，但工作是为用人单位完成的。在大多数国家中，就业合同或就业关系通常存在于派遣机构和工作者之间，但商业性合同所约束的则是派遣机构和用人单位。由于涉及多方，通常认为劳动者处于一种就业关系之中，但劳动者的权益可能受到限制，其权益也可能界定不清，特别是在工作者已经在用人单位服务了较长时间的情况下。

（3）*模糊就业关系*是指相关各方的各自权利和义务不明晰，或者法律中存在不足或差距，如在法律条款或其应用的解释方面。有时缺乏法律清晰度的一个领域是依附性个体经营就业，在此类就业方式下，工作者按照民事合同或商业合同的约定为企业提供服务，但是其收入获取依赖于一个或若干客户，或者在如何开展工作方面接受直接的指导。此类工作者通常不受劳动或社会保障法律的保护，尽管许多国家通过了向依附性个体经营工作者延伸某些保障的特定条款。隐含就业关系的具体情况是，雇主对待工作者的方式不是对待雇员的方式，其方式掩盖了其作为雇员的真实法律地位，并剥夺了工作者应获得的法律保障。

（4）在*兼职就业*中，工作者的正常工作时长少于具有可比性的全职工作者的时长。许多国家设置了区分兼职工作和全职工作的具体法律门槛。出于统计学方面的原因，通常认为兼职工作每周的工作时长低于35小时或30小时。

应该提起注意的是，国际劳工组织针对非标准就业形式的类型学侧重于雇员以及依附型的个体经营工作者，因此不包括其他个体经营工作者。

资料来源：于1993年第15届国际劳工统计学家会议通过的《有关国际就业状态分类的决议》，以及ILO（2015a，2015b）。

本报告的其余部分将更加详尽地探讨上述重要问题。第二章考察了非标准就业形式方面的工作模式变化如何对收入保障和收入不平等产生影响（专栏 1.2 讨论了包括非标准就业在内的不同就业类型的定义）。第三章分析了社会保障覆盖的全球趋势以及就业类型与法律和实践中有效社会保障覆盖之间的关系。该章也讨论了社会保障体系是否能够确保充分的收入保障这一问题。第四章主要分析了监管不同就业形式的法律。该章利用一系列关键劳动力市场和经济指标，对监管变化的影响做出了实证评估。最后，第五章对全球生产模式的改变对工作者、企业和就业关系的影响进行了分析。该章对全球与供应链相关的工作做出了估算，探讨了生产国际化对工作条件的影响并着重指出了与该现象相关的主要政策挑战。

附录 A
国家和地区组别

发达经济体和欧盟
欧盟*
奥地利（发达）
比利时（发达）
保加利亚（新兴）
克罗地亚（新兴）
塞浦路斯（发达）
捷克（发达）
丹麦（发达）
爱沙尼亚（发达）
芬兰（发达）
法国（发达）
德国（发达）
希腊（发达）
匈牙利（发达）
爱尔兰（发达）
意大利（发达）
拉脱维亚（新兴）
立陶宛（发达）
卢森堡（发达）
马其他（发达）
荷兰（发达）
波兰（新兴）
葡萄牙（发达）
罗马尼亚（新兴）
斯洛伐克（发达）
斯洛文尼亚（发达）
西班牙（发达）
瑞典（发达）
英国（发达）
北美洲
加拿大（发达）
美国（发达）
其他发达经济体
澳大利亚（发达）
以色列（发达）
日本（发达）
新西兰（发达）
西欧（非欧盟）
冰岛（发达）
挪威（发达）
瑞士（发达）

中欧和东南欧（非欧盟）及独联体
中欧和东南欧
阿尔巴尼亚（发展中）
波黑（发展中）
黑山（发展中）
塞尔维亚（新兴）
前南马其顿（新兴）
土耳其（新兴）
独联体
亚美尼亚（发展中）
阿塞拜疆（发展中）
白俄罗斯（新兴）
格鲁吉亚（发展中）
哈萨克斯坦（新兴）
吉尔吉斯斯坦（发展中）
摩尔多瓦（发展中）
俄罗斯（新兴）
塔吉克斯坦（发展中）
土库曼斯坦（发展中）
乌克兰（新兴）
乌兹别克斯坦（发展中）

南亚
阿富汗（发展中）
孟加拉国（发展中）
不丹（发展中）
印度（新兴）
马尔代夫（发展中）
尼泊尔（发展中）
巴基斯坦（发展中）
斯里兰卡（发展中）

东南亚和太平洋地区
东南亚
文莱（新兴）
柬埔寨（发展中）
印度尼西亚（新兴）
老挝（发展中）
马来西亚（发展中）
缅甸（发展中）
菲律宾（发展中）
新加坡（发达）
泰国（新兴）
东帝汶（发展中）
越南（发展中）
太平洋群岛
斐济（发展中）
巴布亚新几内亚（发展中）
所罗门群岛（发展中）

东亚
中国（新兴）
中国香港（发达）
朝鲜（发展中）
韩国（发达）
中国澳门（发达）
蒙古（发展中）
中国台湾（发达）

拉丁美洲和加勒比地区
加勒比地区
巴哈马（发展中）
巴巴多斯（发展中）
古巴（发展中）
多米尼加共和国（发展中）
瓜德罗普（发展中）
圭亚那（发展中）
海地（发展中）
牙买加（发展中）
马提尼克（发展中）
波多黎各（新兴）
苏里南（新兴）
特立尼达和多巴哥（发展中）
中美洲
伯利兹（发展中）
哥斯达黎加（新兴）
萨尔瓦多（发展中）
危地马拉（发展中）
洪都拉斯（发展中）
墨西哥（新兴）
尼加拉瓜（发展中）
巴拿马（发展中）
南美洲
阿根廷（新兴）
玻利维亚（发展中）
巴西（新兴）
智利（新兴）
哥伦比亚（新兴）
厄瓜多尔（发展中）
巴拉圭（发展中）
秘鲁（发展中）
乌拉圭（新兴）
委内瑞拉（新兴）

中东
巴林王国（新兴）
伊朗（发展中）
伊拉克（发展中）
约旦（发展中）
科威特（新兴）
黎巴嫩（发展中）
巴勒斯坦被占领土（发展中）
阿曼（新兴）
卡塔尔（新兴）
沙特阿拉伯（新兴）
叙利亚（发展中）
阿联酋（新兴）
也门（发展中）

北非地区
阿尔及利亚（发展中）
埃及（发展中）
利比亚（发展中）
摩洛哥（发展中）
苏丹（发展中）
突尼斯（新兴）

撒哈拉以南非洲
东非
布隆迪（发展中）
科摩罗（发展中）
厄立特里亚（发展中）
埃塞俄比亚（发展中）
肯尼亚（新兴）
马达加斯加（发展中）
马拉维（发展中）
毛里求斯（新兴）
莫桑比克（发展中）
留尼汪岛（发展中）
卢旺达（发展中）
索马里（发展中）
坦桑尼亚（发展中）
乌干达（发展中）
赞比亚（发展中）
津巴布韦（发展中）
中非
安哥拉（发展中）
喀麦隆（发展中）
中非共和国（发展中）
乍得（发展中）
刚果（发展中）
刚果民主共和国（发展中）
赤道几内亚（发展中）
加蓬（发展中）
南非
博茨瓦那（发展中）
莱索托（发展中）
纳米比亚（发展中）
南非（新兴）
斯威士兰（发展中）
西非
贝宁（发展中）
布基纳法索（发展中）
佛得角（发展中）
科特迪瓦（发展中）
冈比亚（发展中）
加纳（发展中）
几内亚（发展中）
几内亚比绍（发展中）
利比里亚（发展中）
马里（发展中）
毛里塔尼亚（发展中）
尼日尔（发展中）
尼日利亚（发展中）
塞内加尔（发展中）
塞拉利昂（发展中）
多哥（发展中）

*国际劳工组织地区组别的新分类体系即将推出，请知悉。

附录 B
估算全球工资缺口

本章中所给出的全球和地区工资估计值是通过对 178 个国家的全国就业和工资缺口估计值进行加总得到的。本附录描述了用于生成估算值所使用的数据和方法。

116 个国家的平均工资数据（对应雇员人数，采用的是 2013 年的本地货币单位）取自国际劳工组织的全球工资数据库。上述 116 个国家贡献全球 GDP 的 93. 3%，覆盖全球就业人口的 90. 1%。

上述 116 个国家的年度平均工资是通过对月度工资估计值加总获得的（用月度工资乘以 12）。接下来，对其他无法获得报告工资数据的 62 个国家的年度工资进行计量经济学的估算（对应全球 GDP 的 6. 7% 和全球就业人口的 9. 9%）。计算方法是通过将 2013 年经购买力平价调整过的以国际美元计价的年均实际工资对同一年份每位工作者的平均产出进行回归分析，其中数据取自国际劳工组织的《趋势计量经济学模型》（2014 年 10 月）。地区交互作用项用于以下地区：（1）发达经济体和欧盟；（2）中欧和东南欧（非欧盟）及独联体；（3）东亚；（4）东南亚和太平洋地区；（5）南亚；（6）拉丁美洲和加勒比地区；（7）中东；（8）北非；（9）撒哈拉以南非洲地区。地区 1 略去。

对于包括中非共和国、刚果民主共和国、厄立特里亚、几内亚、几内亚—比绍、海地、朝鲜、利比里亚、莫桑比克、尼日尔、卢旺达、索马里和多哥在内的 13 个国家，我们假定每位工作者的实际工资与人均产出相等。对于汇报非工薪就业情况且采掘工业占比较大的七个国家（安哥拉、赤道几内亚、加蓬、伊拉克、利比亚、尼日利亚和叙利亚），工资的估算是通过用每个国家的工作者人均产出水平乘以石油输出报告国（阿尔及利亚、伊朗、科威特、俄罗斯和沙特阿拉伯）的工资与劳动生产率比率的平均值得到。这种做法是为了避免在生产率——工资关系基础上对平均工资做出过高估计，因为具有大规模采掘行业的国家通常拥有非常高的劳动者人均产出水平。

上述历史工资序列数据是采用覆盖 130 个国家的全球工资数据库中的可获得实际工资增长估计值得出的。对于无法获得工资增长估计值的 48 个国家，针对九大地区分别进行了工资增长的简单平均估算并应用于每个地区的无报告国家。

全球工资数据库中提供了 75 个国家的女性、男性和整体平均名义月工资估算值。我们计算了这些国家女性和男性工资占总平均工资的比例。对于 103 个无报告国家，我们应用了九大地区的地区平均数据。之后将这些比例用于提供女性和男性年均工资估算值。最后一步，对 2008 年至 2013 年之间的各年，用各国的女性和男性年度工资估算值乘以相应的各国女性和男性工作缺口估计值。

参考文献

Autor, D. 2014. *Polanyi's paradox and the shape of employment growth*, NBER Working Paper No. 20485 (Cambridge, MA, National Bureau of Economic Research (NBER)).

Brown, P.; Lauder, H.; Ashton, D. 2011. *The global auction: The broken promises of education, jobs, and incomes* (New York, NY, Oxford University Press).

Gordon, R.J. 2012. *Is U.S. economic growth over? Faltering innovation confronts the six headwinds*, NBER Working Paper No. 18315 (Cambridge, MA, National Bureau of Economic Research (NBER)).

—. 2014. *The demise of U.S. economic growth: Restatement, rebuttal, and reflections*, NBER Working Paper No. 19895 (Cambridge, MA, National Bureau of Economic Research (NBER)).

International Labour Office (ILO). 1993. *Fifteenth International Conference of Labour Statisticians*, Report of the Conference, ICLS/15/D.6 (Rev. 1), Geneva 1993.

—. 2010. *Global Wage Report 2010/11: Wage policies in times of crisis* (Geneva).

—. 2013a. *World of Work Report 2014: Developing with jobs* (Geneva).

—. 2013b. *Global Wage Report 2012/13: Wages and equitable growth* (Geneva).

—. 2014a. *Global Employment Trends 2014: The risk of a jobless recovery* (Geneva).

—. 2014b. *Global Wage Report 2014/15: Wages and income inequality* (Geneva).

—. 2014c. *World of Work Report 2014: Developing with jobs* (Geneva).

—. 2015a. *Non-standard forms of employment*, Report for discussion at the Tripartite Meeting of Experts on Non-Standard Forms of Employment, Geneva, 16–19 Feb.

—. 2015b. *Report of the Tripartite Meeting of Experts on Non-Standard Forms of Employment*, Geneva, 16–19 Feb.

—. 2015c. *World Employment and Social Outlook: Trends 2015* (Geneva).

International Monetary Fund (IMF). 2014. *World Economic Outlook: Legacies, clouds, uncertainties*, Oct. (Washington, DC).

Kapsos, S.; Bourmpoula, E. 2013. *Employment and economic class in the developing world*, Research Paper No. 6 (Geneva, ILO).

—.; Silberman, A.; Bourmpoula, E. 2014. *Why is female labour force declining so sharply in India?*, Research Paper No. 10 (Geneva, ILO).

Organisation for Economic Co-operation and Development (OECD). 2013a. *OECD Science, Technology and Industry Scoreboard 2013: Innovation for growth* (Paris).

—. 2013b. *Entrepreneurship at a glance 2013* (Paris).

Poschke, M. 2014. *The firm size distribution across countries and skill-based change in entrepreneurial technology*, IZA Discussion Paper No. 7991 (Bonn, Institute for the Study of Labor (IZA)).

Stiglitz, J. 2014. *Unemployment and innovation*, NBER Working Paper No. 20670 (Cambridge, MA, National Bureau of Economic Research (NBER)).

第二章
就业模式、贫困和收入不平等

引言

第一章从整体上描述了就业模式的多样性及其与经济增长之间的关系。本章的目的在于对就业模式变化所产生的收入影响进行评估。本章考察了不同类别的工作者中劳动收入对整体收入的贡献度及其在上一个十年中的演变（第一节）。我们的分析基于针对40个国家开展的微观数据调查，其中包括31个发达经济体和欧盟以及9个新兴和发展中经济体。[①] 接下来，本章考察了工作模式的变化对贫困的影响（第二节）以及收入不平等问题的影响（第三节）。最后，本章在总结部分国家经历的基础上讨论了研究中所发现的政策影响（第四节）。

第一节　不同就业类型的收入状况

在本章中，收入被定义为从工作中所获得的货币收益流（工资、薪金以及个体经营工作或自有生产所产生的收入[②]）、资本[③]（利息、利润或股息）、土地（租金）或者私人转移（家庭间转移、赡养费、汇款）。上述收入属于不同类别的"市场收入"。此外，本章还涵盖了通过社会转移以及税收支付和向社会保障机构供款所获得的收入，这样便得到了"可支配收入"（参见本章附录B，图2B.1）。[④] 在分析所涉及的国家中，全部工作者中平均有77.4%的工作者为受雇员工（即，处于依赖性有偿就业之中），而个体经营工作者的比例为22.6%。为方便分析起见，将受雇员工分为长期/全职/正式员工和临时/兼职/非正式员工[⑤]。正如我们在第一章中所提到过的，不同就业类型所占比例在不同地区之间存在很大差别。与新兴和发展中经济体相比，发达经济体中属于长期受雇就业类型的工作者的比例更高，而前者从事个体经营工作或非正规就业的工作者的比例更高。

---

① 在本章中，我们所使用的术语"发达经济体和欧盟"包括发达国家以及中欧和东欧国家，这与第一章附录A中给出的国际劳工组织所定义的"发达经济体和欧盟"的地区定义是一致的。而对于新兴和发展中经济体，我们是通过收入分类来将不同地区进行分组的。本章附录A提供了数据来源以及所覆盖的年份；附录B介绍了分析所使用的收入的各种不同组成部分以及数据局限性和方法论问题。由于数据的局限性，某些国家未被收录进一些图表中。

② 这包括农业和非农业工作自有生产所创造的收入。

③ 在本分析中，包括在资本收入之内的货币收益是指那些在本质上具有规律性的收益，而不包括一次性收益或收入（现金遗产、资本收入、赌博、博彩等）。

④ 在本分析中，"股票"或者"资产"并未归入此类；这里仅涵盖了收入流。

⑤ 根据各国可获得的数据，非正式员工的定义为：（1）那些未在社会保障机构注册或者不向该机构缴款的员工（阿根廷、墨西哥、南非、土耳其、乌拉圭、越南）；（2）未在社会保障体系中注册和/或未签订正式合同的员工（巴西）；（3）短期或季节性员工，或者那些按日或按周为不同雇主工作的员工（菲律宾）。

图 2.1 按就业类型划分的劳动收入比例

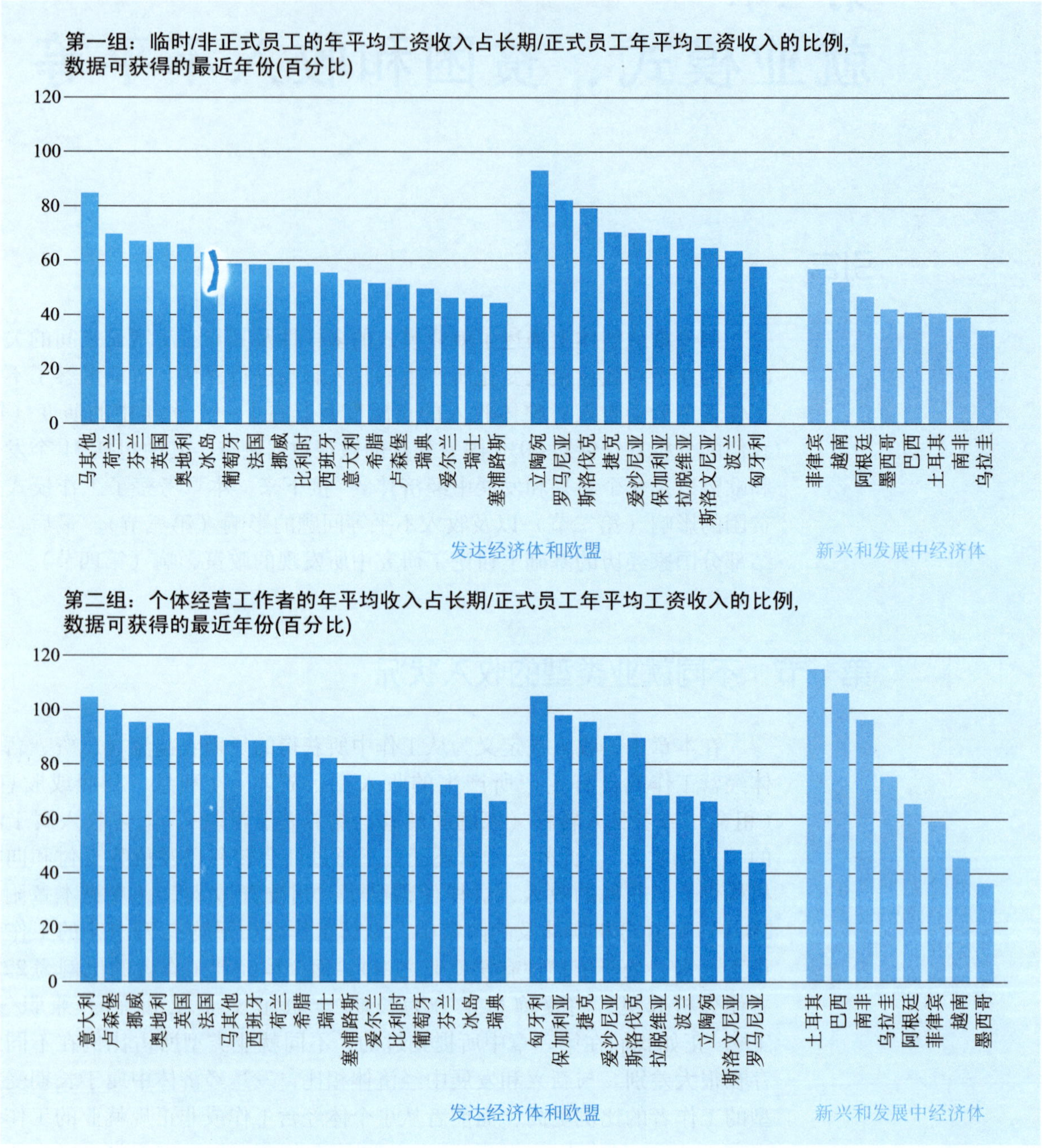

注：对于所有国家而言，将员工分为两个类别。对于欧洲国家，员工被分为长期员工和临时员工；对于新兴和发展中经济体，员工被分为正式员工和非正式员工。

资料来源：国际劳工组织研究部基于家庭调查的估算（参见附录 A，表 2A.1）。

长期工作者的收入要远远高于从事相同工作的非长期工作者……

在发达经济体和欧盟，所有员工和个体经营工作者的年平均收入在 7000 美元—47500 美元①之间，在本文所分析的新兴和发展中经济体中，这一数字为 3000 美元—14750 美元之间。在所有国家中，长期员工的年平均收入高于上述总体平均数。发达经济体中临时工作者的收入低于从事相同工作的长期工作

① 数字扣除物价因素（以 2010 年为基年）并按购买力平价进行调整。

者，幅度在15%（马耳他）和55%（塞浦路斯）之间。在新兴和发展中经济体，非正式受雇员工的收入低于正式受雇员工。非正式员工的工资低于正式员工[①]工资，幅度在43%（菲律宾）和65%（乌干达）之间（图2.1，第一组）。

个体经营工作的平均收入具有较大的差异。在发达经济体和欧盟，匈牙利和意大利的个体经营工作者的收入高于长期受雇工作者，而保加利亚和卢森堡的个体经营工作者的收入与长期受雇工作者的收入接近。在所有其他国家，个体经营工作者的收入达到长期受雇工作者收入的67%—96%，但罗马尼亚和斯洛文尼亚例外，这两个国家的上述比例较低（见图2.1，第二组）。在新兴和发展中经济体，在不同地理区域以及相同地理区域之中，情况存在很大不同。在巴西和土耳其，个体经营工作者的收入超过正式受雇工作者，而在南非，两者基本相同。在其他国家，前者占后者的比例在76%（乌拉圭）和37%（墨西哥）之间。

在我们所分析的所有国家中，女性的年平均收入低于男性。在数据可获得的最近一年，平均而言，女性的收入介于男性收入的57%（瑞士）至97%（菲律宾）之间。[②] 上述调查结果与国际劳工组织（2014a）的报告内容是一致的，在该报告中，女性的平均工资比男性低4%—36%。[③] 自21世纪头几年以来，在我们所研究的几乎所有国家中，年平均收入的性别差距下降了1（保加利亚、捷克、法国、希腊、意大利、斯洛伐克）—8个百分点（立陶宛、卢森堡）。[④] 在我们所分析的国家中，仅有4个国家（冰岛、马耳他、波兰、越南）的性别差距增加了1—5个百分点。

……在过去十年中，差距出现了扩大的趋势。

自21世纪头几年以来，在发达经济体和欧盟中，临时工作者和长期工作者年平均工资的发展变化情况存在差异。在新兴和发展中经济体，我们所分析的大多数国家中正式员工和非正式员工之间的工资差距减小，但墨西哥、土耳其和乌拉圭例外（图2.2，第一组）。在除爱沙尼亚、冰岛和西班牙之外的所有发达经济体和欧盟，个体经营工作者的年平均收入与长期工作者的年平均收入之比出现偏离。在新兴和发展中经济体，我们所分析的国家中有50%的国家其个体经营工作者的收入与正式工作者的收入差距出现扩大（图2.2，第二组）。在过去的十年中，大部分国家个体经营工作者的收入下降，这可能是由于全球衰退的原因；也可能是由于那些被解聘的受雇工作者进入个体经营就业行列，压低了个体经营工作者的收入并导致收入差距的扩大。

---

① 由于数据可获得性方面的限制，本报告未涵盖印度和俄罗斯等其他新兴经济体。不过，上述国家的一些相关佐证为本报告的调查结果提供了支持。例如，印度农村的非正式工作者的收入比农村正式工薪工作者低54%，比城市地区正式工薪工作者低62%（印度政府，2013）。

② 我们可根据要求提供与本章相关的按照性别划分的详细表格。

③ 许多针对导致收入性别差距的因素的研究发现，即便在考虑了教育、年龄、工龄、职业以及其他劳动力市场特征的影响之后，在报酬方面的性别差距依然存在（ILO，2009，2014a；UNDP，2013；Rubery和Grimshaw，2011）。

④ 其他研究人员也发现了在上个十年中，拉丁美洲工资的性别差距出现了下降。（Nopo和Hoyos，2010）。

图 2.2 **按就业类型划分的劳动收入比变化**

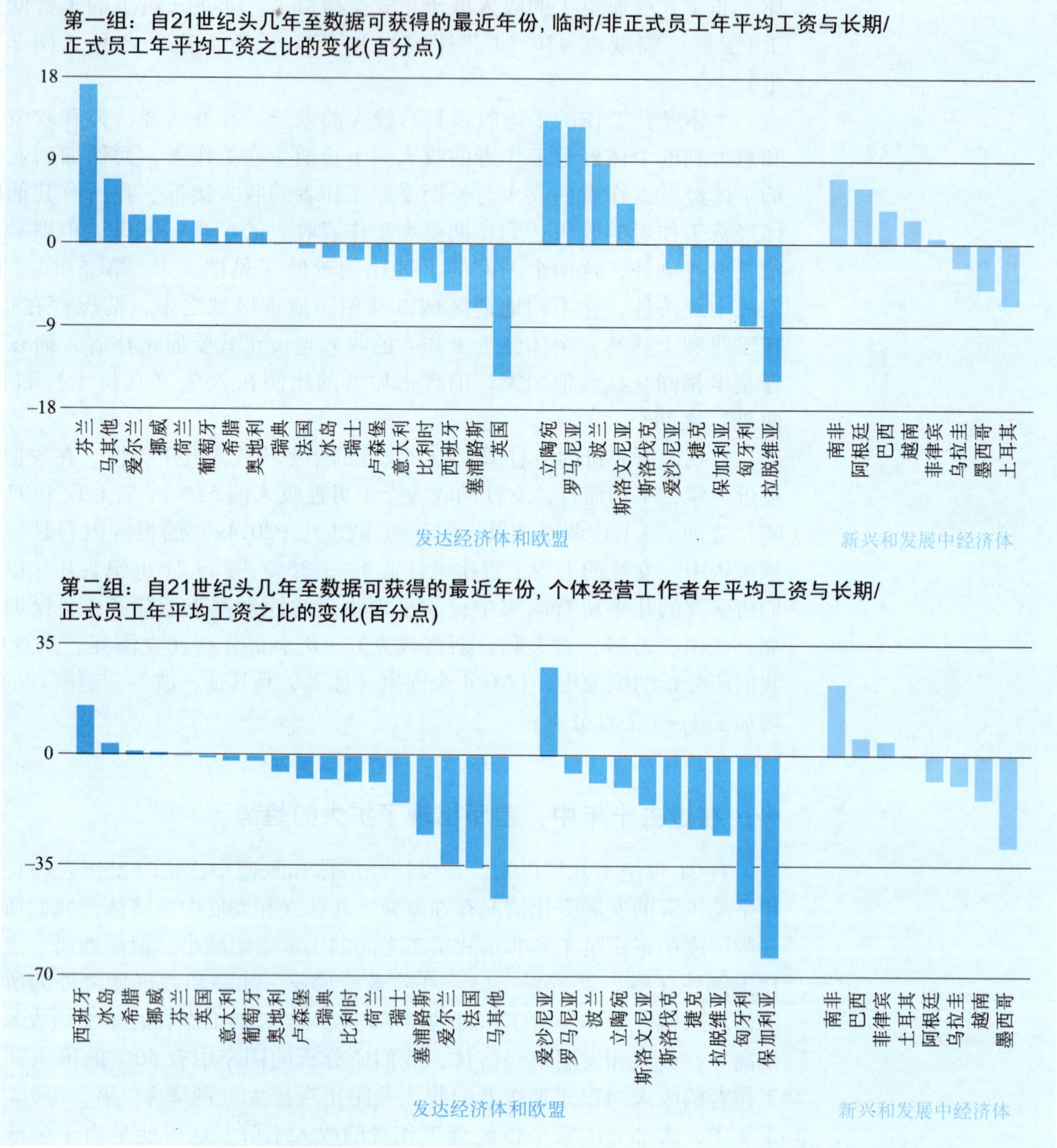

注：对于所有国家而言，将员工分为两个类别。对于欧洲国家，员工被分为长期员工和临时员工；对于新兴和发展中经济体，员工被分为正式员工和非正式员工。

资料来源：国际劳工组织研究部基于家庭调查的估算（参见附录 A，表 2A.1）。

临时/非正式受雇工作者与长期/正式受雇工作者相比，其在收入分布中处于最顶端和最末端的劳动收入之比要高出许多（图 2.3，第一组、第二组）。该比例在不同地区存在差异。在大约 42% 的国家中，收入最高和最低的长期工作者的收入差距有所扩大。对于临时工作者而言，约 36% 的国家中收入差距出现扩大（附录 C，图 2C.1）。在最近发生的全球衰退之初，我们发现高管层的工资有所增长，其中首席执行官的工资比普通员工高出 71 倍至 183 倍（IILS，2008）。①

① 除了收入差距扩大之外，在劳动力和资本的分配方面也发生了变化。近期的许多研究记载了劳动收入份额的下降并剖析了这种趋势背后的可能缘由。详情请见 ILO（2013）；Stockhammer（2013）；Cornia（2012）；IILS（2008，2011）。

图 2.3　在数据可获得的最近年份按照就业类别划分的劳动收入不平等

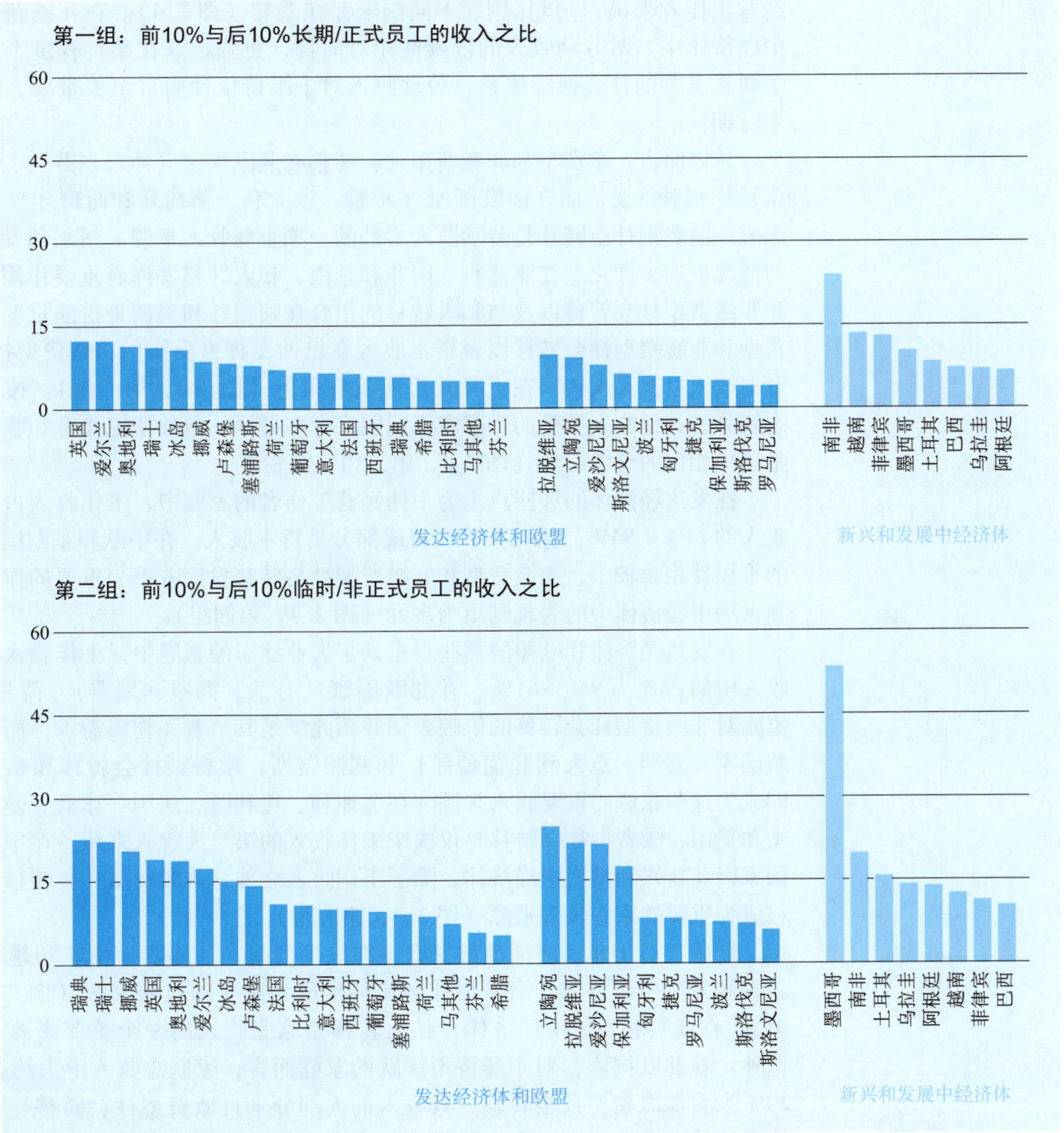

注：对于所有国家而言，将员工分为两个类别。对于欧洲国家，员工被分为长期员工和临时员工；对于新兴和发展中经济体，员工被分为正式员工和非正式员工。

资料来源：国际劳工组织研究部基于家庭调查的估算（参见附录 A，表 2A. 1）。

通常没有其他收入来弥补各工作群体的劳动收入之间的差距

由于劳动收入是大多数工作家庭的主要收入来源，所以上述收入差距的扩大至关重要。① 在发达经济体和欧盟，在户主为长期员工的家庭的总收入中，劳动收入的比例占到约 85%—95%，在户主为临时员工或个体经营工作者的家庭的总收入中，该比例达到 70%—95%。在新兴和发展中经济体，对于正式员

① 工作家庭的定义是那些其户主处于工作状态的家庭。

工而言，劳动收入在家庭总收入中的份额超过86%，但对于临时工作者和个体经营工作者来说，[1] 该比例在不同国家存在差异（图2.4）。在一些新兴和发展中经济体中，对劳动收入的依赖性相对而言，更强，这在某种程度上表明，由于缺乏完善的社会保障体系，劳动收入对于维持生计而言至关重要，尤其是年老时期。

总体而言，缴费型和非缴费型社会转移在北欧国家（冰岛、芬兰、挪威和瑞典）中相对重要，而在南欧国家（希腊、意大利、葡萄牙和西班牙）和中东欧国家，缴费型社会转移是劳动收入之外的一项重要收入来源。新兴和发展中国家的情况更加多样化。在菲律宾、南非和越南，私人转移发挥着重要作用；缴费型和非缴费型社会转移以及与私人转移的组合在阿根廷和墨西哥扮演重要角色；缴费型和非缴费型社会转移以及资本收入在巴西发挥重要作用；缴费型社会转移、资本收入以及私人转移在土耳其扮演重要角色（图2.4，第一组）。按照工作状态划分的其他收入类型的贡献在不同国家存在差异，但长期工作者和临时工作者呈现出相似的总体趋势（图2.4，第二组、第三组）。

在发达经济体的那些户主为个体经营工作者的家庭中，工作收入占到家庭总收入的74%—94%。第二大收入组成部分是资本收入。在中欧和东欧国家，资本的重要性相对较小，而缴费型和非缴费型社会转移发挥着更为重要的作用。新兴和发展中经济体中的表现则更为多元（图2.4，第四组）。

在发达经济体和欧盟的那些户主处于失业状态的家庭中，工作收入在家庭总收入中的占比为9%—61%。在北欧国家（芬兰、挪威和瑞典）、荷兰和英国，家庭对非缴费型社会转移的依赖较强并藉此满足其消费和物质需求，而在许多南欧国家（希腊、意大利和葡萄牙）和塞浦路斯，缴费型社会转移和私人转移共同成为这些家庭的重要收入来源。在奥地利、比利时、法国、冰岛、爱尔兰、瑞士和美国，缴费型社会转移是仅次于工作收入的第二大收入来源。在中欧和东欧国家以及新兴和发展中经济体，除了工作收入之外，非缴费型社会转移和私人转移成为重要的家庭收入来源（图2.4，第五组）。

最后，对于非经济活动的家庭，在除墨西哥、菲律宾、南非和越南之外的新兴和发展中经济体，缴费型社会转移是最为重要的收入来源（图2.4，第六组）。在新兴和发展中经济体，私人转移是家庭收入的一个重要来源，但巴西例外。在北欧国家，对于经济不活跃的家庭而言，家庭总收入中大约有10%—20%来自非缴费型社会转移，其收入的大部分来自缴费型社会转移。在其他发达经济体和欧盟国家，在上述类型的家庭中，缴费型社会转移占家庭收入的很大比例。

在家庭总收入构成方面，男性户主和女性户主家庭之间存在着显著的差异，这种情况对于个体经营者、失业者和非经济活动者而言尤为突出。与男性户主家庭相比，对于从事个体经营工作的女性户主家庭来讲，在发达经济体和欧盟，缴费型和非缴费型社会转移在家庭收入中占据重要地位，而在新兴和发展中经济体，私人转移则发挥着重要作用。这种情况也适用于那些户主失业的家庭。对于非经济活动的家庭来说，在拉丁美洲和土耳其，缴费型社会转移在男性户主家庭和女性户主家庭中均占据相对较高的家庭收入份额。在亚洲国家和南非，私人转移在女性户主家庭的家庭收入中发挥着更为重要的作用。

---

① 近期的国际劳工组织报告（2014a）也表明，在为数众多的国家中，劳动收入在家庭总收入中所占份额相当之高。

图 2.4 在数据可获得的最近年份，按户主就业类型划分的收入来源

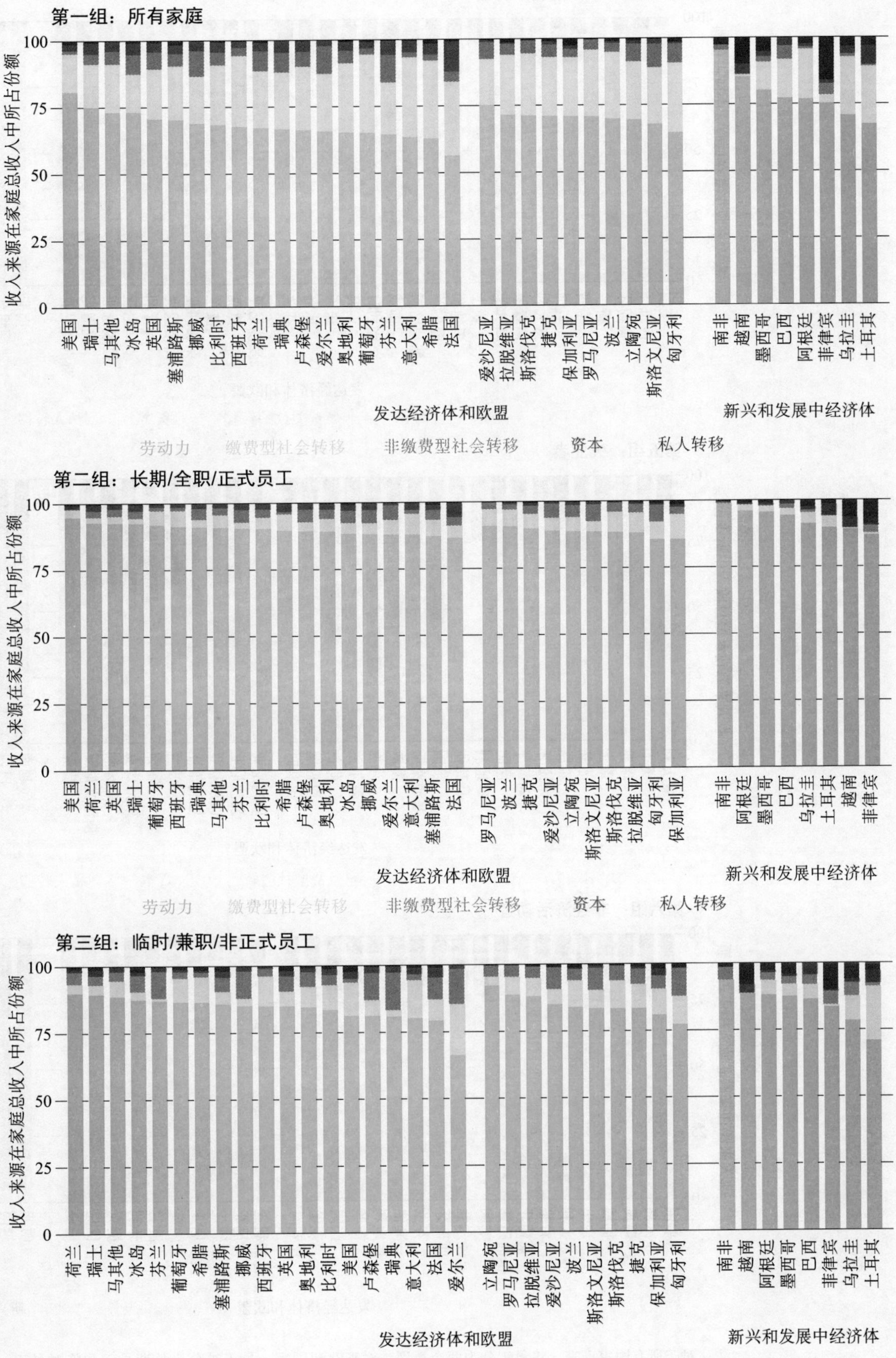

第四组：个体经营工作者

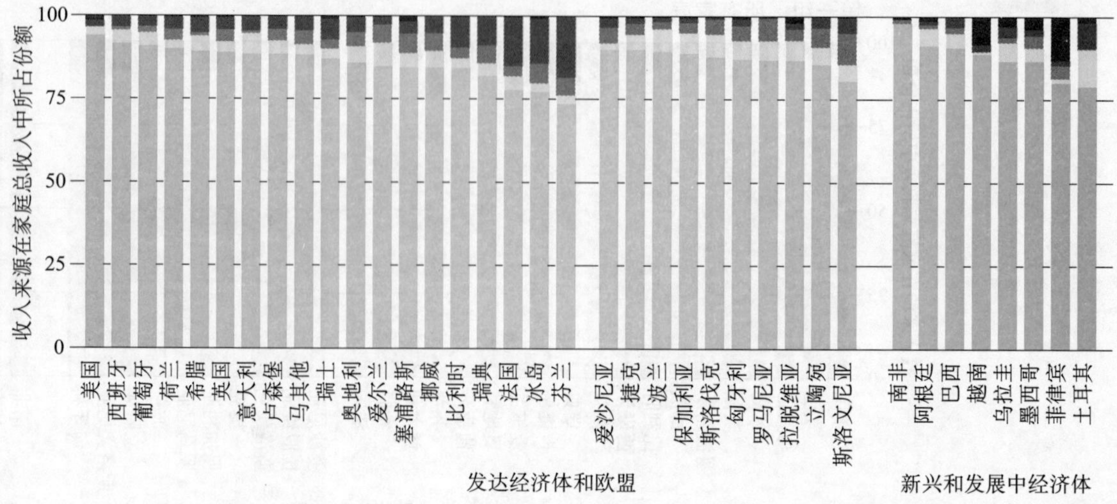

劳动力　缴费型社会转移　非缴费型社会转移　资本　私人转移

第五组：失业者

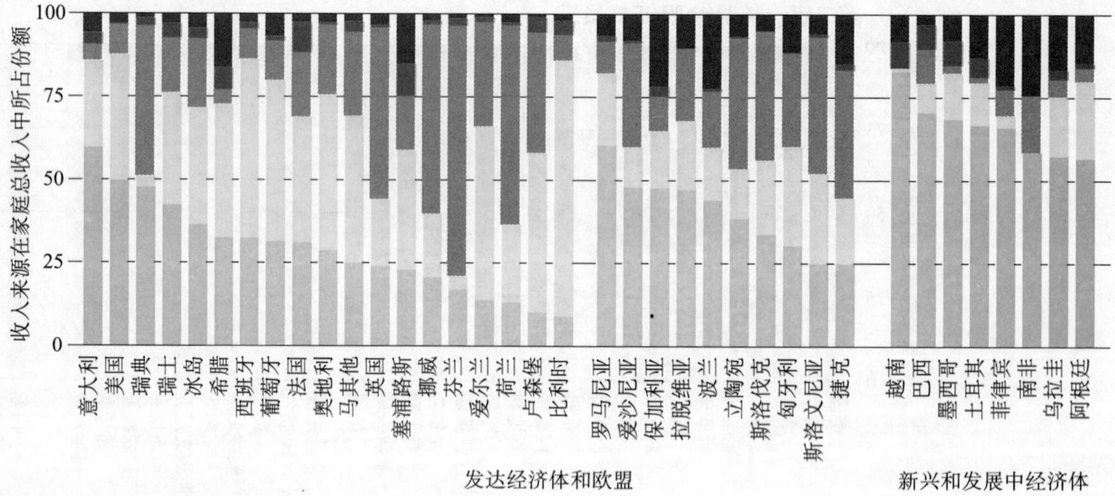

劳动力　缴费型社会转移　非缴费型社会转移　资本　私人转移

第六组：非经济活动者

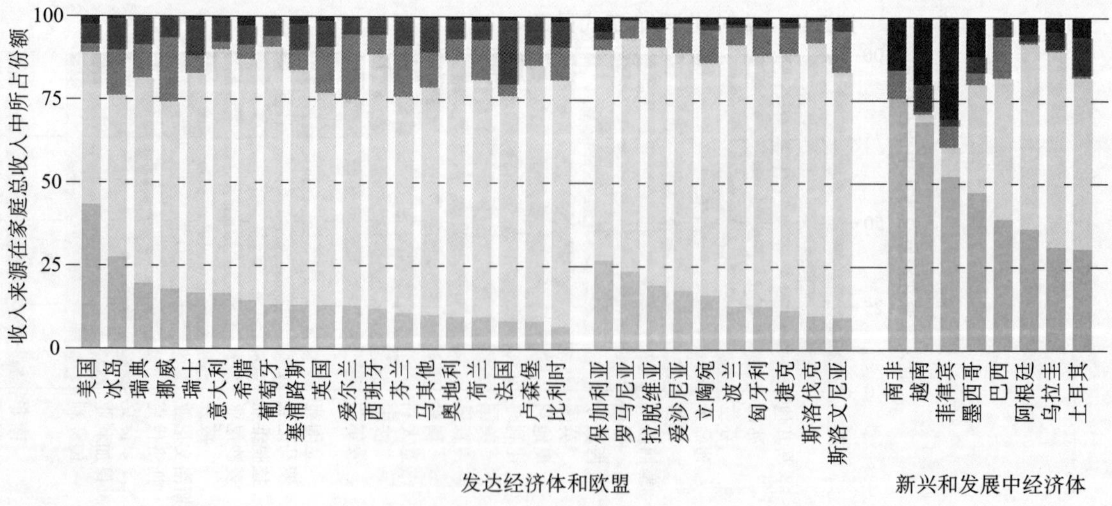

注：对于所有国家而言，将员工分为两个类别。对于欧洲国家，员工被分为长期员工和临时员工；对于美国，员工被分为全职员工和兼职员工；对于新兴和发展中经济体，员工被分为正式员工和非正式员工。

资料来源：国际劳工组织研究部基于家庭调查的估算（参见附录 A，表 2A.1）。

第二节　变化中的工作模式和贫困

经济增长和贫困之间具有复杂的关联性。在某些新兴和发展中经济体，经济增长一直伴随着贫困发生率的下降（参见第一章）。不过，这种下降并不总是显著的，而且在过去的数十年中，极端贫困人口[①]的比例似乎一直保持平稳（Ravallion，2014）。此外，在增长和贫困的关联性方面，不同国家之间存在着巨大差异。根据近期的一篇报告，在全球层面，极端贫困率已经从20世纪90年代的36%下降至2010年的18%，但是生活在撒哈拉以南非洲地区的贫困人口从1990年的2.9亿上升至2010年的4.14亿（UNCTAD，2014）。在阿拉伯地区，极端贫困率从1990年的5.5%下降至2010年4.1%，这归功于埃及、约旦和叙利亚所取得的进步。不过，据估计2012年极端贫困的发生率为7.4%（UN－LAS，2013）。在1990年至2010年之间，亚洲和太平洋地区的减贫成果显著，极端贫困人口下降了约7.45亿（ADB，2014）。本节旨在评估第一章中所描述的就业模式多样化是否对贫困状况的变化起到了重要作用。

为了评估不同就业状况和贫困之间的关系，我们采用了比每天1.25美元（购买力平价）和每天2美元（购买力平价）生活标准这种广义分类更为精细的定义方式。在本分析中，对于发达经济体和欧盟以及新兴和发展中经济体而言，贫困阈值的定义是不同的。在发达经济体和欧盟，贫困阈值被定义为收入中位数的60%，是一个相对的衡量标准。在新兴和发展中经济体，贫困是一个绝对衡量标准，其定义是基于足以维持全国范围内（农村/城市）基本生活标准的最低收入水平。

贫困对临时工作者和失业者的影响不对称

在发达经济体和欧盟，根据上述定义方式得到的贫困率在9%和24%之间。在新兴和发展中经济体，贫困率在7%（乌拉圭）和46%（南非）之间（图2.5，第一组）。[②] 贫困率随户主就业类型的不同而出现差异。与长期员工相比，临时员工和个体经营工作者的贫困率往往更高（图2.5，第二、三、四组）。在发达经济体和欧盟，贫困率增幅最大，而在大多数新兴和发展中经济体，贫困率在所有就业类型中均出现下降。

贫困率在户主失业的家庭中是最高的，比例在16%和84%之间（图2.5，第五组）。在大部分发达经济体和欧盟国家，上述数字保持稳定或者仅出现了轻微下降。不过，在希腊、葡萄牙和西班牙，失业群体的贫困率有所上升，而且芬兰、挪威和瑞典也出人意料地出现了贫困率的提高。在新兴和发展中经济体，巴西、南非、土耳其和乌拉圭失业户主家庭的贫困率出现下降，菲律宾基本保持稳定，而墨西哥和越南则出现了贫困率的上升。

---

① 极端贫困是指日均消费在1.25美元或以下，处于勉强生存的生活状态（World Bank，2014）。

② 由于我们使用各国的贫困线，所以消费篮子可能会存在差别，这会导致不同的贫困率，所以贫困率在不同国家之间不一定具有可比性。

图 2.5 在数据可获得的最近年份按户主就业类型划分的失业率（百分比）

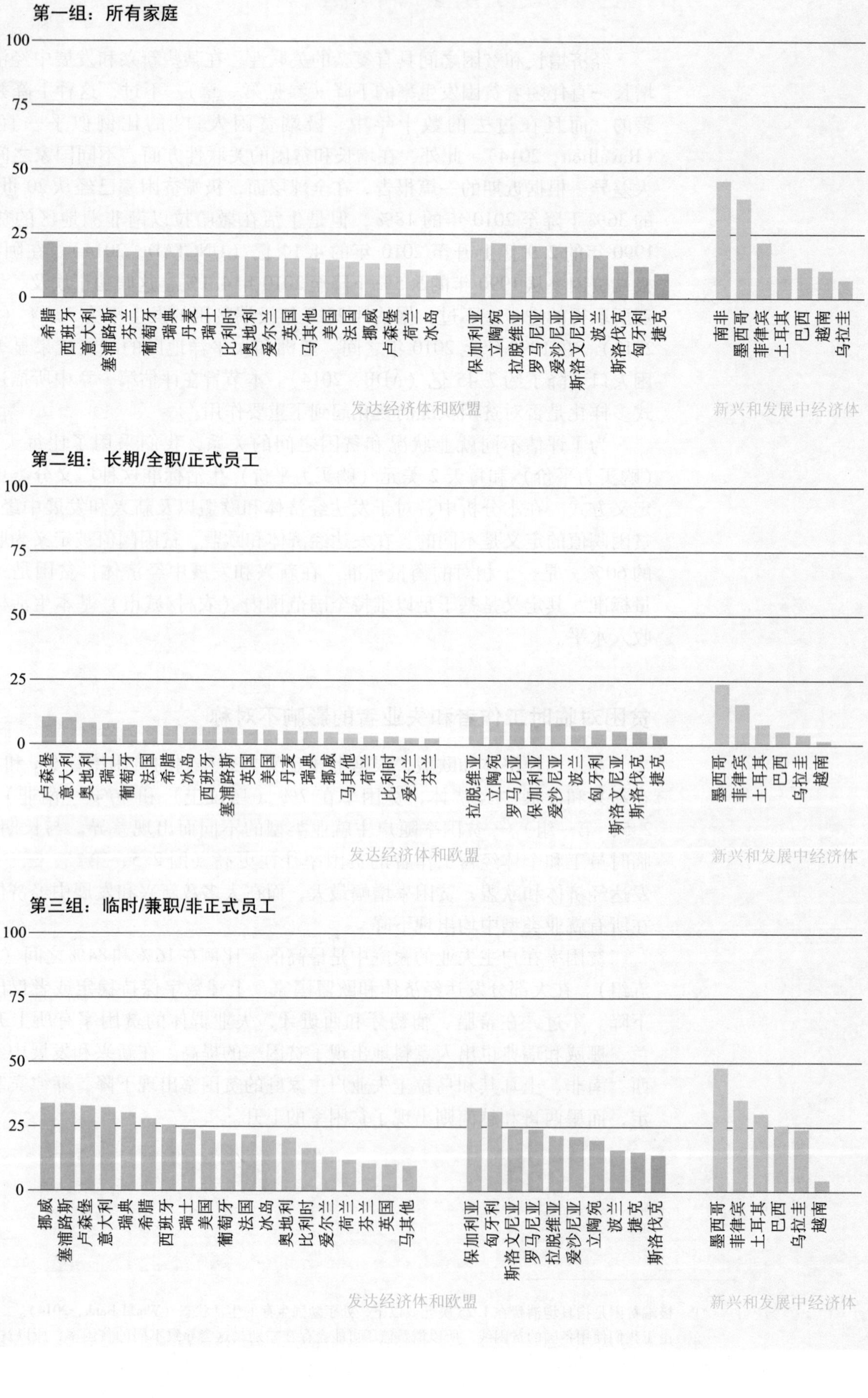

第四组：个体经营工作者

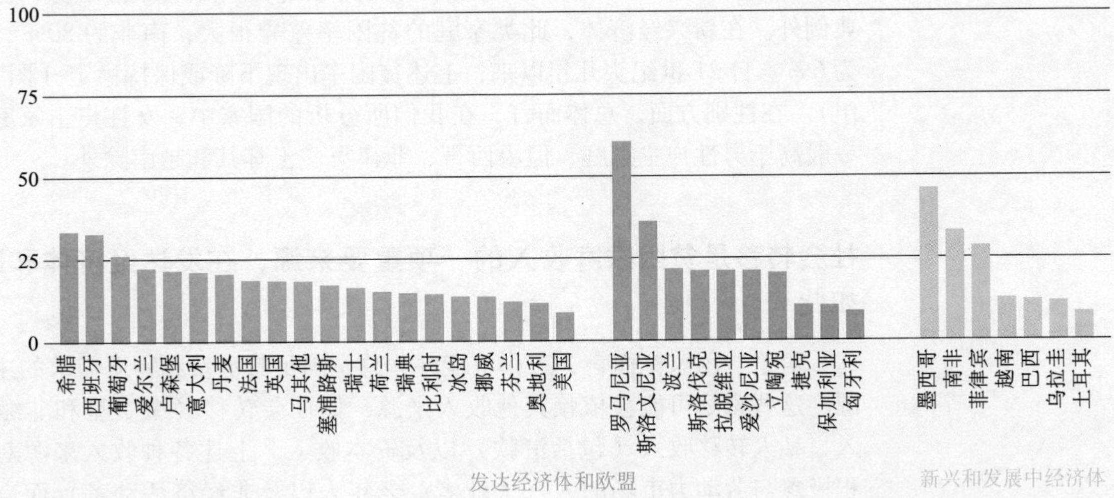

第五组：失业者

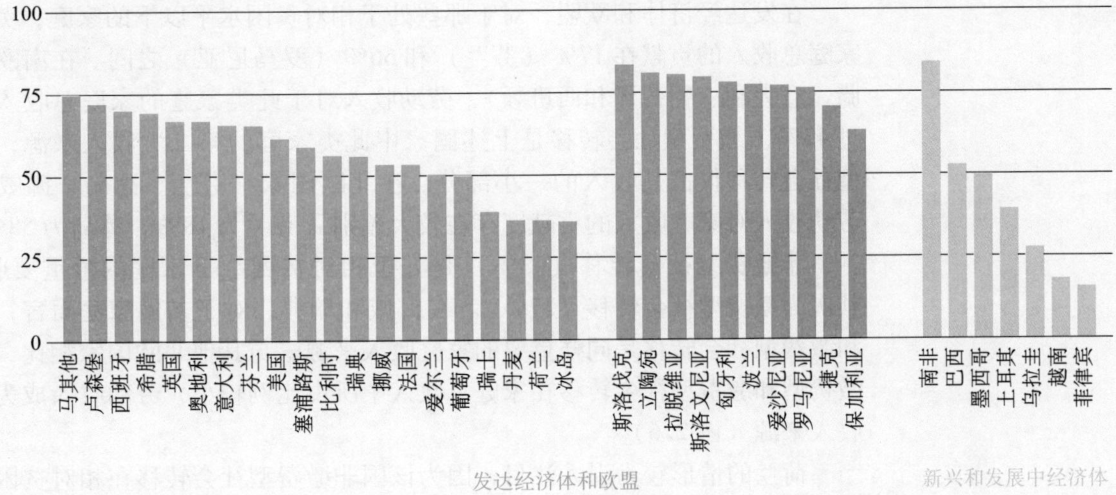

第六组：非经济活动者

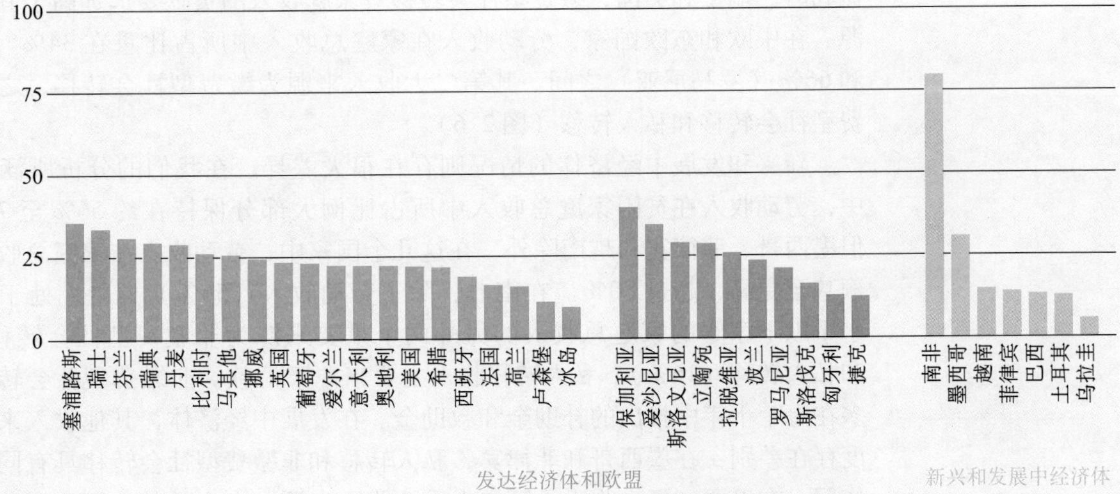

注：对于所有国家而言，将员工分为两个类别。对于欧洲国家，员工被分为长期员工和临时员工；对于美国，员工被分为全职员工和兼职员工；对于新兴和发展中经济体，员工被分为正式员工和非正式员工。对于发达经济体和欧盟，贫困是一个相对衡量标准，而在新兴和发展中经济体，贫困是一个绝对衡量标准。

资料来源：国际劳工组织研究部基于家庭调查的估算（参见附录 A，表 2A. 1）。

在发达经济体和欧盟，非经济活动户主家庭的贫困率在10%和40%之间。自21世纪头几年以来，大多数国家的贫困率出现下降或保持平稳，但波兰和瑞典例外。在新兴经济体，此类家庭的贫困率差异很大，南非为80%，而乌拉圭为6%。自21世纪头几年以来，上述贫困率出现下降或保持稳定（图2.5，第六组）。在性别方面，总体而言，在我们所分析的国家中，女性户主家庭的贫困率一般高于男性户主家庭，但墨西哥、菲律宾、土耳其和越南除外。

社会转移是贫困家庭收入的一项重要来源，在发达经济体和欧盟尤为如此

对于贫困家庭而言，工作可能并非总是满足其消费和物质需求的主要收入来源。这些家庭可能会依赖其他收入来源，如社会转移（缴费型和非缴费型）收入、私人转移收入（包括汇款）以及资本收入。上述各种收入来源对于那些未积极参与劳动力市场的人（失业者、老年人以及非经济活动者）而言也非常重要。此类家庭对不同收入来源的依赖程度在不同国家之间存在很大的差异。

在发达经济体和欧盟，对于那些处于相对贫困水平以下的家庭，劳动收入对家庭总收入的贡献在17%（芬兰）和66%（罗马尼亚）之间。在南欧国家（希腊、意大利、葡萄牙和西班牙），劳动收入对于此类家庭的家庭总收入的贡献超过43%。缴费型社会转移是上述国家中此类家庭的第二大收入来源，而非缴费型社会转移仅占其收入的一小部分。在北欧国家（芬兰、冰岛、挪威和瑞典），劳动收入对家庭收入的贡献度存在较大差别（芬兰为18%，冰岛为58%）。在芬兰，非缴费型社会转移（43%）是处于相对贫困线下家庭的最重要收入来源，其次为缴费型社会转移（37%）。在挪威和瑞典，对于贫困家庭而言，非缴费型和缴费型社会转移是同样重要的家庭收入来源。与其他北欧国家相比，冰岛的非缴费型和缴费型社会转移在家庭总收入中所占比例较小，劳动收入成为最重要的收入来源（图2.6）。

荷兰的情形较为引人注目，因为该国非缴费型社会转移在相对贫困水平以下家庭收入中所占的比例显著。爱尔兰和英国所呈现的趋势与挪威和瑞典相似。在比利时、瑞士和美国，缴费型社会转移对家庭收入的贡献要远远高于其他收入来源。在中欧和东欧国家，劳动收入在家庭总收入中所占比重在34%（立陶宛）和66%（罗马尼亚）之间。其第二大收入来源为缴费型社会转移，之后是非缴费型社会转移和私人转移（图2.6）。

新兴和发展中经济体的情况则存在很大差异。在我们的分析所涵盖的国家中，劳动收入在贫困家庭总收入中所占比例大部分保持在约56%至70%之间，但墨西哥、菲律宾和越南除外，在这几个国家中，劳动收入在家庭总收入中的份额甚至更高，超过80%。在南非，除了劳动收入（56%）以外，处于绝对贫困水平以下家庭的家庭总收入的另外两个重要来源为非缴费型社会转移（29%）和私人转移（16%）。私人转移收入主要来源于汇款。非缴费型社会转移包括许多在上个十年中推出的补助金和救助金。在发展中经济体，其他收入来源的贡献度存在差别：在墨西哥和菲律宾，私人转移和非缴费型社会转移具有同样重要的作用；在巴西，资本收入是第二大重要收入来源；在土耳其，缴费型社会转移和私人转移是第二大来源；在乌拉圭，非缴费型社会转移是第二大收入来源；在阿根廷，缴费型和非缴费型社会转移是第二大重要收入来源；而在越南，私人转移是第二大收入来源，社会转移所发挥的作用微不足道（图2.6）。

图 2.6 在数据可获得的最近年份处于相对/绝对贫困线以下家庭的收入来源（百分比）

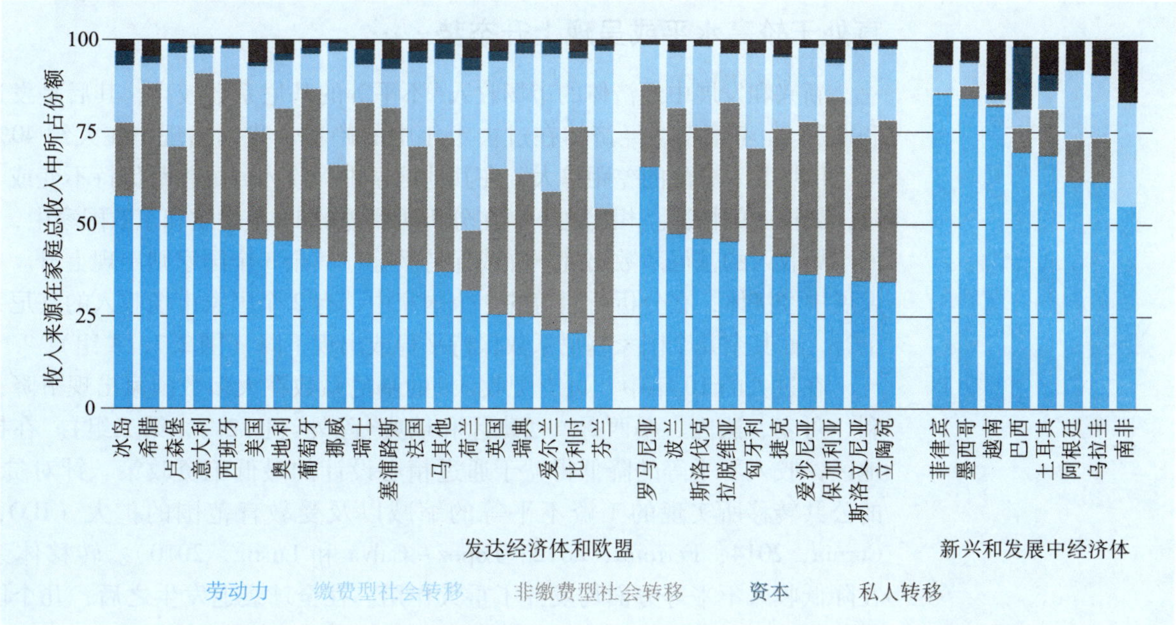

注：对于所有国家而言，将员工分为两个类别。对于欧洲国家，员工被分为长期员工和临时员工；对于美国，员工被分为全职员工和兼职员工；对于新兴和发展中经济体，员工被分为正式员工和非正式员工。对于发达经济体和欧盟，贫困是一个相对衡量标准，而在新兴和发展中经济体，贫困是一个绝对衡量标准。

资料来源：国际劳工组织研究部基于家庭调查的估算（参见附录 A，表 2A.1）。

在性别方面，男性户主贫困家庭中劳动收入在家庭总收入中所占比例高于女性户主贫困家庭，这在所有国家中都是如此。在发达经济体和欧盟，女性户主贫困家庭中缴费型和非缴费型社会转移在家庭收入中所占比例要远高于男性户主贫困家庭。在新兴和发展中经济体中，女性户主家庭收入中私人转移（主要是汇款）和非缴费型转移所占比例相对较高。

第三节　不断变化的工作模式和收入不平等状况

公众和政策制定者对收入分配重新燃起兴趣，并开始重新关注日趋严重的不平等现象，自 2008 年全球衰退之后尤为如此（Berg，2015；ILO，2011，2014a；Piketty，2014；Ostry、Berg 和 Tsangarides，2014；ADB，2012；UNRISD，2010；Gustafsson、Shi 和 Sicular，2008；IILS，2008）。在 20 世纪 90 年代初期和 21 世纪头几年之间这段经济增长速度相对较快的时期，在大约 2/3 发达、新兴和发展中经济体中，高收入家庭的总收入的增加速度要高于低收入家庭（IILS，2008）。在过去的 20 年间，3/4 的经济合作与发展组织国家呈现出类似的表现（Cingano，2014）。近期的一项研究也表明，整体收入不平等加剧中约有一半源于薪资的不平等（ILO，2014a）。不平等也可能是各种因素共同作用的结果，如技术改变、全球化、行业重组、劳动力和资本议价能力的变化、弱化的重新分配机制以及金融化等等，这方面的内容我们不在本章中探讨。本节分析了市场和可支配收入不平等性的趋势，进而确定不断变化的就业模式是否对不平等性产生影响。

在分析所涵盖的所有国家，自21世纪头几年以来，市场收入不平等一直处于较高水平或呈现上升态势……

新兴和发展中经济体的市场收入①不平等的基尼系数较高，其后是发达经济体和欧盟。② 考察发达经济体在过去十年中的趋势，我们发现，在大约40%的国家中，市场收入分配的差距扩大，在其他国家中，收入分配差距保持不变或者略微下降，如挪威的情况。相比之下，在分析所涵盖的11个中欧和东欧国家中，8个国家的市场收入的基尼系数出现下降或保持平稳，其余3个国家则出现上升。在新兴和发展中经济体，在分析所涵盖的9个国家中，有2个国家市场收入的基尼系数出现上升，而其余几个国家基尼系数保持平稳或出现下降（图2.7，A组）。③

在过去的10年中，可支配收入④的基尼系数在大多数国家出现下降，但奥地利、丹麦、法国、墨西哥、西班牙和瑞典⑤除外（图2.7，第二组）。在拉丁美洲地区，收入不平等的降低得益于通过精心设计的最低工资政策、针对贫困人士⑥的公共转移所实现的工资不平等的缩减以及受教育范围的扩大（ILO，2014a；Cornia，2014；Ferreira，2012；Lopez－Calva 和 Lustig，2010）。转移体系和税收在降低收入不平等方面均发挥了重大作用。在全球衰退发生之后，几个国家推出了若干社会救助计划或者扩大了公共转移规模（Bonnet 等人，2012），这些举措弥补了危机后高失业率所带来的不平等的影响。

……非长期就业形式发生率的上升以及失业和经济不活跃的加剧使这一趋势更加显著……

在大多数国家，市场收入不平等的加剧在很大程度上是由工资和收入分配的变化所推动的。几乎所有发达经济体都出现了劳动收入不平等加剧的情况，但马耳他、荷兰和挪威除外。不过，在大部分中欧和东欧以及新兴和发展中经济体，劳动收入不平等出现下降，但捷克、拉脱维亚、立陶宛、墨西哥、斯洛文尼亚和南非除外。

针对不同收入来源进行的详细分析（参见本章附录B中的方法论）表明，劳动力市场对于市场收入不平等的变化发挥着主要作用（见本章附录C，表2C.1）。对于长期员工户主家庭，在本分析所涵盖的国家中，最近一年的收入不平等程度范围在0.26（丹麦）和0.57（南非）之间。

当数据统计覆盖临时员工户主家庭时，不平等程度有所增加，所有发达经济体的情况均为如此。自21世纪头几年以来，几乎所有中欧和东欧国家的员工户主家庭的不平等程度下降，但保加利亚和拉脱维亚除外（见本章附录C，表2C.1）。上述国家中不平等程度的下降可归功于爱沙尼亚和罗马尼亚实际最低工资的增长以及超过5%的年增长率（European Commission，2015）。⑦

---

① 市场收入包括劳动收入、资本收入和私人转移。如需更多详细内容，参见附录B中的图2B.1。

② 尽管我们采取了一切努力来最大限度地降低潜在偏差，但由于本分析进行的是点对点比较，所以可能会受到分析所选年份的影响。除了确立收入不平等的趋势之外，本节更加侧重于分析不同收入来源是如何与整体不平等状况发生关联的。

③ 在2004—2005以及2009—2010年期间，根据人均消费支出，印度的收入不平等状况也保持稳定。在2005—2010年期间，俄罗斯基于人均净收入的收入不平等现象加剧（Lee 和 Rusconi，2014）。

④ 可支配收入的定义是，市场收入与社会转移（缴费型和非缴费型）之和减去社会保障供款和税金。如需更多详细内容，请参见附录B中的图2B.1。

⑤ 瑞典收入不平等的加剧与工会会员人数下降有关（OECD，2011；Noah，2012年）。

⑥ 参见第四节中有关巴西的讨论。

⑦ 另一方面，在过去的十年中，女性更多地参与到劳动力大军之中，这可能也是导致劳动收入分配差距进一步扩大的因素。这是由于，与男性相比，女性更多地从事兼职工作，这可能会扩大工资差距（Eurostat，2011）。

图
2.7

在 21 世纪头几年和数据可获得的最近年份，市场和可支配收入不平等

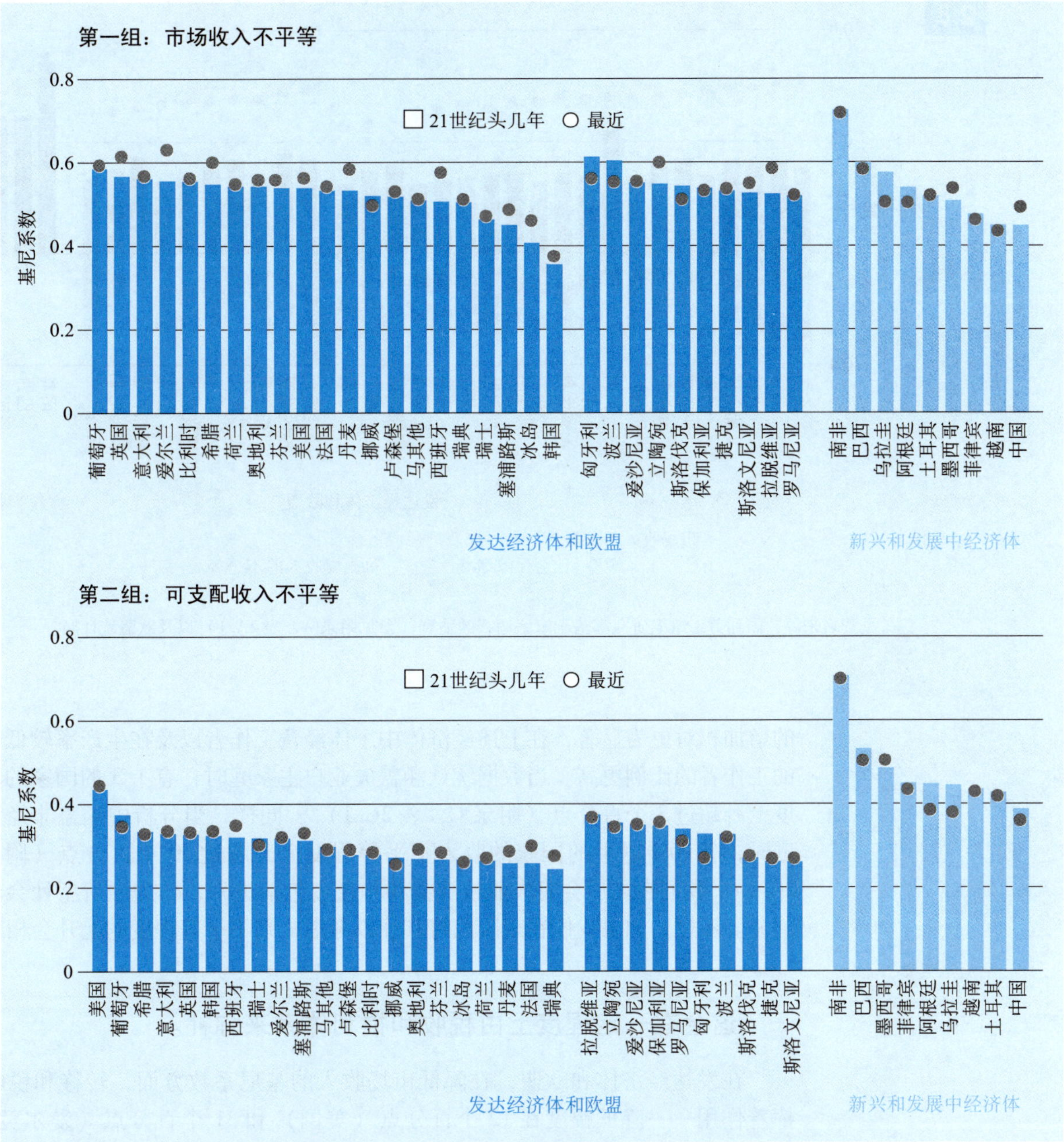

资料来源：国际劳工组织研究部基于家庭调查的估算（参见附录 A，表 2A.1）。

在新兴和发展中经济体中，自 21 世纪头几年以来，阿根廷、巴西、乌拉圭和越南员工户主家庭的不平等程度有所下降。这一趋势的出现有各种不同促成因素。例如，在阿根廷，经济恢复时期就业的扩大是一个重要因素，而最低工资的提高以及集体谈判的推动可能也促成了不平等程度的缩减（Gasparini 和 Cruces，2010）。在巴西，最低工资的提高对于降低收入不平等程度也发挥了重要作用（Luotig 等人，2012），而在乌拉圭，工资委员会的重建以及实际工资的增长可能促进了收入不平等的缩减（Amarante 等人，2011）。

如果在数据统计中涵盖个体经营工作者户主家庭，那么几乎所有国家的不平等程度都有所提高，但一些中欧和东欧国家（保加利亚、匈牙利、拉脱维亚和立陶宛）、塞浦路斯和冰岛除外。在新兴和发展中经济体中，劳动收入不平等程度

图 2.8 在数据可获得的最近年份的可支配收入的不平等

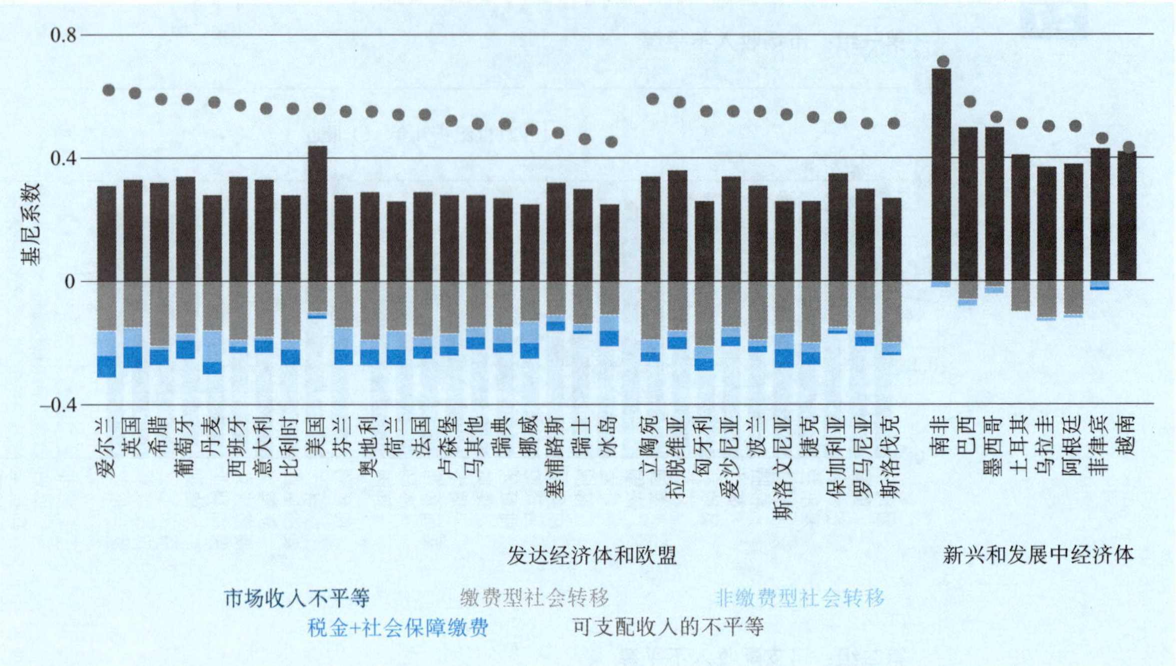

资料来源：国际劳工组织研究部基于家庭调查的估算（参见附录 A，表 2A. 1）以及欧盟统计局。

的增加相对更为显著，在上述经济体中个体经营工作者以及在生产率较低部门工作的工作者的比例更高。当数据统计涵盖失业户主家庭时，有 1/3 的国家的不平等程度上升超过 3 个百分点（附录 C，表 2C. 1）。[①] 同样，当分析中涵盖非经济活动家庭时，有 90% 以上的国家的收入不平等程度上升超过 10 个百分点（附录 C，表 2C. 1）。我们在之后会将失业救济金和养老金包括进来，作为缴费型社会转移的一部分。不过，如果我们在现阶段将其加以考虑，则不平等程度的上升会相对较低。

……这会在一定程度上由税收和福利体系来弥补。

在发达经济体和欧盟，在降低市场收入的基尼系数方面，转移和税收一直发挥着作用——降低幅度在 12 个百分点（美国）和 31 个百分点（爱尔兰）之间。其中，奥地利、比利时、芬兰和美国的市场收入基尼系数相当接近。不过，不同的收入再分配政策导致可支配收入的基尼系数之间出现较大差异，所以奥地利、比利时和芬兰的可支配收入不平等程度远远低于美国，美国在发达经济体中可支配收入的不平等程度是最高的。类似地，芬兰的市场收入基尼系数在发达经济体中处于最高水平，其基尼系数降低了 31 个百分点，主要归功于转移和税收的作用（图 2. 8）。

如果将缴费型社会转移考虑在内，发达经济体的不平等程度将会降低 9. 8 个百分点（美国）至 20. 7 个百分点（希腊）。上述缴费型社会转移主要包含退休金和失业救济金。与 21 世纪头几年相比，在大多数发达经济体中，缴费型社会

① 在希腊、爱尔兰、葡萄牙和英国，自 21 世纪头几年以来劳动收入不平等程度居高不下且出现上升，原因可能在于就业率较低。同时，在爱尔兰和英国，兼职工作者的比例处于相当高的水平（European Commission，2015）。另外一个原因也可能是家庭中存在多个收入获得者或没有收入获得者的情况，这可能会导致劳动收入不平等程度的加剧，这个问题还需要进一步探讨。

转移的再分配作用增强，但奥地利、卢森堡、挪威和瑞典除外。在所有发达经济体，非缴费型社会转移也产生了降低不平等程度的作用。在北欧诸国、爱尔兰和荷兰，非缴费型社会转移使社会不平等程度的降低 4.9—10.3 个百分点，而在其他国家，再分配的作用相对较弱。在所有中东欧国家，两种社会转移形式和税收似乎将基尼系数降低了 20 个百分点以上。缴费型社会转移降低不平等程度的作用特别强大，这一点在匈牙利较为明显。非缴费型社会转移的影响相对较小（图 2.8；附录 C，表 2C.1）。

在新兴和发展中经济体，转移在降低不平等程度方面较为有效。缴费型社会转移对巴西、土耳其和乌拉圭起到了有效降低不平等程度的作用，而社会转移对阿根廷也起到了积极作用，但在南非，非缴费型社会转移的作用较小（图 2.8）。不过，在许多新兴和发展中经济体，只有很小比例的工作者享有社会保障（如需更多详细内容，参见第三章）。将缴费型社会转移的覆盖范围扩大至全体工作者将会在降低不平等程度方面发挥更加显著的作用。

最后，在除土耳其和美国之外的所有国家中，税收均在减少不平等方面发挥了非常重要的作用（图 2.8；附录 C，表 2C.1）。在新兴和发展中经济体，通常无法获取税收信息，这使分析变得更为复杂。[①]

尽管临时、兼职和非正式的计时计酬工作有所增加，但大约 1/3 的国家实现了可支配收入不平等性的降低

过去十年间，在我们分析所涵盖的大部分国家中，长期工作者的收入一直大体保持稳定。相比之下，大部分国家临时工作者或那些处于非正规就业中的工作者的收入出现下降，这可能导致不同工作类型之间收入差距的扩大。为了评估临时、兼职和非正式员工比例的变化是否导致了不平等程度的上升/缩减，我们根据自 21 世纪头几年以来临时、兼职和非正式员工比例的发展趋势以及在此期间可支配收入不平等程度的变化，将各国分成四个类别。

在第一类国家中，临时、兼职和非正式员工就业发生率出现下降，可支配收入的不平等程度加剧（参见图 2.9，类别 1）。本类别国家包括丹麦、芬兰、西班牙和美国。该类别不同国家之间在体制的性质方面存在相当大的差别。丹麦和芬兰的兼职工作比例较高，上述两国对这种就业形式的依赖有助于其降低临时就业的增加。女性是兼职工作者中的主力军。相反，西班牙自全球衰退之后一直在削减临时就业，这部分就业人口中的大部分很可能失业，从而引发收入不平等程度的加剧。

在第二类国家中，临时、兼职和非正式员工就业发生率以及可支配收入的不平等程度双双增加（参见图 2.9，类别 2）。与 21 世纪头几年相比，奥地利、塞浦路斯和瑞典的劳动收入和资本收入不平等程度加剧，而且由于没有转移和税收政策的弥补，可支配收入不平等程度增加。

在第三类国家中，临时、兼职和非正式员工就业发生率以及可支配收入的不平等程度双双下降（参见图 2.9，类别 3）。本类别中的国家包括许多中欧和东欧国家以及新兴和发展中经济体。在过去的十年中，许多拉丁美洲经济体或者通过经济增长和其他宏观经济政策创造了更多的就业机会，或者采取了一系列创新性方案将非正式员工正式化（Berg，2011；Gasparini 和 Cruces，2010）。

---

① 在我们的分析所涵盖的新兴和发展中经济体中，巴西、土耳其和乌拉圭拥有社会保障缴费数据，土耳其和越南是仅有的在其家庭调查数据中包括税收信息的国家。

图 **2.9** **在 21 世纪头几年至数据可获得的最近年份，临时、兼职和非正规就业比例的变化以及可支配收入基尼系数的变化**

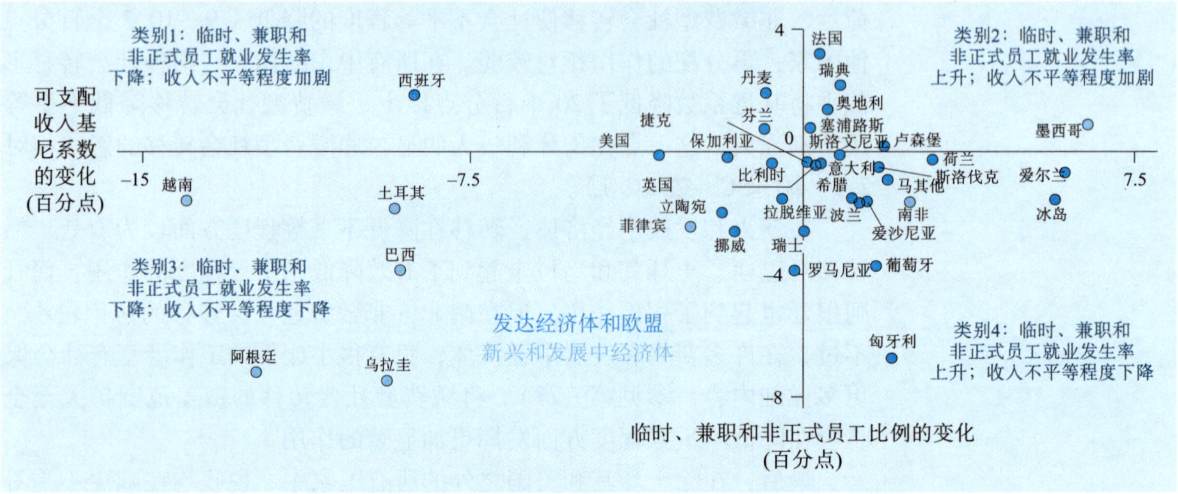

注：对于所有国家而言，将员工分为两个类别。对于欧洲国家，员工被分为长期员工和临时员工；对于美国，员工被分为全职员工和兼职员工；对于新兴和发展中经济体，员工被分为正式员工和非正式员工。

资料来源：国际劳工组织研究部基于家庭调查的估算（参见附录 A，表 2A. 1）及欧盟统计局。

在第四类国家中，临时、兼职和非正式员工发生率以及市场收入不平等程度双双下降（参见图 2.9，类别 4）。这一类别包括我们分析所涵盖的大部分国家。在本类别中，除马耳他、荷兰和斯洛伐克之外的所有国家自 21 世纪头几年以来，在一定程度上由于临时、兼职和非正式员工就业发生率的增加，劳动收入不平等程度加剧。不过，在所有发达经济体中，缴费型社会转移在降低可支配收入不平等程度方面比 21 世纪头几年发挥着更为重要的作用。在希腊、冰岛和爱尔兰，非缴费型社会转移在降低不平等程度方面卓有成效。在一些国家中，税收在降低不平等程度方面也比较有效。例如，英国于 2010 年 4 月针对最高收入者推出了 50% 的边际所得税率，这可能有助于缩减不平等程度（Cribb 等人，2012）。类似地，冰岛将资本收入税率从 18% 提高至 20%，这一举措也可能对收入分配产生了影响。自从 2008 年全球发生经济衰退以来，社会保障缴费也被提高了两次（Daniel 等人，2011）。本分析表明，尽管临时、兼职和非正式员工就业发生率上升，许多国家的可支配收入不平等程度有所下降，这主要得益于全球衰退发生以来各国采取的社会保障政策和税收体系。

第四节　结束语：从各国经历中汲取的经验教训

在本章中我们发现，总体而言，长期就业以及正规就业类型通常可比其他就业类型提供更高的收入。本章还强调指出了不同国家之间所存在的重大差异，这表明，在就业模式不断变化的情况下，国家政策有助于保证劳动者获得充分的收入。为了说明国家政策在应对就业模式变化方面所起到的作用，本节探讨了不同区域和收入群体的各种经历。

综合性社会保障和劳动力市场政策推动了巴西不平等程度的下降

在 20 世纪 80 年代末期之前，巴西的不平等程度节节攀升。随后，在 20 世纪90年代出现了轻微下降，在2000年前后又发生了一次更加显著且稳定的下降（Barros等人，2010；Cornia，2014），但该国的不平等程度与其他国家相比依然较为严重（Barros等人，2010）。这一下降对大幅度地减少贫困起到了促进作用（参见图2.5，第一组）。类似地，尽管在20世纪80年代和90年代非正规就业平稳增长，但随后这一趋势得到逆转，非正规就业在总就业中的比重从2001年的54.8%降至2013年的44.2%。[①]

上述积极变化得益于协调一致的社会保障和劳动力市场政策干预，以及良好的全球经济环境所带来的一段时期的强劲的经济增长。社会保障和劳动力市场政策在本质上的协调性尤为重要。值得关注的是，巴西的最低工资政策不仅设定了正式行业工资的最低工资水平，也为非正式行业工资协议提供了基准，并为养老金设定了最低支付水平，这样，一个政策杠杆即可对贫困和不平等产生广泛的影响（Amann和Barrientos，2014）。最低工资实现了显著增长，从1995年1月的291.0巴西雷亚尔上升至2002年1月的422.4雷亚尔，并进一步增至2015年的809.2雷亚尔。[②]针对农村地区的非缴费型养老金规模从1991年起大幅扩大，将面向农业、采矿业和渔业的非正规工作者的非缴费型养老金计划，即农村养老金计划（Previdência Rural，1991年）与针对老年人和残障人士的非缴费型养老金计划—新型社会辅助养老金（BPC，1996年）的支付与最低工资关联起来（Barros等人，2010；Huber和Stephens，2012；Gomes dos Santos，2013）。

另外一项重要的社会政策转变发生在非缴费型现金转移领域。巴西利亚率先实施了有针对性和有条件的现金转移计划，2001年这一计划又扩展成为全国性的“学校津贴（Bolsa Escola）”计划。在此之后的2003年，巴西又推出了“家庭津贴（Bolsa Família）”计划，将现有的各项计划进行合并和改革，扩大了“学校津贴”计划的覆盖范围，原来所覆盖的家庭户数为510万，到2014年，“家庭津贴”计划所覆盖的家庭达到约1400万。

由于采用了上述各种计划，到2007年，45%的巴西人所在的家庭接受某种形式的公共转移（Barros等人，2010）。这种方法被称为“基本的普世主义”——将社会保险和故意扩大目标覆盖范围的社会救助融为一体，并被框定为一项公民权利（Filgueira等人，2005；Huber和Stephens，2012）。

人们对各种不同计划和政策对不平等程度下降所做的相对贡献的评估存在很大差异（Soares，2013）；不过，最被广泛引用的一项研究表明，2007年之前不平等程度下降中有一半归功于劳动收入分配平等性的提高，而其余部分则源自社会支出（Barros等人，2010）。值得一提的是，自20世纪90年代以来，在教育领域的投资导致技能溢价的下降，而最低工资的提高又增加了非技术工作者的收入，两者共同促进了劳动收入不平等程度的下降（Barros等人，2010）。同时，不平等程度的改变之中，大约30%源自社会保障福利的增加（与最低工资挂钩），约10%得益于“家庭津贴”计划，还有10%得益于新型社会辅助养老金（Barros等人，2010）。

类似地，研究表明，正式就业的增长有多重原因，其中包括：强劲的经济增长和就业机会创造——在一定程度上也与大宗商品繁荣相关联（Amann和Barrientos，2014）；人口统计学改变和教育招生人数增加所带来的劳动力供应减少；针对小微企业的监管变革减少了税负和官僚主义的繁文缛节——特别是“简易税率”法律——这样便降低了非正规性；以及改善的劳动监察实践（Berg，2011）。

① 资料来源：巴西应用经济研究所（IPEA），IPEA数据，2015年4月23日获得。http：//www.ipeadata.gov.br/

② 巴西应用经济研究所（IPEA），IPEA数据，2015年4月15日更新。http：//www.ipeadata.gov.br/

“简易税率”于1996年推出，旨在通过简化和降低小微企业的税负、社会保障缴费以及税收规定来推动非正规企业的正规化。2008年进行了进一步的改革，针对的对象也是小企业家，为其提供简化的注册和统一的税收和社会保障计划，每月缴纳一次费用（ILO，2015）。

社会转移降低了南非的贫困程度，但不平等程度依然居高不下

正如之前的分析所示，失业依然是南非面临的一项严峻挑战，事实上这种情况自20世纪70年代以来一直存在，而不平等程度居高不下的状况则有着更长的历史。尽管近年来不平等程度出现了轻微下降，但南非依然是全球不平等程度最高的国家之一。[①] 在过去的20年中，南非政府采取的一项主要举措是扩大社会补助金的覆盖范围。例如，需经入息审查的非缴费型社会养老金覆盖范围显著扩大，从20世纪90年代末期的大约300万人扩大到2003年的600万人（Seekings和Nattras，2005）。此外，1998年针对6岁以下儿童推出了需经入息审查的子女抚养补助金。在之后的若干年中，规定可享受补助金的年龄被逐步提高至18岁，这样，到2010年，该补助金计划所覆盖的最贫困儿童人数超过1000万（Levy等人，2014；Patel，2013；Seekings，2013）。针对获得社会补助金的家庭所占比例进行的一项研究表明，在2002年至2012年期间，处于最后三个十分位的家庭的社会补助金的金额增加（图2.10，第一组），这个结论与其他研究结果（如，Bhorat和Westhuizen，2010）是互相印证的。

在那些处于最后十分位的家庭中，其收入中大约有70%来自社会补助金，而在处于倒数第二个和第三个十分位的家庭中，社会补助金所占比例不足40%（图2.10，第一组）。结论是，这些经入息审查的补助金计划极大地推动了减贫（Seekings，2013；Patel，2013）。即便如此，我们的分析表明，基于补助金计划的再分配政策在降低不平等方面仅发挥了较小的作用，如在2012年降低了0.02%（参见附录C，表2C.1）。其他研究的结论表明，社会养老金并未降低不平等性，而子女抚养补助金所起到的作用也不大（Schiel等人，2014）。

如果考察处于最末几个十分位的家庭的就业特征，我们会发现失业人数相当之高（图2.10，第二组），同时，这些家庭是社会补助金的主要接受者。尽管失业情况普遍存在，尤其是在女性群体之中（Mpedi，2013），但针对适龄的失业成年人的社会保障非常有限。缴费型失业保险体系仅覆盖了约45%的劳动力人口，那些没有能力缴纳费用的人被拒之门外（Patel，2013）。针对儿童和老年人预留了社会救助计划。为了弥补这一缺口，政府于2004年推出了扩充公共工程项目，计划在第一个五年中创造100万个临时工作岗位，到2014年之前每年再创造200万个工作机会（Mpedi，2013），同时为失业者提供培训机会。该计划主要侧重于满足失业家庭的收入需求。

社会转移机制在降低贫困和不平等程度方面所取得的成绩有限，这在一定程度上反映了资本密集型工业化所形成的劳动力市场的二元性。这种情况产生了正式经济——其特点是生产率高、具有相对较高的集体谈判工资、社会保障和其他福利的能力；另一方面，也出现了非正式经济——其特点是生产率低、工资低、福利较少，缺乏流动机会（UNRISD，2010）。

---

① 近期的一项研究表明（Wabiri和Taffa，2013），这些较高的不平等程度产生了深远的影响，如在最贫困群体中，人类免疫缺陷病毒/艾滋病的患病率上升。

图 2.10 南非的社会补助金

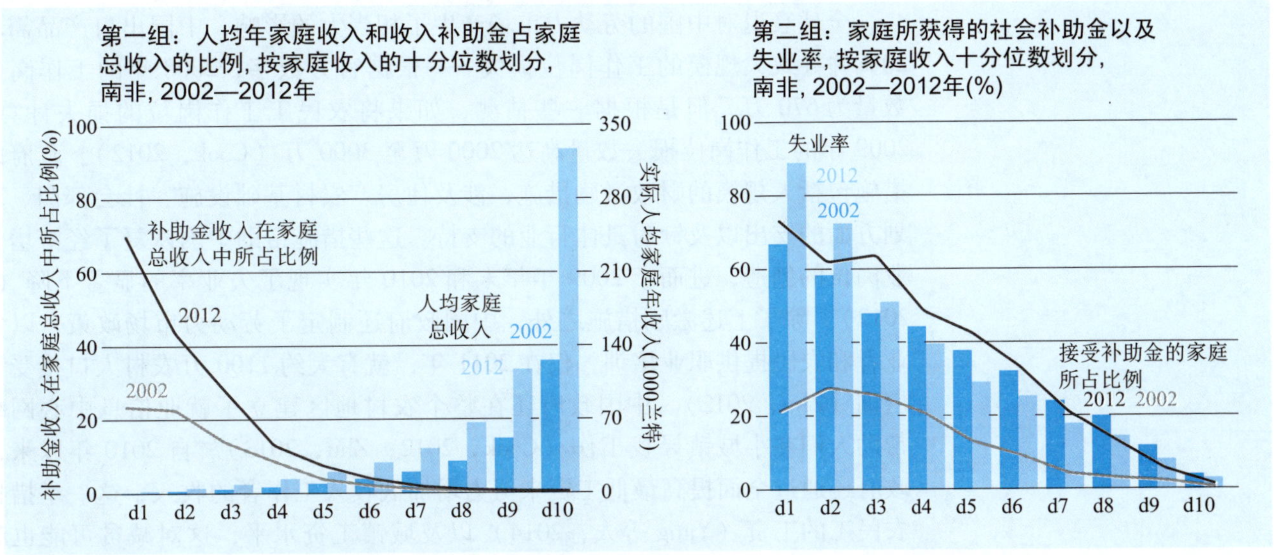

资料来源：国际劳工组织研究部基于南非的综合家庭调查所做的估算。

中国通过扩大社会保障覆盖范围和提高最低工资来解决贫困和不平等问题

自20世纪90年代末以来，中国政府一直致力于在城市和农村地区扩大社会保险和社会救助计划，以应对不断加剧的不平等现象和不断上升的失业率。中国政府推出了社会保险计划，将社会统筹和个人账户相结合，为不隶属于某一特定雇主的城镇职工和城镇居民提供养老金和基本医疗保险（Guan，2005；Cook，2008；Zhu，2013）。此外，中国政府还为下岗的原国营企业职工设置了缴费型失业保险体系、基本生活津贴、职业培训并提供工作推荐等（Wang 和 Ugok，2006），而下岗职工的主体是女性（Appleton 等人，2006；Santo，2006；Cook 和 Dong，2011）。自20世纪90年代中期开始，由于现有的基于就业的社会保险计划无法应对失业率上升和贫困加剧所带来的挑战，中国政府还推出了城镇社会救助计划和最低生活保障体系（低保体系）。低保体系为所有处于某一标准以下的城镇家庭提供经入息审查的救济金（Guan，2005；Cook，2008），其覆盖面从2001年的1170万人扩大到2010年的2310万人（Ngok，2013）。

自2000年以来，农村地区的社会保障覆盖范围也大幅扩大（参见第三章）。2002年，中国政府建立了新型农村合作医疗计划（Guan，2005；Cook，2012），到2011年，已经有8.31亿农民（占农村总人口的97.5%）被纳入了该计划覆盖范围（Zhu，2013）。由于中国人口进入老龄化以及农村人口向城市迁移，大批老年人被留在农村地区，为了应对这一问题，中国政府于2009年推出了一种新的由国家提供补贴的缴费型农村养老金计划（Zhu，2013）。该计划的覆盖面迅速扩大，到2011年所覆盖的农民人数达到3.26亿，根据已经制定的计划，2020年之前该计划将被扩展至全国范围（Zhu，2013，第48页）。非缴费型社会救助也实现了增长，中国政府于20世纪90年代末期建立了农村低保计划。该计划在2007年之前的覆盖范围一直较小，从2007年起扩展至大部分省份，覆盖人数从2001年的300万人上升至2010年的5000万人（Ngok，2013；Cook，2012；Guan，2005；Zhu，2013）。与此类似，根据2006年做出的统一提供国家资金的决定，中国自20世纪50年代开始实施的、旨在为农村社区最为贫困和脆弱的群体提供支持的五险计划也得到了显著扩展（Zhu，2013）。

全球衰退对中国的劳动力市场产生了相当大的影响，中国出口产品需求下降20%并导致大规模的工作岗位损失——根据官方数字，2008年的工作岗位损失数量为670万，但是根据一些估测，如果将农民工工作岗位的损失计算在内，2009年的工作岗位损失数量高达2000万至3000万（Cook，2012）。政府的应对措施包括大规模的财政激励措施，涉及住房、农村基础设施、社会部门、环保计划方面的支出以及针对具体行业的支持。这些措施帮助中国恢复了经济增长和就业岗位的创造，进而于2009年年末和2010年实现了失业率的显著下降（Cook，2012）。除了上述激励措施之外，中国政府还制定了劳动力市场政策，以便为失业者和农民提供职业培训，仅在2011年，就有大约1100万农村人口接受了此类培训（Zhu，2012）。中国政府还在整个农村地区建立了就业信息中心网络，以帮助人们在小城镇寻找工作（Cook，2012；Zhu，2013）。自2010年以来，中国政府还通过全面提高最低工资来努力增加低收入工作者的收入，这一举措提高了农民工的工资（Yang等人，2014）以及城镇工资水平，这对减贫可能也起到了一定作用。

荷兰对兼职工作进行了规范，以促进经济重组和性别平等

自20世纪80年代以来，荷兰的社会政策经历了一系列改革，对工作福利和积极劳动力市场政策的重视不断加强，而福利提供越来越多地仅面向那些不能工作的人（Clogg和Van Wijnbergen，2011；Yerkes和van der Veen，2011）。这些改革一直被视为“荷兰模式”的一部分，该模式已实现了强劲的就业增长、低通胀率、公共赤字下降以及相对强有力的社会政策条款（Plantenga，2002）。上述改革的一个重要组成部分是将兼职工作进行提升和正规化，使其成为一种降低失业率的方法（Cousins和Tang，2004）。

在失业率居高不下且持续上升的情况下，1982年签订的《瓦森纳尔协议》为雇主和工作者共同努力以实现就业的结构性改进方面做好了准备（Plantenga，2002；Hoogenboom，2011）。最初的改革侧重于通过减少工作时长的方法实现工资节制。不过，到20世纪80年代后半段，上述对每周工作时长的关注被促进兼职工作的努力所取代（Plantenga，2002）。兼职工作的扩大有助于实现以下三大主要目标：首先，更好地实现现有就业机会的分配，从而降低失业率；其次，帮助实现经济重组，使企业能够延长工作时间；再次，促进性别平等（Plantenga，2002）。在最后一个目标方面，兼职工作被视为促进“组合模型”的一个核心手段。“组合模型”认为，无酬和有酬工作应该获得同样的重视，并且由男性和女性来共同分担（Plantenga，2002；Cousins和Tang，2004）。

上述努力的结果是，与其他欧洲国家相比，其兼职工作更加普遍，在女性群体中更为显著。在兼职工作得到更多关注的同时，自从20世纪80年代以来，女性劳动力参与率迅速上升，在两种因素的共同作用下，2003年在女性所从事的全部工作中，有59.6%为兼职工作（Yerkes和Visser，2006，第240页）。鉴于这种情况，有些人认为，荷兰之前的男性养家模式已经被“一个半人养家模式”所取代（Yerkes和Visser，2006）。

20世纪80年代，工会对兼职工作的增长最初是持抗拒态度的，在此之后工会便开始努力推动兼职工作的正式化（Cousins和Tang，2004；Yerkes和Visser，2006；Wielers和Raven，2013）。这一目标是通过如下努力逐步实现的：1993年

实施改革，废除了最低工资、最低假日工资和社会保障的最低工作时长限制；1996 年通过了有关兼职工作者平等待遇的立法（*Wet Gelijke Behandeling*）；并在 2000 年通过了工作时长调整法案（*Wet Aanpassing Arbeidsduur*），给予工作者要求增加或缩减其工作时长的权利（Plantenga，2002；Yerkes 和 Visser，2006）。

尽管在许多国家中，兼职工作往往与边缘化和低工资联系在一起，但研究显示，在荷兰，兼职工作通常出自员工的自身选择，从事非自愿兼职工作的比例很低（Yerkes 和 Visser，2006；Wielers 和 Raven，2013）。此外，在一些其他国家中，兼职工作并非一定与低技能工作者相关联（Cousins 和 Tang，2004）。尽管在保证兼职工作条件方面已经取得了相当大的进展，但仍然存在一些挑战。具体而言，尽管法律做出了平等性方面的规定，但在实际生活中，工资方面依然存在一些不平等，同时兼职工作者往往在工作培训方面的参与度较低，并且其职业发展前景也大打折扣（Plantenga，1996；Yerkes 和 Visser，2006）。此外，尽管组合模型旨在促进性别平等，但兼职工作者的主体是女性，她们依然承担着大部分的无酬护理工作（Plantenga，1996；Yerkes 和 Visser，2006）。

在发生全球衰退之后，荷兰采取了一系列旨在促进就业的举措。例如，其中一个举措是允许那些原本财务状况良好但遭到经济危机冲击的公司以提供兼职工作安排的形式保留员工，可以将工作时长降低 20%—50%。这一举措被称之为“兼职就业”（Deeltijd Werkloosheidswet）。工作者可获得部分失业救济金，作为其工作时长缩减的补偿，同时雇主需在雇员不从事工作的时间里提供培训机会（Yerkes 和 Van der Veen，2011）。这一举措由于防止了大规模裁员而受到赞誉（Delsen，2010）。此外，政府还特别针对那些存在失业风险的员工临时增强了对就业能力政策的重视。特别值得一提的是，政府在现有培训资金的基础上增加了一倍，以帮助员工“转入另一个行业的新的工作类型”（Yerkes 和 van der Veen，2011，第 439 页）。

逐步采用一种增进平等和促进就业的综合性方法

许多发达经济体以及新兴和发展中经济体的不平等程度加剧，而在大部分发展中经济体，贫困率居高不下。在上述趋势背景下，近年来的一个常见应对方法是扩大社会保障的覆盖范围（参见第三章）。许多发展中经济体对扩大非缴费型社会救助计划给予了特别关注，并藉此覆盖了那些之前尚未覆盖的群体。此类社会救助计划在缓解最严重的贫困问题方面多次取得了成功，如南非的情况就是如此。此外，当社会救助计划与劳动力市场政策和更为广泛的政策举措（如教育和医疗卫生政策）相结合时，社会救助计划有可能对减少贫困和不平等同时产生积极影响，正如巴西所展现的那样。

不过，单纯依靠劳动力市场政策和制度自身并无法发挥其最佳减贫效果或者解决劳动力市场的不平等问题，这一点是显而易见的。事实上，本章已经表明，劳动收入是收入不平等的主要来源，所以问题在于如何为失业者创造充足的优质工作，同时确保为那些处于非标准就业形式的工作者提供更好的收入和职业前景，并释放小型企业的潜力。社会和劳动力市场政策是应对上述挑战的一个重要组成部分。不过，之前的分析表明，创造大量优质工作以实现贫困和不平等的持续削减不仅需要进行劳动力市场和社会保障体系干预，同时还需要通过特定发展战略以及侧重于就业机会创造的行业政策来协调重视增长路径就业强度的响应举措（UNRISD，2010；UNCTAD，2014；ILO，2014b）。鉴于此，另外需开展研究的一个重要领域是，对促进就业机会创造和企业扩张的发展战略和宏观经济政策进行详尽分析，并探讨如何对相关战略和政策进行整合，以提高收入和扩大社会保障覆盖范围。

尽管就上述发展战略得出的结论超出了本章的范围，但值得指出的是，当前全球化经济以及与技术进步相关的生产实践的不断改变为各国的发展战略和就业创造带来某些限制。例如，研究人员多次指出，工业生产的资本密集性不断增强这一全球性趋势所导致的结果是，较迟进入工业化的国家所创造的就业机会远远低于那些较早进入工业化的国家（Kapsos，2005；Ghosh，2008；Heintz，2009；UNRISD，2010；UNCTAD，2014）。不仅工业生产的就业密集性不断下降，此外，研究人员表示，各国已经在经济发展的早期阶段相继开始去工业化的进程，而去工业化通常被认为是发达经济体才有的一个特征（Rodrik，2015）。这一情况提出了一些重要问题，即工业化是否可能解决就业短缺问题，并进而将新兴和发展中经济体的经济增长与减贫和减少不平等联系起来？因此，上述全球性限制应该成为未来有关国家发展政策和就业创造之间关联性研究的一个主要方面。

附录 A

数据来源和覆盖范围

表 2A.1 数据来源和所覆盖的年份

国家	数据来源	年份
阿根廷	常住户口调查，阿根廷国家统计局（INDEC），www. indec. gov. ar	2005、2013
奥地利	欧盟收入和生活条件数据（EU－SILC），欧盟统计局	2005、2011
比利时	欧盟收入和生活条件数据（EU－SILC），欧盟统计局	2005、2010
巴西	全国家庭调查（PNAD），国家地理统计局（IBGE）	2005、2012
保加利亚	欧盟收入和生活条件数据（EU－SILC），欧盟统计局	2006、2011
中国	中国城市劳动力调查，中国社会科学院（CASS）	2005、2010
塞浦路斯	欧盟收入和生活条件数据（EU－SILC），欧盟统计局	2005、2011
捷克	欧盟收入和生活条件数据（EU－SILC），欧盟统计局	2005、2011
丹麦	欧盟收入和生活条件数据（EU－SILC），欧盟统计局	2005、2011
爱沙尼亚	欧盟收入和生活条件数据（EU－SILC），欧盟统计局	2005、2011
芬兰	欧盟收入和生活条件数据（EU－SILC），欧盟统计局	2005、2011
法国	欧盟收入和生活条件数据（EU－SILC），欧盟统计局	2006、2011
希腊	欧盟收入和生活条件数据（EU－SILC），欧盟统计局	2006、2011
匈牙利	欧盟收入和生活条件数据（EU－SILC），欧盟统计局	2005、2011
冰岛	欧盟收入和生活条件数据（EU－SILC），欧盟统计局	2005、2011
爱尔兰	欧盟收入和生活条件数据（EU－SILC），欧盟统计局	2005、2010
意大利	欧盟收入和生活条件数据（EU－SILC），欧盟统计局	2006、2011
韩国	全国家庭收入和支出调查数据，国家统计办公室，首尔	2006、2012
拉脱维亚	欧盟收入和生活条件数据（EU－SILC），欧盟统计局	2006、2011
立陶宛	欧盟收入和生活条件数据（EU－SILC），欧盟统计局	2006、2011
卢森堡	欧盟收入和生活条件数据（EU－SILC），欧盟统计局	2005、2011
马其他	欧盟收入和生活条件数据（EU－SILC），欧盟统计局	2007、2011
墨西哥	全国家庭收入与支出调查（ENIGH），墨西哥国家统计和地理局（INEGI）	2005、2012
荷兰	欧盟收入和生活条件数据（EU－SILC），欧盟统计局	2005、2011
挪威	欧盟收入和生活条件数据（EU－SILC），欧盟统计局	2005、2011
菲律宾	家庭收入和支出调查（FIES），菲律宾国家统计局	2003、2009
波兰	欧盟收入和生活条件数据（EU－SILC），欧盟统计局	2005、2011
葡萄牙	欧盟收入和生活条件数据（EU－SILC），欧盟统计局	2006、2011
罗马尼亚	欧盟收入和生活条件数据（EU－SILC），欧盟统计局	2006、2011
斯洛伐克	欧盟收入和生活条件数据（EU－SILC），欧盟统计局	2005、2011
斯洛文尼亚	欧盟收入和生活条件数据（EU－SILC），欧盟统计局	2005、2011
南非	家庭普查和劳动力普查，南非统计局	2002、2007、2012
西班牙	欧盟收入和生活条件数据（EU－SILC），欧盟统计局	2006、2011
瑞典	欧盟收入和生活条件数据（EU－SILC），欧盟统计局	2005、2011
瑞士	欧盟收入和生活条件数据（EU－SILC），欧盟统计局	2007、2011
土耳其	收入和生活条件调查，土耳其国家统计局	2005、2011
英国	欧盟收入和生活条件数据（EU－SILC），欧盟统计局	2005、2011
乌拉圭	家庭追踪调查，国家统计局	2006、2013
美国	消费支出调查，劳工统计局（BLS）	2005、2012
越南	家庭生活标准调查（HLSS），越南国家统计局	2006、2010

作者特别感谢欧盟统计局和土耳其国家统计局提供的数据。我们对根据上述数据以及本表所列其他来源数据所做出的结论承担全部责任。我们在此还要感谢中国社会科学院人口与劳动经济研究所的都阳以及韩国健康与社会事务研究所的康信旭（Shin－Wook Kang，音译），他们分别帮助我们提供了中国和韩国的数据分析。

附录 B

收入来源、数据局限性和方法论

数据局限性和相关方法论问题

在利用来源完全不同的数据进行比较分析时，存在数据局限性，也可能会出现许多方法论问题。第一个问题与不同国家数据的可比性相关。各国收集和提供数据的方法存在差异。在收入变量方面，对于某些国家，我们既掌握总值也掌握净值，而另外一些国家，比如阿根廷、巴西、中国和南非，仅报告税后数据。

第二个问题与数据收集和报告的方法相关。对于欧洲国家，我们采用的是欧盟收入和生活条件（EU－SILC）数据。由于所有国家按相同的变量口径向欧盟统计局提供数据，上述数据集较为统一。尽管如此，各国在数据收集和报告方法方面存在显著的差异。一些国家采用登记数据，而另外一些国家通过全国性调查来采集数据。

第三个问题涉及标准化，针对该问题维尔玛和贝蒂（Verma 和 Betti，2010）指出，在处理负值、零以及非常大的数值方面，EU－SILC 数据集在不同国家之间缺乏标准化的程序。收入变量的上限和下限规定会导致不平等程度数据下降。

第四个问题与为比较所设定的变量相关。方法中给出了一个核算框架，但为对此进行全面分析所需的所有变量却并非所有国家均能收集并提供。值得一提的是，南非缺乏某些收入组成部分信息，这使进行全面分析受到了限制。

第五个问题涉及不同时期的数据的可比性。由于各国在经过一段时间之后会对调查内容进行调整，这会导致某些变量的改变、新增变量或者取消之前存在的

图 2B.1 用于分析的不同收入组成部分

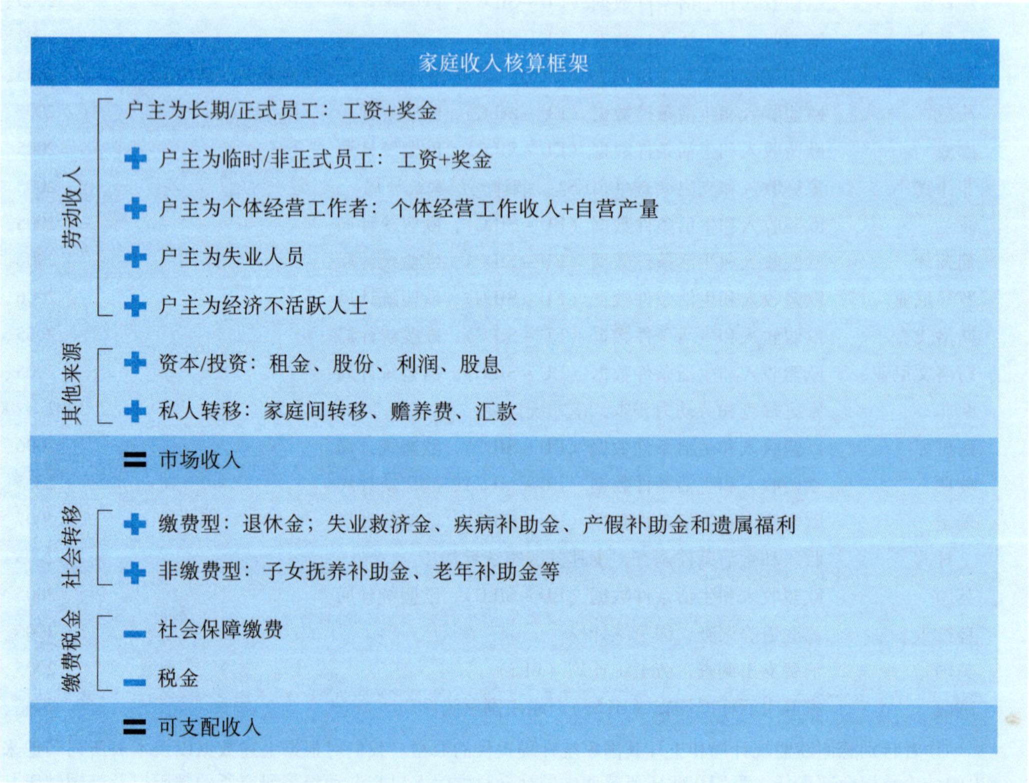

资料来源：作者的定义基于文献。

变量。[1] 对于那些我们发现已发生了上述改变的国家，我们会在较长的时期内尽可能保持一致性。

第六个问题与某些收入组成部分的分解相关。例如，在社会转移领域，欧盟统计局要求各国为 EU – SILC 数据库提供汇总变量。因此，在一些情况下，可能会出现将缴费型和非缴费型福利混在一起的情况，而且很难将其分开。

第七个问题涉及户主的定义，因为在 EU – SILC 数据库中并没有清晰解释家庭中谁是“户主”这一问题。因此，针对上述国家，我们假定“户主”是家庭中的主要养家者。在新兴经济体，在调查中对户主给出了明确定义，所以我们在分析中就采用这种定义下的相关变量。

要素来源收入分解方法

在要素来源收入分解方面存在许多不同方法。有关收入分解的早期著作采用一种递增的分解方法（Rao，1969；Fei 和 Ranis，1974）。通过这种方法可产生各种要素的贡献值，既可产生正的，也可产生副的贡献值，加总起来整合等于总的收入不平等程度。研究人员普遍使用的用于调查不平等程度影响因素的方法是收入核算框架（Förster 和 Whiteford，2009；[2] Fuest 等人，2009；Standing 等人，2010）。在核算方法中，收入组成部分依次增加，并在每一步骤对不平等指标进行计算。

由于我们希望考察收入的哪些组成部分会增加或降低不平等程度，我们在分析这一问题时采用了与芬森等人（Fuest 等人，2009）所使用的方法类似的核算框架。这一方法帮助我们评估社会转移和税收能够在多大程度上实现再分配。与詹金斯（Jenkins，1995）类似，我们还调查了工作收入和家庭收入之间的关系，在考察这个问题时我们考虑了户主的就业状态。正如詹金斯所说，“收入细分互相补充，因为我们可以这样认为，不断变化的工作模式既对贡献家庭收入的家庭成员的人数产生影响，也对每位家庭成员的收入来源产生影响”（同上，第 41 页）。通过这种方法，还可以了解失业率上升造成的影响。鉴于此，我们将家庭按照户主或主要养家者的就业类型进行分类（长期/全职/正式或临时/兼职/非正式员工、个体经营工作者和失业人员），并对户主处于上述就业状态的家庭进行逐一介绍。在下一个阶段，我们将户主为经济不活跃人士（未工作人员和退休人员）的家庭也包括进来（参见图 2. B1）。我们采用基尼系数作为不平等程度的衡量标准。在每次增加一个家庭群组或一个特别的收入组成部分之后，在每一步骤进行计算。

核算框架中的一个重要方面是不同要素组成部分的排序，这种排序发挥着很重要的作用。某一特定要素组成部分引入的顺序不同，对不平等程度的影响大小，甚至方向均会发生改变。我们采用了如下顺序，如图 2. B1 中所示：首先从如上所述的劳动收入开始（工资和个体经营者收入以及其他工作相关福利[3]）。之后我们引入资本收入或投资收益，其中包括利息、股息、股票和租金。然后，我们考虑私人转移，其中包括家庭间转移、汇款、赡养费、来自慈善组织的收入等。接下来，我们分别加上缴费型社会保险收入以及非缴费型社会保障福利。缴费型社会保险的主要组成部分为退休金和失业救济金以及疾病补助金、产假补助金和遗属福利等。非缴费型社会福利涵盖子女抚养补助金、老年人福利等。最后，我们从中减去社会保障缴费以及个人所得税费，便得到了可支配收入。针对所有的收入概念，我们使用了平方根相等表来应对家庭规模不同的情况。

---

① 例如，南非提交的2012 年报告涵盖了养老金问题，但这一问题并未在2002 年和2007 年报告中提及。为保证分析的一致性，我们决定不在本次分析中考虑该问题。根据需要，我们可以提供将养老金问题包含在内的2012 年分析结果。

② 其框架根据斯米丁等人（Smeeding 等人，1990）的观点进行修改。

③ 奖金、工作相关社会保障（主要为缴费型计划）、带薪假期、产假等。

附录 C

图和分解表

图 2C.1　20 世纪头几年至数据可获得的最近年份，按就业类型划分的劳动收入不平等程度的改变

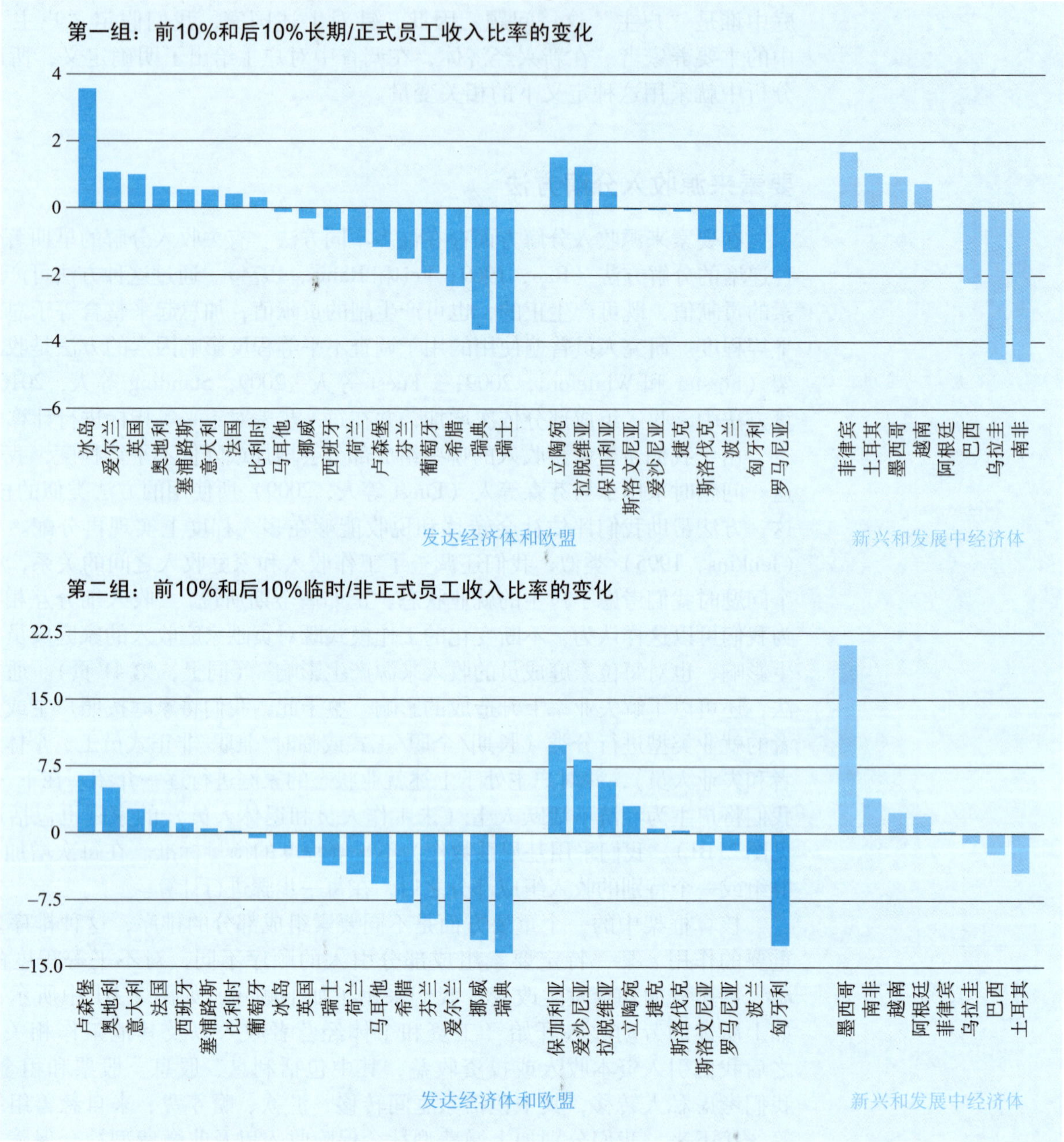

注：对于所有国家而言，将员工分为两个类别。对于欧洲国家，员工被分为长期员工和临时员工；对于新兴和发展中经济体，员工被分为正式员工和非正式员工。

资料来源：国际劳工组织研究部基于家庭调查的估算（参见附录 A，表 2A.1）。

表 2C.1 不平等程度的分解：数据可获得的最近年份的核算框架

不平等程度（基尼系数）						劳动收入		市场收入			可支配收入
	国家	户主为长期/全职、正式员工	户主全部为员工	+户主为个体经营工作者	+户主处于失业状态	全部家庭劳动收入	+资本收入	+私人转移	+缴费型社会转移	+非缴费型社会转移	−税金和缴费
发达经济体和欧盟	奥地利	31.8	32.9	33.3	35.7	57.2	55.8	55.2	36.3	33.5	28.5
	比利时	27.0	28.2	29.1	36.8	57.7	56.1	55.6	36.3	33.2	27.8
	保加利亚	33.0	33.8	33.2	36.5	54.8	54.2	52.6	37.4	36.2	34.9
	克罗地亚	31.1	32.1	31.5	36.0	60.3	59.7	58.8	41.2	36.4	31.8
	塞浦路斯	32.4	33.2	32.6	34.4	50.9	49.3	48.0	37.3	34.9	32.4
	捷克	29.2	30.2	31.1	33.3	54.0	53.8	53.0	33.1	30.2	26.2
	丹麦	25.7	26.5	27.7	31.3	56.9	57.9	57.7	42.0	31.7	28.0
	爱沙尼亚	32.9	33.3	34.6	37.0	55.3	55.3	54.8	39.9	37.4	34.4
	芬兰	26.8	28.8	29.3	34.6	56.6	55.5	55.2	39.8	32.4	27.7
	法国	28.6	30.6	32.9	35.7	58.0	54.3	53.6	35.8	33.0	29.3
	希腊	28.3	31.0	36.5	40.0	62.5	60.9	59.4	38.7	37.2	32.2
	匈牙利	32.7	34.1	33.7	36.6	56.9	56.7	55.5	34.3	30.4	26.4
	冰岛	30.9	31.3	30.9	33.6	47.3	46.0	45.4	34.6	30.1	25.4
	爱尔兰	36.4	38.1	39.2	46.8	63.4	62.6	62.4	46.5	38.5	31.4
	意大利	31.0	32.6	35.1	37.2	58.1	56.4	56.1	37.7	36.8	32.9
	拉脱维亚	37.2	37.7	37.6	41.4	59.0	59.0	57.9	41.8	39.9	36.1
	立陶宛	35.1	35.9	35.0	39.7	60.0	60.0	59.2	40.7	37.1	33.8
	卢森堡	32.7	33.8	34.9	36.7	54.1	52.5	52.4	35.4	31.5	28.4
	马耳他	29.3	30.7	31.3	33.1	53.1	50.8	50.6	35.6	32.4	28.4
	荷兰	27.0	28.3	29.8	35.9	56.0	54.9	54.2	38.1	31.8	26.4
	挪威	28.5	28.9	29.2	30.5	50.6	49.3	49.1	35.9	29.4	24.9
	波兰	33.0	34.4	34.7	35.9	55.8	55.6	54.7	35.6	33.4	31.3
	葡萄牙	37.9	38.8	38.9	42.1	60.6	59.3	58.7	41.2	39.6	34.0
	罗马尼亚	31.9	32.3	34.8	35.4	51.7	51.6	51.5	35.6	33.6	30.4
	斯洛伐克	27.6	28.2	28.5	30.8	50.9	50.8	50.5	31.0	28.4	26.9
	斯洛文尼亚	31.3	32.1	32.4	35.3	55.1	54.6	54.3	37.1	32.5	26.3
	西班牙	30.0	32.2	34.7	41.2	58.2	57.1	56.9	37.9	36.2	34.2
	瑞典	27.0	28.3	28.7	30.8	53.0	50.6	50.5	35.2	30.2	26.9
	瑞士	28.9	29.6	30.0	30.8	48.8	47.2	46.5	32.8	30.5	29.6
	英国	38.2	38.5	40.1	42.3	63.0	61.3	60.8	45.6	39.5	32.6
	美国	38.7	42.0	42.8	43.5	56.8	56.2	55.5	45.8	44.7	43.7
新兴和发展中经济体	阿根廷	35.0	37.9	39.2	40.5	52.1	51.7	49.7	38.4	37.8	—
	巴西	45.6	47.8	50.3	51.3	59.3	57.9	57.7	51.6	49.7	49.6
	墨西哥	44.3	48.7	51.6	52.1	56.2	56.0	53.1	51.3	49.7	—
	菲律宾	46.3	47.9	45.6	45.6	48.2	48.4	45.6	45.5	43.7	42.7
	南非	57.1	59.7	61.3	66.0	73.1	—	71.2	–	69.2	—
	土耳其	40.2	42.2	43.8	44.6	55.9	53.8	51.4	41.5	41.1	41.1
	乌拉圭	33.9	36.2	39.2	40.0	52.5	52.0	49.8	37.8	36.8	37.2
	越南	42.7	43.1	42.8	43.2	45.2	45.6	42.9	42.4	42.2	42.2

注：对于所有国家而言，将员工分为两个类别。对于欧洲国家，员工被分为长期员工和临时员工；对于美国，员工被分为全职员工和兼职员工；对于新兴和发展中经济体，员工被分为正式员工和非正式员工。有关方法论的内容请参见附录 B。

资料来源：国际劳工组织研究部基于家庭调查的估算（参见附录 A，表 2A.1）。

表 **2C.2** 不平等程度的分解：21 世纪头几年的核算框架

不平等程度（基尼系数）						劳动收入		市场收入			可支配收入
	国家	户主为长期/全职、正式员工	户主全部为员工	+户主为个体经营工作者	+户主处于失业状态	全部家庭劳动收入	+资本收入	+私人转移	+缴费型社会转移	+非缴费型社会转移	-税金和缴费
发达经济体和欧盟	奥地利	30.4	31.0	31.5	34.6	55.4	55.0	54.4	34.1	31.3	27.0
	比利时	26.9	27.8	28.7	37.6	57.6	56.0	55.6	36.1	33.6	28.0
	保加利亚	30.1	32.6	33.4	37.6	55.3	54.8	53.9	38.6	36.8	34.9
	克罗地亚	32.0	33.1	32.6	36.4	60.6	60.0	59.4	42.1	37.5	32.5
	塞浦路斯	29.7	30.6	29.7	30.2	46.8	45.9	45.1	34.8	33.2	31.4
	捷克	30.0	31.0	32.0	34.6	53.9	53.7	53.2	35.3	31.1	26.3
	丹麦	26.1	25.6	27.5	30.0	54.0	53.6	53.4	40.0	29.7	25.9
	爱沙尼亚	35.5	35.9	36.5	37.9	55.7	55.6	55.2	40.9	38.7	35.1
	芬兰	27.4	29.9	30.5	34.4	55.1	54.2	54.0	39.7	31.6	26.8
	法国	27.4	29.7	31.2	34.4	56.4	54.0	53.4	33.7	30.1	25.9
	希腊	31.6	34.0	38.6	39.5	58.3	56.9	54.9	40.3	39.0	33.6
	匈牙利	37.4	38.3	40.3	42.5	62.0	62.0	61.4	41.8	37.5	32.9
	冰岛	28.6	28.4	28.4	28.7	41.7	41.4	40.8	32.7	29.8	26.8
	爱尔兰	34.6	36.1	36.5	39.2	56.9	56.1	55.7	44.1	37.4	31.9
	意大利	30.7	32.2	34.9	36.2	57.9	56.8	56.2	38.2	37.3	33.1
	拉脱维亚	36.6	37.0	36.8	38.2	53.3	53.2	52.5	41.9	40.1	37.5
	立陶宛	36.1	36.9	36.3	38.0	55.8	55.6	54.9	41.8	39.9	35.6
	卢森堡	32.7	33.1	34.2	35.5	53.9	52.1	51.9	34.4	31.2	28.0
	马耳他	30.6	30.8	30.8	32.2	54.2	51.1	51.0	37.2	34.0	29.9
	荷兰	27.1	28.8	30.7	36.9	56.7	55.2	54.4	38.8	32.5	26.5
	挪威	26.9	27.9	28.9	29.9	51.9	52.4	52.1	37.7	30.6	27.3
	波兰	36.0	37.6	38.0	40.6	61.7	61.6	60.5	38.9	35.5	32.8
	葡萄牙	40.9	41.9	41.3	43.2	59.6	59.0	58.6	44.1	42.5	37.6
	罗马尼亚	34.7	35.3	36.8	37.7	52.6	52.6	52.0	39.6	37.4	34.1
	斯洛伐克	29.8	30.5	31.8	33.8	54.7	54.6	54.4	33.6	30.7	27.2
	斯洛文尼亚	31.8	32.9	32.1	33.0	53.2	52.9	52.7	37.2	32.6	26.2
	西班牙	30.3	31.6	32.6	34.2	51.7	51.0	50.7	35.6	34.6	32.2
	瑞典	27.0	28.9	29.8	31.3	52.6	50.6	50.5	34.6	28.2	24.5
	瑞士	30.2	30.6	31.0	31.6	48.4	46.8	46.4	33.8	31.6	32.0
	英国	33.2	33.6	34.3	35.7	58.4	57.0	56.8	43.3	38.0	32.8
	美国	38.9	42.0	43.5	43.7	55.4	54.6	53.9	45.2	44.3	43.6
新兴和发展中经济体	阿根廷	39.6	43.9	45.5	47.6	56.7	56.3	54.0	45.3	44.8	—
	巴西	48.8	51.4	54.3	55.5	61.3	60.4	59.9	55.6	53.6	53.3
	墨西哥	42.9	47.1	50.4	50.5	54.5	54.4	50.8	49.4	48.6	—
	菲律宾	45.6	48.1	46.9	46.8	48.8	48.9	47.6	47.3	46.0	44.9
	南非	—	58.3	59.9	65.9	73.1	—	72.6	—	70.7	—
	土耳其	37.8	42.3	44.5	45.5	56.6	54.4	51.9	43.2	42.9	42.8
	乌拉圭	42.3	45.1	48.3	49.7	61.9	61.0	57.6	44.9	42.9	44.5
	越南	41.7	45.2	46.0	46.0	47.8	47.9	45.0	43.6	43.6	43.6

注：对于所有国家而言，将员工分为两个类别。对于欧洲国家，员工被分为长期员工和临时员工；对于美国，员工被分为全职员工和兼职员工；对于新兴和发展中经济体，员工被分为正式员工和非正式员工。有关方法论的内容请参见附录 B。

资料来源：国际劳工组织研究部基于家庭调查的估算（参见附录 A，表 2A.1）。

参考文献

Amann, E.; Barrientos, A. 2014. *Is there a Brazilian model of development?: Are there lessons for countries in Africa?*, WIDER Working Paper No. 2014/134 194 (Helsinki, United Nations University World Institute for Development Economics Research (UNU-WIDER)).

Amarante, V.; Colafranceschi, M.; Vigorito, A. 2011. *Uruguay's income inequality and political regimes during 1981–2010*, UNU-WIDER Working Paper No. 194 (Helsinki, United Nations University World Institute for Development Economics Research (UNU-WIDER)).

Appleton, S.; Knight, J.; Song, L.; Xia, Q. 2006. "Labor retrenchment in China: Determinants and consequences", in H. Sato and S. Li (eds): *Unemployment, inequality and poverty in urban China* (New York, Routledge), pp. 19–42.

Asian Development Bank (ADB). 2012. *Asian Development Outlook 2012: Confronting rising inequality in Asia* (Mandaluyong City).

—. 2014. *Key Indicators for Asia and the Pacific* (Mandaluyong City).

Barros, R.; de Carvalho, M.; Franco, S.; Mendonça, R. 2010. "Markets, the state, and the dynamics of inequality in Brazil", in L.F. López-Calva and N. Lustig (eds): *Declining inequality in Latin America: A decade of progress?* (Washington DC, Brookings Institution Press), pp. 134–174.

Berg, J. 2011. "Laws or luck?: Understanding rising formality in Brazil in the 2000s", in S. Lee and D. McCann (eds): *Regulating for decent work: New directions in labour market regulations* (Basingstoke and Geneva, Palgrave MacMillan and ILO).

—. (ed.). 2015. *Labour market, institutions and inequality: Building just societies in the 21st century* (Cheltenham and Geneva, Edward Elgar Publishing and ILO).

Bhorat, H.; van der Westhuizen, C. 2010. "Poverty, inequality and the nature of economic growth in South Africa", in N. Mishra-Dexter and J. February (eds): *Testing Democracy: Which way is South Africa going?* (Institute for Democracy in South Africa (Idasa), Cape Town), pp. 46–70.

Bonnet, F.; Saget, C.; Weber, A. 2012. *Social protection and minimum wages responses to the 2008 financial and economic crisis: Findings from the ILO/World Bank inventory*, Employment Working Paper No. 113 (Geneva, ILO).

Cingano, F. 2014. *Trends in income inequality and its impact on economic growth*, OECD Social, Employment and Migration Working Papers, No. 163 (Paris, OECD).

Clegg, D.; van Wijnbergen, C. 2011. "Welfare institutions and the mobilization of consent: Union responses to labour market activation policies in France and the Netherlands", in *European Journal of Industrial Relations*, Vol. 17, No. 4, pp. 333–348.

Cook, S. 2008. "The challenge of informality: Perspectives on China's changing labour market", in *IDS Bulletin*, Vol. 39, No. 2, pp. 48–56.

—.; Dong, X. 2011. "Harsh choices: Chinese women's paid work and unpaid care responsibilities under economic reform", in *Development and Change*, Vol. 42, No. 4, pp. 947–965.

—. 2012. "Rebounding from crisis: The role and limits of social policy in China's recovery", in P. Utting, S. Razavi and R.V. Buchholz (eds): *The global crisis and transformative social change* (Basingstoke, Palgrave Macmillan), pp. 141–160.

Cornia, G.A. 2012. *Inequality trends and their determinants*, Working Paper No. 9 (Helsinki, United Nations University World Institute for Development Economics Research (UNU-WIDER).).

—. 2014. "Inequality, trends and their determinants: Latin America over 1990 – 2010", in G.A. Cornia (ed.): *Falling inequality in Latin America: Policy Changes and Lessons* (Oxford, Oxford University Press).

Cousins, C.R.; Tang, N. 2004. "Working time and work and family conflict in the Netherlands, Sweden and the UK", in *Work, employment and society*, Vol. 18, No. 3, pp. 531–549.

Cribb, J.; Joyce, R.; Phillip, D. 2012. *Living standards, poverty and inequality in the UK: 2012* (London, Institute for Fiscal Studies).

Daniel, P.; de Mooij, R.; Matheson, T.; Michielse, G. 2011. *Iceland: Advancing tax reform and the taxation of natural resources*, Country Report No. 138 (Washington, DC, International Monetary Fund (IMF)).

Delsen, L. 2010. *From welfare state to participation society: Welfare state reform in the Netherlands 2003–2010* (Leuven, Institute for Work and Society (HIVA) of the Catholic University of Leuven).

European Commission (EC). 2015. *Wage and income inequality in the European Union*, Study for the Committee on Employment and Social Affairs (Brussels).

Eurostat. 2011. *The distribution of employees' labour earnings in the EU: Data, concepts and first results*, Methodologies and Working Papers (Brussels, European Commission).

Fei, J.C.H; Ranis, G. 1974. *Income inequality by additive factor components*, Centre Discussion Paper No. 207 (New Haven, CT, Economic Growth Centre, Yale University).

Ferreira, F.H.G.; Messina, J.; Rigolini, J.; Lopez-Calva, L.-F.; Lugo, M.A.; Vakis, R. 2012. *Economic mobility and the rise of the Latin American middle class* (Washington, DC, World Bank).

Filgueira, F.; Molina, C.G.; Papadópulos, J.; Tobar, F. 2006. *Universalismo básico: una alternativa posible y necesaria para mejorar las condiciones de vida en América Latina*, INDES Working Paper No. I–57 (Washington, DC, Inter-American Development Bank).

Förster, M.; Whiteford, P. 2009. "How much redistribution do welfare states achieve? The role of cash transfers and household taxes", in *CESifo DICE Report*, Vol. 7, No. 3 (Munich, Ifo Institute for Economic Research), pp. 34–41.

Fuest, C.; Niehues, J.; Peichl, A. 2009. *The redistributive effects of tax benefit systems in the enlarged EU*, IZA Discussion Paper No. 4520 (Bonn, Institute for the Study of Labor (IZA)).

Gasparini, L.; Cruces, G. 2010. "A distribution in motion: The case of Argentina", in L.F. Lopez-Calva and N. Lustig (eds): *Declining inequality in Latin America: A decade of progress?* (Baltimore, MD, Brookings Institution Press and UNDP).

Ghosh, J. 2008. "Growth, macroeconomic policies and structural change", background paper prepared for UNRISD's flagship report *Combating Poverty and Inequality* (Geneva, United Nations Research Institute for Social Development (UNRISD)).

Gomes dos Santos, M.P. 2013. "The Brazilian social protection system: History and present configuration", in J. Midgley and D. Piachaud (eds): *Social protection, economic growth and social change* (Cheltenham, Edward Elgar Publishing), pp. 131–152.

Government of India (GoI). 2013. *Key indicators of employment and unemployment in India 2011–2012: NSS 68th round* (New Delhi, Ministry of Statistics and Programme Implementation).

Guan, X. 2005. "China's social policy: Reform and development in the context of marketization and globalization", in H.-J. Kwon (ed.): *Transforming the developmental welfare state in East Asia* (Basingstoke, Palgrave Macmillan), pp. 231–256.

Gustafsson, B.A.; Li, S.; Sicular, T. 2008. *Inequality and public policy in China* (Cambridge, Cambridge University Press).

Heintz, J. 2009. "Employment, economic development and poverty reduction: Critical issues and policy challenges", background paper prepared for UNRISD's flagship report *Combating Poverty and Inequality* (Geneva, United Nations Research Institute for Social Development (UNRISD)).

Hoogenboom, M. 2011. "The Netherlands: Two tiers for all", in J. Clasen and D. Clegg (eds): *Regulating the risk of unemployment: National adaptations to post-industrial labour markets in Europe* (Oxford, Oxford University Press), pp. 75–99.

Huber, E.; Stephens, J.D. 2012. *Democracy and the left: Social policy and inequality in Latin America* (Chicago, IL, University of Chicago Press).

International Institute for Labour Studies (IILS). 2008. *World of Work Report 2008: Income inequalities in the age of financial globalization* (Geneva, ILO).

—. 2011. *World of Work Report 2011: Making markets work for jobs* (Geneva, ILO).

International Labour Office (ILO). 2009. *Global Employment Trends for Women* (Geneva).

—. 2011. *World Social Security Report 2010/11: Providing coverage in the time of crisis and beyond* (Geneva).

—. 2013. *Global Wage Report 2012/13: Wages and equitable growth* (Geneva).

—. 2014a. *Global Wage Report 2014/15: Wages and income inequality* (Geneva).

—. 2014b. *World of Work Report 2014: Developing with jobs* (Geneva).

—. 2015. *Small and medium-sized enterprises and decent and productive employment creation*, Report IV, International Labour Conference, 104th Session, Geneva, 2015 (Geneva).

Jenkins, S.P. 1995. "Accounting for inequality trends: Decomposition analyses for the UK, 1971–86", in *Economica*, Vol. 62, No. 245, pp. 29–63.

Kapsos, S. 2005. *The employment intensity of growth: Trends and macroeconomic determinants*, Employment Strategy Paper No. 12 (Geneva, ILO).

Lee, S.; Rusconi, G. 2014. *The Dimensions of income distribution: Measurement, trends and linkages*, paper presented at the KIEP-ILO-SNU Conference on Income Inequality and its Policy Implications for Sustainable Growth, Seoul, 10 Dec.

Levy, B.; Hirsch, A.; Woolard, I. 2014. *South Africa's evolving political settlement in comparative perspective*, Working Paper No. 138 (Cape Town, Southern Africa Labour and Development Research Unit, University of Cape Town).

Lopez-Calva, L.F.; Lustig, N. (eds). 2010. *Declining inequality in Latin America: A decade of progress?* (Baltimore, MD, Brookings Institution Press and UNDP).

Lustig, N.; Lopez-Calva, L.F.; Ortiz-Juarez, E. 2012. *Declining inequality in Latin America in the 2000s: The cases of Argentina, Brazil and Mexico*, Working Paper No. 307 (Washington, DC, Centre for Global Development). Available at: http://www.cgdev.org/content/publications/detail/1426568 [21 April, 2015].

Mpedi, L.G. 2013. "Current approaches to social protection in the Republic of South Africa", in J. Midgley and D. Piachaud (eds): *Social protection, economic growth and social change* (Cheltenham, Edward Elgar Publishing), pp. 217–242.

Ngok, K. 2013. "The transition of social protection in China", in J. Midgley and D. Piachaud (eds): *Social protection, economic growth and social change* (Cheltenham, Edward Elgar Publishing), pp. 29–43.

Noah, T. 2012. *The great divergence: America's growing inequality crisis and what we can do about it* (New York, Bloomsbury Press).

Nopo, H.; Hoyos, A. 2010. *Evolution of gender wage gaps in Latin America at the turn of the twentieth century: An addendum to "New century, old disparities"*, IZA Discussion Paper No. 5086 (Bonn, IZA).

Organisation for Economic Co-operation and Development (OECD). 2011. *Divided we stand: Why inequality keeps rising* (Paris).

Ostry, J.D.; Berg, A.; Tsangarides, C.G. 2014. *Redistribution, inequality and growth*, IMF Staff Discussion Note, SDN/14/02 (Washington, DC, IMF).

Patel, L. 2013. "Social protection in South Africa: History, goals and strategies", in J. Midgley and D. Piachaud (eds): *Social protection, economic growth and social change* (Cheltenham, Edward Elgar Publishing), pp. 201–216.

Piketty, T. 2014. *Capital in the 21st century* (Cambridge, MA, Harvard University Press).

Plantenga, J. 1996. "For women only?: The rise of part-time work in the Netherlands", in *Social Politics*, Vol. 3, No. 1, pp. 57–71.

—. 2002. "Combining work and care in the polder model: An assessment of the Dutch part-time strategy", in *Critical Social Policy*, Vol. 22, No. 1, pp. 53–71.

Rao, V.M. 1969. "Two decompositions of concentration ratio", in *Journal of the Royal Statistical Society: Series A (General)*, Vol. 132, No. 3, pp. 418–425.

Ravallion, M. 2014. *Are the world's poorest being left behind?*, NBER Working Paper No. 20791 (Cambridge, MA, National Bureau of Economic Research).

Rodrik, D. 2015. *Premature industrialisation*, NBER Working Paper No. 20935 (Cambridge, MA, National Bureau of Economic Research).

Rubery, J.; Grimshaw, D. 2011: "Gender and the minimum wage" in S. Lee and D. McCann (eds): *Regulating for decent work: New directions in labour market regulations* (Basingstoke and Geneva, Palgrave Macmillan and ILO).

Sato, H. 2006. "From 'work-unit socialism' to hierarchical labour market in urban China", in H. Sato and S. Li (eds): *Unemployment, inequality and poverty in urban China* (New York, Routledge), pp. 175–211.

Schiel, R.; Leibbrandt, M.; Lam, D. 2014. *Assessing the impact of social grants on inequality: A South African case study*, WIDER Working Paper, 2014/160 (Helsinki, UNU-WIDER).

Seekings, J. 2014. *South Africa: Democracy, poverty and inclusive growth since 1994*, Democracy Works Conference Paper 2014. Available at http://democracy.cde.org.za/wp-content/uploads/2014/05/democracy-works-south-africa-conference-paper-democracy-poverty-inclusive-growth-since-1994-by-jeremy-seekings-pdf-.pdf [5 May 2015].

—.; Nattrass, N. 2005. *Class, race and inequality in South Africa* (New Haven, Yale University Press).

Smeeding, T.M.; O'Higgins, M.; Rainwater, L. (eds). 1990. *Poverty, inequality and income distribution in comparative perspective: The Luxembourg income study (LIS)* (Hemel Hempstead, UK, Harvester Wheatsheaf).

Soares, S. 2013. "The efficiency and effectiveness of social protection against poverty and inequality in Brazil", in J. Midgley and D. Piachaud (eds): *Social protection, economic growth and social change* (Cheltenham, Edward Elgar Publishing), pp. 153–165.

Standing, G.; Unni, J.; Jhabvala, R.; Rani, U. 2010. *Social income and insecurity: A study in Gujarat* (New Delhi, Routledge).

Stockhammer, E. 2013. *Why have wage shares fallen? A panel analysis of the determinants of functional income distribution*, Conditions of Work and Employment Series No. 35 (Geneva, ILO).

United Nations (UN); League of Arab States (LAS). 2013. *The Arab Millennium Development Goals Report: Facing challenges and looking beyond 2015* (Beirut, United Nations Economic and Social Commission for Western Asia (UNESCWA)).

United Nations Conference on Trade and Development (UNCTAD). 2014. *The Least Developed Countries Report 2014: Growth with structural transformation: A post-2015 development agenda* (Geneva).

United Nations Development Programme (UNDP). 2013. *Humanity divided: Confronting inequality in developing countries* (New York).

United Nations Research Institute for Social Development (UNRISD). 2010. *Combating poverty and inequality: Structural change, social policy and politics* (Geneva).

Verma, V.; Betti, G. 2010. "Data accuracy in EU-SILC", in A.B. Atkinson and E. Marlier (eds): *Income and living conditions in Europe* (Luxembourg, Publications Office of the European Union), pp. 57–77.

Wabiri, N.; Taffa, N. 2013. "Socio-economic inequality and HIV in South Africa", in *BMC Public Health*, Vol. 13, No. 1, pp. 1037.

Wielers, R.; Raven, D. 2013. "Part-time work and work norms in the Netherlands", in *European Sociological Review*, Vol. 29, No. 1, pp. 105–113.

Wong, L.; Ngok, K. 2006. "Social policy between plan and market: Xiagang (Off-duty Employment) and the policy of the re-employment service centres in China", in *Social Policy and Administration*, Vol. 40, No. 2, pp. 158–173.

World Bank. 2014. *Global Monitoring Report 2014/16: Ending poverty and shared prosperity* (Washington, DC).

Yang, J.; Gunderson, M.; Li, S. 2014. *The impact of minimum wages on migrant workers' wages*. Working Paper No. 15 (Beijing, China Institute for Income Distribution).

Yerkes, M.; van der Veen, R. 2011. "Crisis and welfare state change in the Netherlands", in *Social Policy and Administration*, Vol. 45, No. 4, pp. 430–444.

—.; Visser, J. 2006. "Women's preferences or delineated policies?: The development of part-time work in the Netherlands, Germany and the United Kingdom", in J.-Y. Boulin, M. Lallement, J.C. Messenger and F. Michon (eds): *Decent Working Time: New Trends, New Issues* (Geneva, ILO), pp. 235–261.

Zhu, Y. 2012. "Social protection in rural China: Recent developments and prospects", in *Journal of Policy Practice*, Vol. 11, Nos. 1–2, pp. 42–58.

—. 2013. "Current approaches to social protection in China", in J. Midgley and D. Piachaud (eds): *Social protection, economic growth and social change* (Cheltenham, Edward Elgar Publishing), pp. 44–58.

第三章
不同就业模式的社会保障覆盖范围

引言

无论何种类型的社会保障制度，其覆盖程度和提供的福利水平是决定其替代工作收入或其他来源收入以及平抑收入波动能力的关键因素。本章旨在评估170多个国家针对不同就业模式（如第一章所述）的社会保障制度。本章探究了自20世纪90年代初期以来，法律规定的养老金和失业救济金覆盖范围的变化趋势（第一节），同时分析了这些法律法规在实践中的落实程度并对法律法规规定的社会保障覆盖范围与有效落实之间的差距进行量化（第二节）。本章探究了缴费型和非缴费型社会保障机制的法定覆盖范围和有效覆盖范围。鉴于存在不同的就业模式，本章还分析了各种类型的社会保障计划在覆盖预期受益人方面的效果。基于以上分析，本章探讨了社会保障制度在确保足够的收入保障方面的能力，因而对第二章分析进行了补充。

第一节 社会保障法定覆盖范围（按就业状态划分）

社会保障制度旨在为有需要的个人和家庭提供收入保障。① 虽然许多国家都建立了社会保障制度，但却不能提供充足或有效的保障，其主要原因有三个。第一，在缺乏社会保障法的情况下，社会保障覆盖无法实现。2013年，仅有超过1/3的国家依法制定了社会保障计划，并覆盖了国际劳工组织于1952年通过的《社会保障最低标准公约》（第102号）中规定的所有社会保障应急事件。即便在这些国家中，许多国家的社会保障制度仅覆盖了一小部分人群。第二，社会保障法有时将某些群体排除在外。② 第三，社会保障制度未能得到充分落实，其原因在于没有充分执行法定覆盖范围，或者缺乏社会保障加入计划（第二节）。尽管存在上述局限性，但社会保障已经在某些方面取得了长足进步。

---

① 国际劳工组织采用的社会保障定义涵盖以现金或实物形式提供福利的所有措施，以确保不受如下原因造成的缺乏工作相关收入（或收入不足）的影响：疾病、残疾、分娩、工伤、失业、家庭成员进入老年或死亡、无法享受（可负担得起的）医疗服务、家庭支持不足，尤其是针对儿童和受抚养的成年人、一般贫困和社会排斥（ILO，2014a）。本章将覆盖范围差距的分析重点放在老年人、遗属（达到退休年龄）和失业人口的定期现金福利上。对养老金或失业救济金法定覆盖范围的预估主要涵盖政府负责的各类计划，根据这些计划，要么直接通过政府机构，要么强制私人部门提供福利。如果加入社会保障计划具有强制性，以及所提供的福利具有周期性且不是对现有基本养老金的补充，那么私人养老金计划覆盖也可被纳入其中。

② 就缴费型社会保障计划而言，法定覆盖范围在很大程度上由就业状态和就业合同类型决定。就非缴费型社会保障而言，排斥原因主要与国家的机构能力和资源以及社会保障的优先级和期望有关。

过去 20 年间，老年人养老金的法定覆盖范围呈不断扩大趋势……

截至 2013 年，在被分析的 178 个国家中，93% 的国家依法提供养老金福利，而在 20 世纪 50 年代，这一数字仅为 1/3 左右。在多数地区，养老金福利是社会保障支出的最大构成部分。① 自 1990 年以来，许多发展中国家已经制定新法律或改变现行法律，以扩大覆盖范围。其采用的方式多种多样：建立大规模非缴费型养老金制度、② 通过放宽或取消合格条件来扩大现行养老金计划的覆盖范围，和/或为个体经营者专门制定养老金计划。这些变革更正了将大多数人群排除在外的不恰当条款。我们所观察到的趋势反映了基本政策思路的转变。基于过往经验，期望经济增长将吸引工作者从事正规就业，从而为其提供社会保障，这是不现实的。相反，从最近的政策目标来看，社会保障应扩展到标准就业关系以外的人群。③

2013 年，77% 的劳动适龄人口被纳入老年人养老金覆盖范围，而在 2000 年和 1990 年，这一数字分别为 47% 和 32% （图 3.1）。④ 针对女性的养老金法定覆盖范围小于男性。实际上，74% 的女性依法享有养老保障，但其中仅有 26% 的女性享有强制缴费型养老保障。这表明女性劳动力市场参与度较低，并且各部门或就业状态中超过上述比例的女性很可能无法被纳入养老金法定覆盖范围。

亚洲和太平洋地区以及拉丁美洲和加勒比地区的国家在扩大法定覆盖范围方面走在世界前沿。在亚洲，1990 年仅有超过 10% 的劳动适龄人口被纳入法定覆盖范围。1990 年至 2000 年，这一比例几乎增加了两倍，并且在 2000 年至 2013 年期间，又增加了一倍。这主要得益于非缴费型养老金计划的制定以及允许自愿加入缴费型养老金计划的法律的出台。中国⑤和印度⑥——亚洲地区最大的两个国家——提供了极其重要的示例。在拉丁美洲，改革的重点在于将养老金制度扩展至在正式经济部门以外就业的工作者。截至 2013 年，超过 90% 的劳动适龄人口（包括非正规工作者）被纳入养老金计划覆盖范围，而在 1990 年，这一数据为 60% 。虽然非缴费型养老金计划已存在数十年，但我们观察到的过去几年养老金计划扩大强度和速度是前所未有的。2000 年至 2013 年，该地区至少 18 个国家进行了改革，以便通过推出非缴费型计划来扩大养老金制度覆盖范围（World Bank，2014，ILO，2014a）。

---

① 从全球范围来看，老年人养老金和遗属养老金占公共社会保障支出的 37% ，占 GDP 的 3.3% （ILO，2014a）。除撒哈拉以南非洲除外，这部分支出构成各地区公共社会保障支出的主要部分。

② 例如，莱索托于 2004 年推出的须经养老金审查的老年人养老金计划；东帝汶于 2008 年实施的全民老年抚养津贴；瑞士于 2005 年推出的须经养老金审查的老年人补助计划，并于 2010 年进一步扩大其覆盖范围。

③ 从事标准就业的员工是指处于全职、直接雇佣关系的员工，并且这种雇佣关系不固定并且是上下级关系（ILO，2015d）。参见第一章专栏 1.2。

④ 关于法定覆盖范围预估的定义和限制，参见附录 A。

⑤ 2009 年，中国开始扩大养老金覆盖范围，以期到 2020 年实现全民覆盖。中国于 2009 年推出农村养老金计划，2011 年推出城镇养老金计划（针对无法通过其他途径获得养老金的工作者），并于 2014 年公布将合并这两个新型养老金计划（ILO，2014a，ISSA，2013，Ringen 和 Ngok，2013）。2015 年 1 月，国务院公布进行公务员和公共部门员工养老金改革，将其纳入城镇基本养老保险制度项下，以实现养老制度一体化。

⑥ 印度的法定养老金覆盖范围由 1990 年的不足 5% 大幅扩大至 2000 年的 33% ，又扩大至 2013 年的 80% 以上。其主要原因如下：印度于 1995 年制定须经入息审查的非缴费型英迪拉 · 甘地国家养老金计划（IGNOAPS），并于 2011 年扩大这一计划，此外，2009 年，几乎允许印度所有公民自愿加入新型养老金计划。国家养老金计划或新型养老金计划于 2014 年 1 月 1 日开始实施，最初只针对国家政府员工和公共部门员工。自 2009 年 5 月 1 日起，印度所有公民可自愿开立国家养老金计划账户，但在开放系统中，没有相应的政府缴费（ISSA，2013）。

图 3.1 被纳入老年人养老金法定覆盖范围的劳动适龄人口所占比例

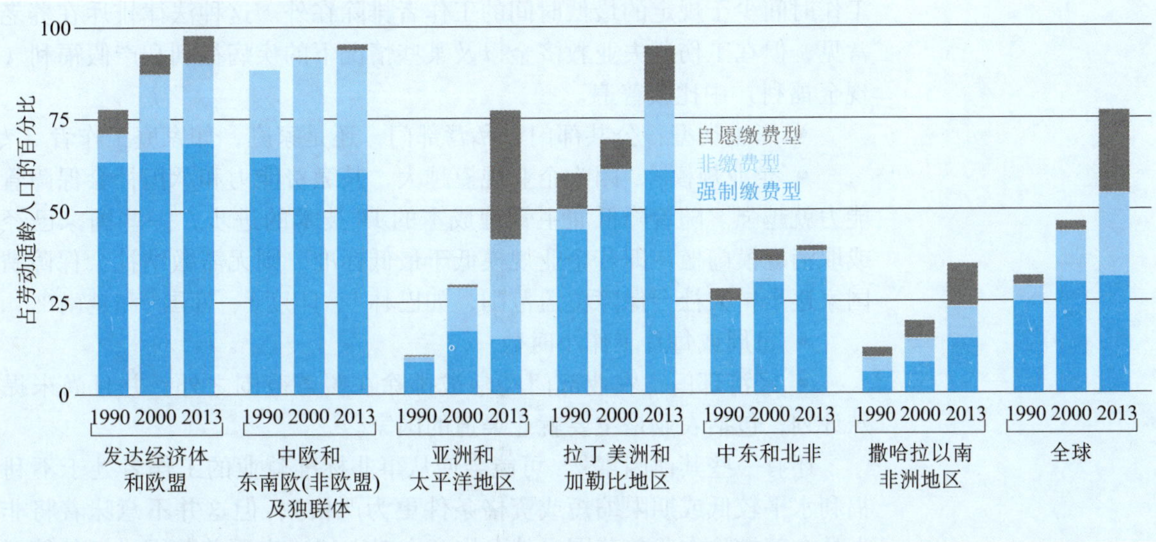

注：2013 年的全球估算数据基于 178 个国家的老年人养老金和遗属养老金法定数据，1990 年和 2000 年的全球估算数据基于 173 个国家的老年人和遗属养老金法定数据，并通过对劳动适龄人口进行加权计算得出。图中数据是指老年人养老金和遗属（超过养老金领取年龄）定期现金福利。

资料来源：国际劳工组织研究部基于美国社会保障署/国际社会保障协会（2013、2014a、2014b、2014c）；ILO（2015a、2015b、2015c）；欧盟委员会（2015）；美国社会保障署（1989、1999）；联合国经济和社会事务部（2015）；各国法律和统计办公室的研究。

……主要使建立就业关系的人群受益……

员工的养老金法定覆盖范围最广，这一点不足为奇，但针对处于不同就业状态的工作者的养老金覆盖范围的差距十分严重，尤其是在撒哈拉以南非洲地区以及中东和北非（图 3.2）。1990 年，64.7% 的员工在退休后可以依法享受以现金形式发放的养老金福利，其中 97% 的员工被纳入强制缴费型机制。截至 2013 年，88.3% 的员工被纳入养老金覆盖范围，其中 76% 的员工需遵循强制缴费规定。由此可以看出，在不考虑保障水平的前提下，强制型社会保险在将法定覆盖范围扩大到更多员工方面的作用不及非缴费型计划或自愿加入计划。① 该群体中，75% 的法定覆盖范围的扩大得益于自愿加入计划，但需要注意的是，自愿覆盖很少会带来显著的有效覆盖。小企业员工、家庭工作者②和散工或临时工就受到这种机制的约束。这一点非常重要，因为不同类型的养老金计划在保障水平、社会融入或就业规范化的结果以及公共财政方面存在差异。

尽管养老金计划已取得上述进展，低收入国家中 20% 的员工和全球范围内 12% 的员工仍未能被纳入老年人养老金计划覆盖范围（关于对在实践中导致较高排斥程度的落实情况的探讨，参见本章第二节）。影响工作者是否被排除在法定覆盖范围之外的主要因素如下：

① 通过强制缴费型养老金计划实现的法律覆盖范围由 1990 年的 62.5% 扩大至 2013 年的 66.9%。
② 以洪都拉斯和巴拉圭为例，家庭工作者可自愿加入保障制度。

• 缺乏就业合同或未签订契约，这一点将散工[①]、学徒、临时工或季节工或工作时间少于规定的最低时间的工作者排除在外。这种法律排斥在养老金中不太常见，但在工伤或失业救济金以及某些情况下的疾病福利和产假福利（至少针对现金福利）中比较普遍。

• 雇主类型：公共部门、私营部门，还是家庭，如家庭工作者（专栏3.1）。

• 企业规模[②]，因为企业规模越大，其缴费能力和承担社会保障管理成本的能力就越强。随着降低雇主管理成本的IT技术的进步，一些国家已经逐步降低或取消规模门槛，即若企业规模低于最低标准，则无需缴纳社会保障费用。一些国家逐步扩大社会保障覆盖范围，如巴林[③]、印度[④]、韩国[⑤]和越南[⑥]。

• 每周或每月工作小时数。

• 经济部门：农业部门经常被排除在覆盖范围之外，并且尚未提供其他特殊计划，包括农业是主要就业渠道的国家。[⑦]

还有一些其他因素[⑧]，可能会使从事非标准就业的工作者处于不利地位（如福利水平较低或期限缩短或资格条件更为严格），但这并不意味着将非标准就业人员全部排除在覆盖范围之外。本章在对上述法定覆盖范围进行估算时，没有专门考虑这些因素的可能影响。

……逐步扩大到其他群体，主要渠道为非缴费型和自愿缴费型养老金计划……

过去20年间，就业和社会保障之间的关系发生了变化。非缴费型社会保障机制和尝试通过自愿加入来扩大覆盖范围发挥越来越大的作用，而推出强制养老保险制度或扩大其覆盖范围在增加法定覆盖范围方面的重要性被削弱。

1990年至2013年，基于非缴费型计划的法定养老金覆盖范围所占比例增长了至少5倍，占全球法定覆盖范围扩大的40%以上。正如亚洲和太平洋地区及撒

---

① 所有地区的现行养老金法律都将散工排除在外。在非洲，属于这种情况的国家有冈比亚、肯尼亚、利比亚（这些国家的散工可能享有非缴费型福利）、马达加斯加（针对每年工作时间不足三个月的农民和农业部门的散工）和斯威士兰。在亚洲，这种情况主要发生在太平洋岛屿国家（尤其是马绍尔群岛、帕劳和巴布亚新几内亚）和中东（巴林和也门）。在拉丁美洲和加勒比地区，一些国家将散工排除在社会保险覆盖范围之外，但为其提供非缴费型养老金（安提瓜和巴布达、伯利兹、圭亚那和牙买加）。在加拿大，年收入低于3500加元的散工无法正式享受与收入挂钩的养老金。

② 2013年，老挝明确规定，在私营部门和员工不足10人的国企就业的员工被排除在养老金覆盖范围之外（1995年第207号令，于2001年实施）。尼泊尔的养老金和准备基金制度也有同样的规定。在利比亚、尼日利亚和巴基斯坦，员工不足5人的公司的员工也无法享受养老金待遇（SSA/ISSA，2013）。在巴布亚新几内亚，员工享受养老金的条件为在员工不少于15人的公司工作；在印度，雇员准备基金和遗属保险（与存款挂钩）的强制覆盖对象限于部分行业中在员工不少于20人的公司工作的员工。

③ 1990年，巴林规定在员工不足10人的公司工作的员工无法享受养老金，现在或可自愿缴费。

④ 在印度，在员工不足20人的公司工作的员工可自愿加入养老金计划，前提是雇主和大部分员工同意缴费。

⑤ 1998年韩国实行国民养老计划，覆盖在不少于10名员工的公司工作的员工。1992年，其强制覆盖对象扩大到在不少于5名员工的公司工作的员工；1995年，又进一步扩大到农民、渔民和在农村居住的个体经营者；1999年4月，将城市个体经营者纳入覆盖范围。

⑥ 在越南，私营部门的强制养老金覆盖最初限于不少于10名员工的公司。自2005年起，所有企业，不论规模大小，必须在越南社会保障部门登记签订劳动合同（最低三个月）的员工（SSA/ISSA，2013；Bonnet等人，2012）。2006年，根据《社会保险法》，养老金制度覆盖范围扩大至农民和个体经营者，以自愿为基础（World Bank，2009）。

⑦ 在巴林、马达加斯加、沙特阿拉伯和也门等国家，农业工作者被明确排除在社会养老保障覆盖范围之外。伊拉克的《社会保障法》将农业临时工排除在外，尼加拉瓜也实施类似法律，将季节性农业工作者排除在外。在西班牙，农业工作者、小农场主和家庭工作者在符合特定条件下可被纳入覆盖范围（SSA/ISSA，2013，2014a，2014b，2014c）。

⑧ 当某些员工群体（如临时工或兼职人员和个体经营者）面临法律规定的更严格的资格条件或较低的福利水平时，部分人员未被纳入法定覆盖范围或不具备相应资格（Alphametrics Ltd，2009）。

图 3.2 按就业状态划分的老年人养老金法定覆盖范围

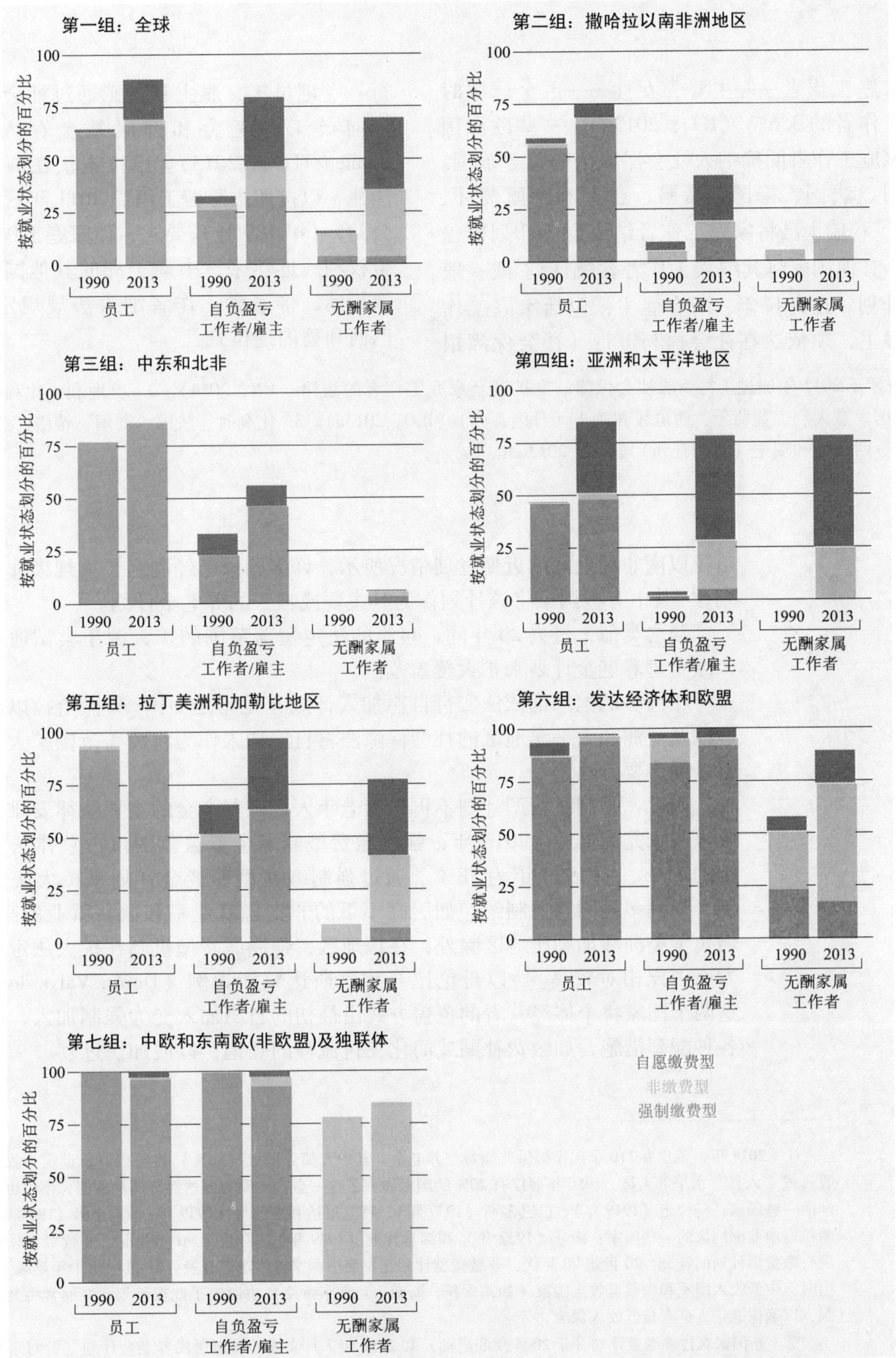

注：1990 年的全球估算值基于 172 个国家的数据，2013 年的全球估算值基于 180 个国家的数据。图中数据是指老年人养老金和遗属（超过养老金领取年龄）定期现金福利。通过对总就业人数进行加权，得出全球估算值。

资料来源：国际劳工组织研究部基于美国社会保障署/国际社会保障协会（2013、2014a、2014b、2014c）；ILO（2015a、2015b、2015c）；欧盟委员会（2015）；美国社会保障署（1989、1999）；联合国经济和社会事务部（2015）；各国法律和统计办公室的研究。

专栏 3.1

被主要供款型养老金计划覆盖的家庭工作者

家庭工作者——主要为女性——占全球按时计酬工作者的3.6%（ILO，2013a）。一些欧洲国家将家庭工作者明确纳入社会保障法的覆盖范围。比利时、法国、德国、希腊、意大利、葡萄牙、西班牙[1]和瑞士已将家庭工作者纳入退休计划覆盖范围。其他国家将其纳入工作者薪酬计划[2]或一般医疗计划。[3]在乌拉圭，所有雇主，包括家庭工作者的雇主，须依法在社会福利银行（社会保障银行）登记员工，雇主和员工通过社会福利银行每月向员工养老金和健康基金存入款项（UN Women/ITUC，2013）。巴拉圭正在商讨一项新的法律，以按照国际劳工组织2011年《家庭工作者公约》（第189号）要求，使家庭工作者获得养老金权利。近年来，中南美洲的其他国家也已经采取行动，将家庭工作者纳入法规规定（伯利兹、巴西和委内瑞拉）。

1. 西班牙于2011年通过了将一般社会保障制度扩展至家庭工作者的法律（UN，2014）。2. 奥地利、比利时、丹麦、法国、德国、意大利、葡萄牙、西班牙和瑞士（日内瓦州）（ILO，2013a）。3. 比利时、法国、德国、希腊、意大利、荷兰、葡萄牙、西班牙和瑞士（日内瓦州）（ILO，2013a）。

哈拉以南非洲地区的近期发展情况所示，许多国家已经制定了大规模非缴费型计划，① 其中有些国家将该计划作为其主要或唯一的养老金计划。

与之类似，过去20年间，44%的法定覆盖范围的扩大源于尝试通过自愿加入缴费型养老金计划来扩大覆盖范围。

相当多的国家都依法实行自愿加入计划，尤其是中国。② 撒哈拉以南非洲地区以及亚洲和太平洋地区的社会保障法将自愿加入作为将覆盖范围扩大至个体经营者的主要方法之一。

因此，强制缴费型计划不再是为老年人提供养老金的主要法律安排，在中低收入国家尤为如此。2013年，强制缴费型养老金覆盖范围仅占总体法定覆盖范围的41%，而1990年为78%。通过强制缴费型养老金计划来扩大法定覆盖范围，受到多种因素的制约，如居高不下的非正规就业率和低薪就业的高发生率。但拉丁美洲和加勒比地区除外，在该地区，强制缴费型机制在扩大法定覆盖范围方面占比相对较高。③ 以哥伦比亚和哥斯达黎加为例（Durán Valverde，2013），这两个国家将个体经营者的覆盖方式由最初的自愿加入变为强制加入，同时实施各种配套措施，如缴费补贴或简化支付流程的登记，以便加快过渡。

---

① 2014年，至少有110个国家提供非缴费型养老金，其中大部分国家（56%）将覆盖对象设定为收入低于规定收入或“入息”水平的人员。1950年前仅有20%的国家做到了这一点，主要为发达经济体和欧盟，不过也包括拉丁美洲的一些国家：乌拉圭（1919年）、巴巴多斯（1937年）、特立尼达和多巴哥（1939年）、圭亚那（1944年）；以及撒哈拉以南非洲地区的一些国家：南非（1927年）和纳米比亚（1949年）。20世纪90年代前，非缴费型计划一直作为现行缴费型计划的补充。20世纪90年代，非缴费型计划在发展中国家首次迅速普及。21世纪前十年延续了这一趋势。当时，中低收入国家和少数低收入国家（如莱索托、斯威士兰和东帝汶）也制定了此类计划，并通常将其作为主要机制，以确保老年人享有最低收入保障。

② 新国家农村养老金计划（于2008年底启动）和2011年7月实施的城镇居民养老金计划（针对未被纳入城镇职工养老金制度的城镇居民）的自愿性可能是暂时的。这两项改革最初都采用自愿方式，预计到2020年，其将合并为一个统一的养老金制度，覆盖城镇居民和农村居民（于2014年2月公布），并强制各自覆盖范围内的居民加入。本章的估算基于这两项计划的自愿加入性质。本章还提供了全球估算数据（不含中国）。若不将中国纳入分析，自1990年以来，仅有16.3%的法定覆盖范围扩大源于自愿加入计划，62.1%源于非缴费型机制。

③ 1990年至2013年期间，拉丁美洲的养老金法定覆盖范围扩大了34.7%，其中，46.3%来自强制缴费型加入计划，39%来自非缴费型养老金计划，剩余的14.7%则来自自愿加入计划。

……个体经营者获益颇多。

法定覆盖范围迅速扩大至个体经营者是自20世纪90年代以来取得的最重要的进展之一。越来越多的国家采用非缴费型机制，并且法律允许自愿加入，这两个因素共同对法定覆盖范围扩大至该群体提供了支持（图3.3）。2013年，在被分析的181个国家中，147个国家（81.2%）为个体经营者提供养老金，这一比例相当于1990年的2倍。

其结果是，依法享有养老金的个体经营者所占比例提升（不考虑提供的保障水平和这一法定覆盖范围的有效落实情况）。截至2013年，77%的个体经营者被纳入某些类型的养老金计划法定覆盖范围，而1990年这一数字为29%，换言之，覆盖水平提高了2.5倍。同期，低收入国家的这一占比增长了8倍，中等收入国家增长了4倍。[①] 无酬家属工作者的覆盖水平提高了3倍，由20世纪90年代的20%提高到2013年的61%，其主要渠道为实施覆盖较多人群的非缴费型机制。

失业保障覆盖范围落后于养老金覆盖范围……

尽管扩大法定养老金覆盖范围的趋势非常清晰和普遍，但就失业保障而言，却是另一番景象。其原因在于“失业”这一概念在许多新兴国家和发展中国家的重要性不高。这些国家通过为工作性贫困人口和失业人口提供就业保障计划或其他形式的公共就业计划，在提供基本收入保障方面取得了重大进展。[②]

图 3.3 为个体经营者提供养老金计划的国家所占比例（按养老金计划类型划分）

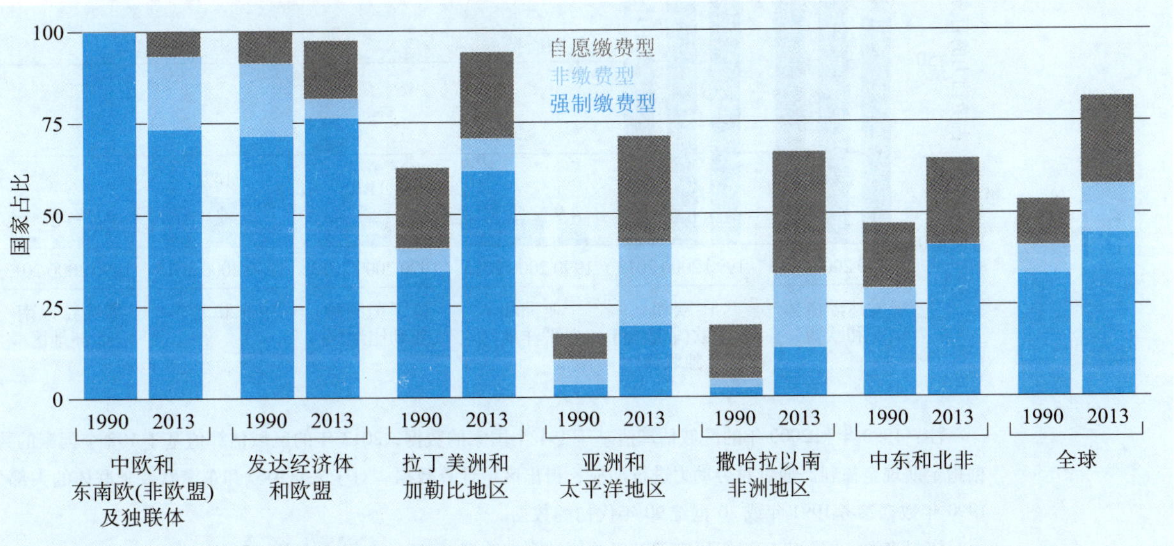

资料来源：国际劳工组织研究部（参见图3.2）。

① 为了实现养老金全民覆盖，中国扩大个体经营者覆盖范围，这一举措会影响上述结果，但不会影响结构性趋势。若不将中国纳入分析，全球范围内被纳入法定覆盖范围内的雇主和自负盈亏工作者的占比在1990年至2013年期间提高了1.8倍（由41.3%提升至74.3%），中等收入国家由25.9%提高至69.3%。超过85%的这种养老金法定覆盖范围的扩大基于非缴费型机制或允许自愿加入的某些法律规定。若将中国纳入分析，养老金法定覆盖范围扩大至自负盈亏工作者和雇主，在很大程度上（62.8%）得益于实行自愿加入计划，24%的这种覆盖范围的扩大来自非缴费型机制；若不考虑中国，上述比例分别为1/3和43%。

② 一些公共就业计划，如印度的圣雄甘地全国农村就业保障计划或埃塞俄比亚的生产安全网计划，为永久性或暂时性无法工作的人群或无法获得工作的人群提供就业或现金/食物转移（ILO，2014a，2014b）。

因此，大多数国家目前仍没有提供失业救济金，并且劳动力失业保险覆盖范围有限（图3.4）。2013年，在205个国家中仅有87个国家（42.4%）在其法律中规定了失业保障计划，提供定期现金福利——这些国家主要是发达经济体、欧盟和来自中欧和东南欧及独联体的国家，而20世纪90年代初，这一数字为68个（33.5%）。少数新兴国家和发展中国家（主要是亚洲和拉丁美洲）建立了失业保障计划。[①] 2013年，仅有略高于30%的劳动力依法享有失业救济金（定期领取现金），相比20世纪90年代初的17.5%有所上升。[②]

2013年，在所有法定覆盖范围中，强制缴费型失业救济金占71.4%，相比1990年的94.2%有所下降。非缴费型失业保障计划占比提高（25%）；3%的保障以自愿加入为基础。其部分原因是国家推出了新型保障计划，如印度的国民就业保障计划——覆盖了之前被排除在外的工作者。不过，这也反映了一种现象，即一些国家取消社会保险福利，转而提供社会救助性不太强的福利，这是因为他们跟随这样一种政策趋势：提倡减少雇主的社会保障缴费，以鼓励就业增长。俄罗斯对这种转变的推动作用极为明显，该国在2001年实施非缴费型制度，进而取代了1991年推出的强制失业保险制度。

图 3.4　依法享有定期失业救济金的劳动力所占比例

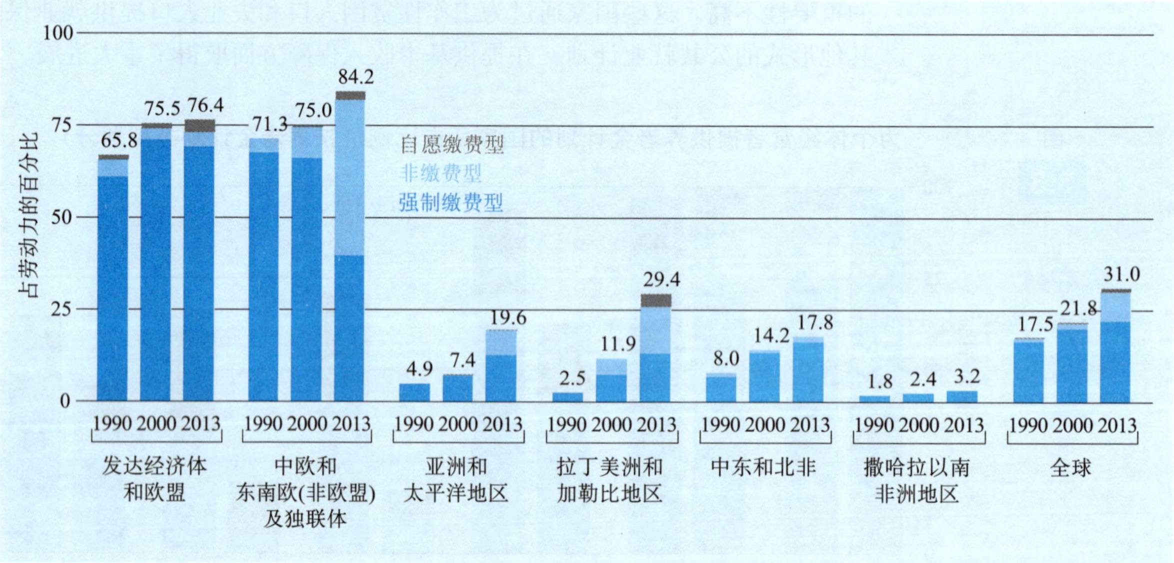

注：1990年和2000年的区域估算值基于191个国家的数据，2013年的区域估算值基于192个国家的数据。图中数据指定期现金福利。通过对劳动力进行加权，得出区域计算数据。对于来自中欧和东南欧及独联体的大部分国家而言，1990年数据参考1991年或20世纪90年代初的数据。

资料来源：国际劳工组织研究部基于美国社会保障署/国际社会保障协会（2013、2014a、2014b、2014c）；美国社会保障署（1989、1999）；欧盟委员会（2015）；欧洲理事会（2015）；ILO（2015a、2015b、2015c）；各国法律的研究。

① 这一比例包括具备失业保险相关法律规定和为失业人口提供部分收入替代的失业社会救助的国家。此外，在这205个国家中，17.1%的国家提供遣散费。

② 20世纪90年代，发达经济体、欧盟和中欧和东南欧及独联体的劳动力占26%，但其中83%的劳动力依法享有失业救济金。2013年，上述比例分别为21%和53%，这主要是由于亚洲和太平洋地区以及拉丁美洲和加勒比地区的法定覆盖范围扩大。

……并且其覆盖范围仅限于从事标准就业的员工。

2013 年，40% 的员工依法享有失业救济金（图 3.5），几乎占所有依法享有失业救济金人数的 90%。[①] 自 20 世纪 70 年代起，一些国家逐步扩大失业救济金的法定覆盖范围，通常覆盖员工。1972 年，加拿大将其法定覆盖范围扩大至公务员，美国取消了仅覆盖不低于最低员工数量的雇主这一限制条件。1998 年，韩国将其就业保险制度覆盖范围扩大至所有工作场所（不论大小）的所有员工。目前，越南将失业保险覆盖范围限于签订长期合同或无固定期限合同并且在不低于 10 名员工的公司工作的员工，不过该国正计划取消第二个限制条件（Carter 等人，2013）。1990 年至 2013 年期间，失业保险法定覆盖范围扩大，其中，超过 80% 的扩大源于将更多员工纳入其覆盖范围。中低收入国家通常不提供失业保障。[②]

除上述提及的养老金覆盖标准外，员工可能被排除在现行失业社会保障法律的覆盖范围之外，因为他们在公共部门工作[③]，签订了长期合同，或因为获得社会保险相关失业救济金的资格审查条件严格。[④]

季节性工作者或临时工有时被明确排除在法定覆盖范围之外（在埃及、泰国和越南就是这种情况），有时被间接排除在外，因为他们满足资格审查条件的可能性比较小。含糊其辞的间接排除现象更为普遍。之所以会出现这一现象是因为，考虑到工作小时数最少或收入水平最低，他们无法度过缴费等待期或未能满足合格性评审标准。这些排除性规定对女性的影响极大。一些国家（如日本、韩国和南非）[⑤] 通过设定最低工作小时数来对员工资格作出限制性规定，这样一来，可能导致工作小时数低于最低标准的兼职工作者（ILO，2014d）、散工和临时工被排除在外。在德国、日本和韩国，低收入工作者亦未被纳入覆盖范围。

其他形式就业人员无法与标准就业人员享有同等的社会保障待遇。例如，家庭工作者几乎无法享受失业保障，这种情况在巴西、法国、德国、南非、乌拉圭和委内瑞拉尤为明显。其他类别的工作者（如签订“零时工合同”或从事“迷你工作”的人员）通常被排除在法定覆盖范围之外（专栏 3.2）。这可能会加剧低劳动收入相关问题（如第二章所述）。除了面临工作性贫困外，这些员工退休或失业后，通常没有收入保障。

个体经营者可获得的失业救济金依旧非常有限。2013 年，全球有 11% 的个体经营者可依法享受失业救济金，1990 年这一比例为 5%，而在高收入国家中，享有失业救济金的个体经营者占比在 2013 年和 1990 年分别为 32% 和 17%。

依法提供失业保障的国家数量有所增加，由 1990 年的 27 个增加至 2013 年的 34 个。其中许多国家的失业保障制度仅覆盖部分个体经营者，以加拿大为例，仅有渔民可被纳入失业保障法定覆盖范围。半数国家的失业保障制度为非缴费型

---

① 这些员工在依法享有强制缴费型福利的人群中占 98%。在大部分地区，失业保障的形式主要是失业保险。

② 在低收入国家，不足 2% 的员工依法享有失业救济金或就业保障。在中等收入国家，这一比例自 1990 年以来几乎翻番，并在 2013 年达到 35.9%。在高收入国家，85.3% 的员工被纳入法定覆盖范围。自 1990 年以来，这一比例增长了 11.7 个百分点。

③ 在阿根廷，公务员、家庭工作者以及在私人教育机构和大学工作的员工被排除在外。与之类似，智利、丹麦、韩国和泰国未将政府工作人员纳入覆盖范围。在法国，公共机构必须自己投保或加入一般失业保险计划。

④ 在许多国家，这些因素决定了未来领取失业相关社会救助福利的资格。

⑤ 日本规定每周最低工作小时数为 20 个小时，韩国每月最低工作小时数 60 个小时（每周 15 个小时），南非每月最低工作小时数 24 个小时。

图 3.5 按就业状态划分的失业救济金的法定覆盖范围（百分比）

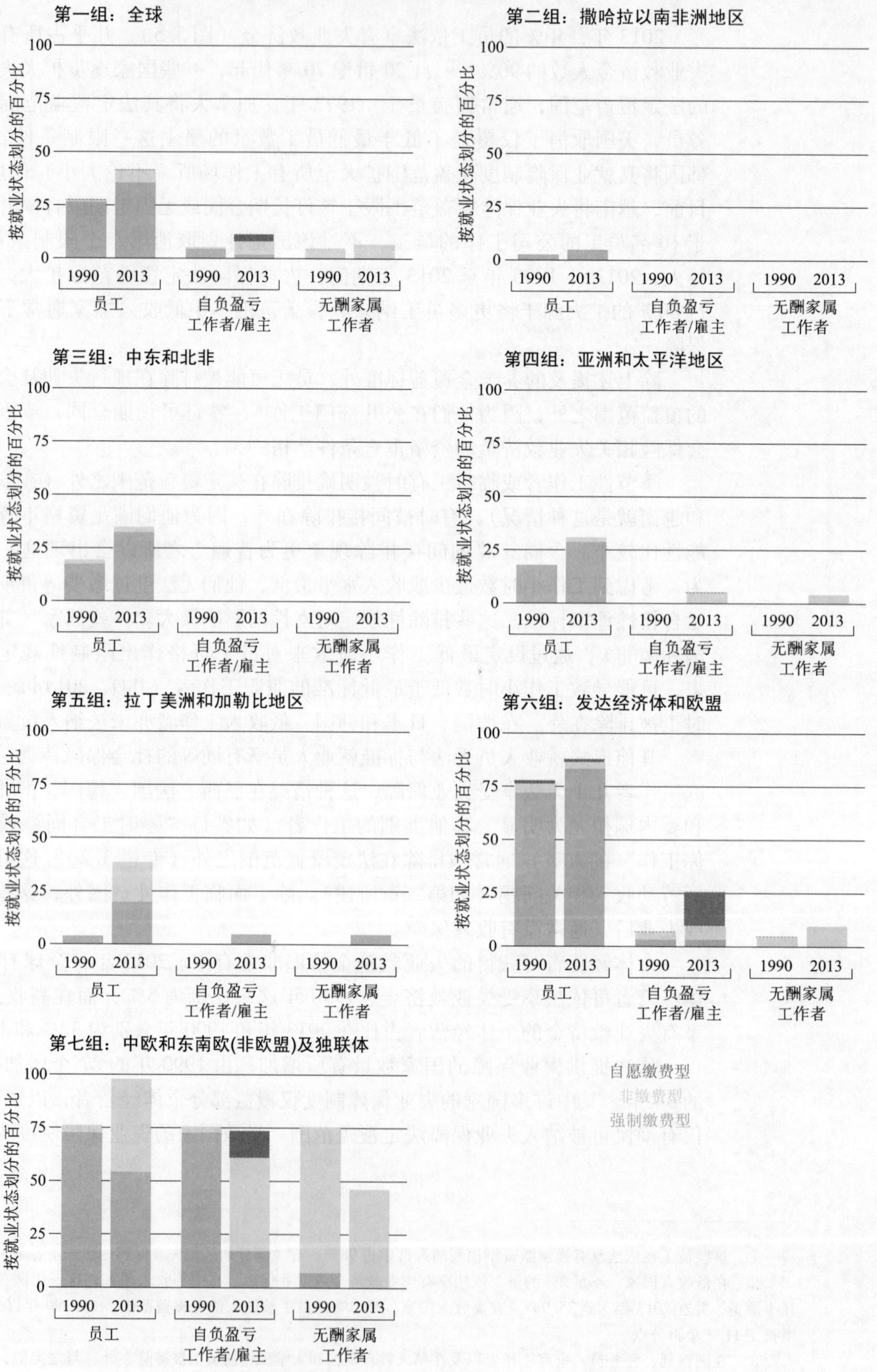

注：1990 年和2000 年的区域估算值基于 191 个国家的数据，2013 年的区域估算值基于 192 个国家的数据。图中数据是指定期现金福利。通过对总就业人数进行加权，得出全球估算值。

资料来源：国际劳工组织研究部（参见图 3.4）。

专栏
3.2

从事迷你工作或签订零时工合同的员工的社会保障

据估计，德国有近20%的工作者[1]（750万人）从事所谓的"迷你工作"（minijobs）——低薪工作，每人每月450欧元，无需缴税，工作小时数较少。"迷你工作"福利来自于税收补贴，仅有部分从事"迷你工作"的人员被纳入强制公共养老金制度[2]覆盖范围，并且所有"迷你工作"人员无法享受失业保险（ILO/European Commission，即将出版；ILO，2013b；OECD，2014）。

英国等其他国家出现了一种新型就业模式——"零时工合同"（zero-hours contracts，BIS，2014）。一般而言，零时工合同是一种就业合同，根据该合同，雇主不保证给个人安排工作，个人也可以不接受雇主提供的工作。法律中没有针对此类合同的明确定义。从事"零时工合同"工作的个人可以是员工、工人或个体经营者，这取决于合同内容以及实际中如何安排工作（CIPD，2013）。根据判例法规定，"零时工合同"人员的保障水平（无论是就业保障，还是社会保障）取决于合同状态。在荷兰[3]和意大利等国，这一问题已经引起了公共辩论（ILO，2015d；EurActiV，2014）。

1. 德国联邦就业局就业统计数据（被纳入社会保险覆盖范围的就业人员和边缘就业人员），2014年9月。2. 根据新规定，在2013年1月1日起开始工作的个人需缴纳强制养老保险。然而，"迷你工作者"通过申请，可以不缴纳强制养老保险。雇主支付固定的社会保险费率30%，其中养老金15%，医疗保险13%，税2%（德国联邦劳工和社会事务部，2015）。3. 荷兰统计局公布的数据显示，2012年34.6万工作者签订"随叫随到"合同（on-call contracts），而高达86万人口签订的合同中注明，每周工作小时数不足12小时（EPSU，2014）。

或以自愿加入为基础。在奥地利①、德国、毛里求斯、韩国、罗马尼亚和乌克兰，所有或部分个体经营者可自愿加入失业保障计划。爱沙尼亚、爱尔兰②和英国提供非缴费型失业保障制度。

个体经营者面临的合格性条件更严格或福利水平更低，这种情况比比皆是。以丹麦为例，个体经营者与员工享有同等社会保障权，但其面临三周的失业救济金等待期，而员工不受此限制。在卢森堡，个体经营者必须以完成至少两年的强制性养老保险缴费，才有资格领取失业救济金，而对员工而言，只需完成半年的缴费即可（European Commission，2015）。芬兰③的资格审查条件也较为严格，在该国，针对个体经营者和员工的等待期和参照期均存在差异。

第二节　实际社会保障覆盖范围：执行差距

不管是养老金还是失业保障，法定覆盖范围扩大本身并无法确保在法定覆盖范围之内的人群得到有效覆盖，或福利水平足够高。实际上，有效覆盖范围的扩大可能远不及法定覆盖范围的扩大。当人们无法有效获得其福利时（尽管根据现

① 自2009年起，奥地利推出了一项新的自愿加入失业保险计划，该计划面向已被纳入养老金计划覆盖范围的个体经营者。有权享受自愿加入失业保险计划的人员包括根据《个体经营者社会保险法案》或《自由职业者社会保险法案》缴纳养老保险缴费的个体经营者以及自雇律师和土木工程师。

② 渔民除外，渔民缴纳自愿性缴费。

③ 就基本失业津贴而言，员工应在过去28个月中至少工作26周，而个体经营者则需在过去48个月中至少创业18个月。

行法律法规，他们已被纳入覆盖范围），就会产生执行差距。其原因是多方面的，但决定性因素在于国家机构在发放福利和提供服务方面的有效性和效率不高、预算约束以及制度能力低下。适宜的落实和执行机制必不可少，以确保对社会保障机构和服务进行合理管理（ILO，2013c），其中包括能够有效瞄准并覆盖受益人的透明可追溯机制。福利适宜性、个人缴费能力及其权利意识和对机构的信心等也是执行差距产生的原因。

养老金法定覆盖范围的有效执行差距较大……

在所有国家中，养老金有效覆盖范围一直小于法定覆盖范围（图 3.6）。2000—2013 年，养老金法定覆盖范围和有效覆盖范围均得到扩大（图中圆圈从左下角移动到右上角）。然而，在大多数国家中，有效覆盖范围的增幅不及法定覆盖范围，因而导致覆盖范围执行差距进一步扩大。

2013 年，77% 的劳动适龄人口被依法纳入养老金计划，其中有 51.5% 的人在进入老年时成功领取养老金。① 近年来缴费型养老金覆盖范围——影响未来养老金领取者——的变化并不是造成这一差距的原因。② 1990 年，几乎 80% 的养老金有效覆盖范围缺失由法定覆盖范围差距导致；剩余的 20% 来自覆盖范围缴费差距。到 2013 年，这一情况发生了巨大变化：养老金覆盖范围整体差距中 55% 来自覆盖范围执行差距。③

目前，43 个国家的养老金法定覆盖范围和有效覆盖范围均处于低水平（图 3.7 中的第一组）。相比之下，65 个国家在养老金领取人数方面，已经几乎实现

图 3.6

按地区划分的老年人养老金法定覆盖范围和有效覆盖范围

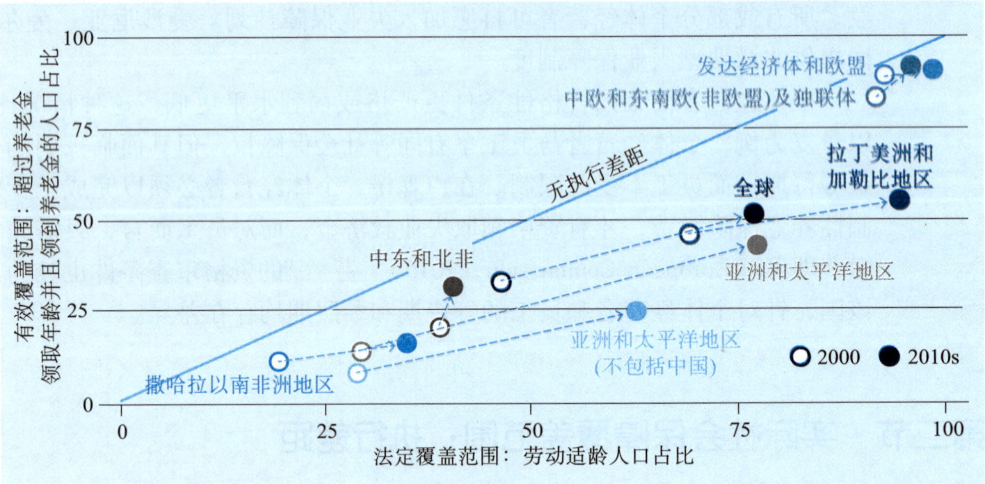

注：右上角：全民覆盖（包括法定覆盖范围和覆盖范围落实情况）。对角线下方的圆圈：执行差距。对角线上的圆圈：有效覆盖范围等同于法定覆盖范围，即法定覆盖范围得到充分落实。图中 2000 年数据基于 137 个国家的数据，2013 年数据基于 168 个国家的数据，采用加权总计法得出数值。

资料来源：法定覆盖范围，参见图 3.1；有效覆盖范围：ILO（2014a 和 2015e）以及各国数据。

---

① 2000 年，46.6% 的劳动适龄人口被纳入法定覆盖范围，其中 33.5% 的人在进入老年时可领取养老金。

② 从严格意义上来说，法定覆盖范围和有效覆盖范围不会完全相同。就新制定的缴费型计划而言，领取养老金的最低缴费期限是造成执行差距产生的部分原因。关于直接将法定覆盖范围和有效覆盖范围进行比较的一些限制，参见附录 A。

③ 2013 年，近一半的人群在步入老年时无法领取养老金：其中 22% 的人被排除在法定覆盖范围之外，26% 的人被纳入法定覆盖范围，但未能成功领取（参见附录 B）。

养老金全民覆盖（第四组）。在该群组中，发达经济体和欧盟及来自中欧和东南欧及独联体的国家占70%以上。尽管取得了这些成就，但随着财政整顿政策的出台，人们对能否维持高水平福利颇感担忧（ILO，2014a）。本群体中的其他国家（如玻利维亚、博茨瓦纳、莱索托、纳米比亚、[①] 南非、[②] 斯威士兰和东帝汶）显示了非缴费型养老金制度在非正规就业占主导地位的国家中的重要性。

自2000年以来，不足60%的养老金法定覆盖范围扩大得到有效落实。许多国家尚未有效落实有关法定覆盖范围[③]的重大改革，从而导致执行差距大幅扩大（第二组和第三组）。第二组中，60%的国家采取自愿加入方式，这是妨碍有效覆盖范围扩大的因素之一。为缩小这些差距，部分国家（第三组）对政策进行了调整（包括完善法律和重新设计计划），从而在扩大养老金有效覆盖范围方面取得了显著成效。在这方面，不同机制之间的连贯性也至关重要。自20世纪90年代以来，佛得角、智利、哥斯达黎加（Durán Valverde 等人，2013）、突尼斯（Friedrich Elbert Stiftung，2011；ILO，2002）、阿根廷（专栏3.3）和乌拉圭通过采用缴费型和非缴费型机制相结合的方式，逐步扩大覆盖范围，从而提高了养老金制度的连贯性并在近几年着重研究推动有效覆盖范围扩大至个体经营者的相关措施（Durán Valverde 等人，2013；ILO，2014e；FORLAC，2014a，2014b）。中国、厄瓜多尔、韩国和委内瑞拉自2000年以来也取得了巨大进展。

……尤其是关于基于自愿缴费的养老金制度。

基于自愿加入机制的法定覆盖范围通常导致执行差距较大。[④] 2000年，仅有超过25%的基于此类机制的法定覆盖范围得到有效落实。2013年，这一比例较高（53%），主要是因为将中国的有效落实考虑在内，若将中国排除在外，这一数字将降至1/3左右。

拉丁美洲和加勒比地区的示例表明，在吸引个体经营者自愿加入养老金制度方面困难重重。在该地区的8个国家中，针对个体经营者的养老金制度以自愿加入为基础，这8个国家为玻利维亚、萨尔瓦多、格林纳达、危地马拉、墨西哥、尼加拉瓜、巴拉圭和委内瑞拉，不过玻利维亚的非缴费型 Renta Dignidad 计划覆盖所有公民。该地区有24个国家（包括阿根廷、巴西、哥斯达黎加和乌拉圭）强制公民加入养老金计划，因此，其个体经营者覆盖率较高也就不足为奇了，其中阿根廷、巴西和乌拉圭的覆盖率分别达到约30%、28.5%和43.3%。萨尔瓦多、危地马拉、尼加拉瓜和巴拉圭的覆盖率则低很多，分别为10.1%和2.8%，后两个国家的覆盖率均不足0.5%。据观测，针对家庭工作者的养老金制度也是如此。在实施强制型养老金计划的国家，养老金计划有效覆盖率通常达到目标人口的20%－30%，而在实施自愿加入养老金计划的国家，有效覆盖率则不足5%（Mesa-Lago，2008）。

---

① 采取种族隔离制度的南非政府于1949年将社会保障覆盖范围扩大至在纳米比亚的白人居民。纳米比亚在1990年独立，并在这一年取消了养老金制度中的歧视对待（CPRC，2007）。

② 南非是非洲首个实施国家养老金制度的国家。1922年议会首次提出老年人补助议案，1928年相关制度出炉。根据第22号法案，南非所有超过65岁的“白色”和“有色人种”居民经过基于收入水平的入息审查后，有权领取养老金。1944年，南非黑人首次获得领取养老金的权利，但养老金水平低于白人和有色人种居民。采取种族隔离制度的政府在1994年垮台后，所有公民享受同等养老金待遇（CPRC，2007）。

③ 某些国家偏离了这一传统过程。因为，近年来，出现了许多新计划，这些计划提供一定程度的保障，但缺乏法律基础。

④ 关于根据国家养老金制度主要特征划分的国家类别的界定，参见附录A。

图 3.7 养老金覆盖范围现状：全球情况

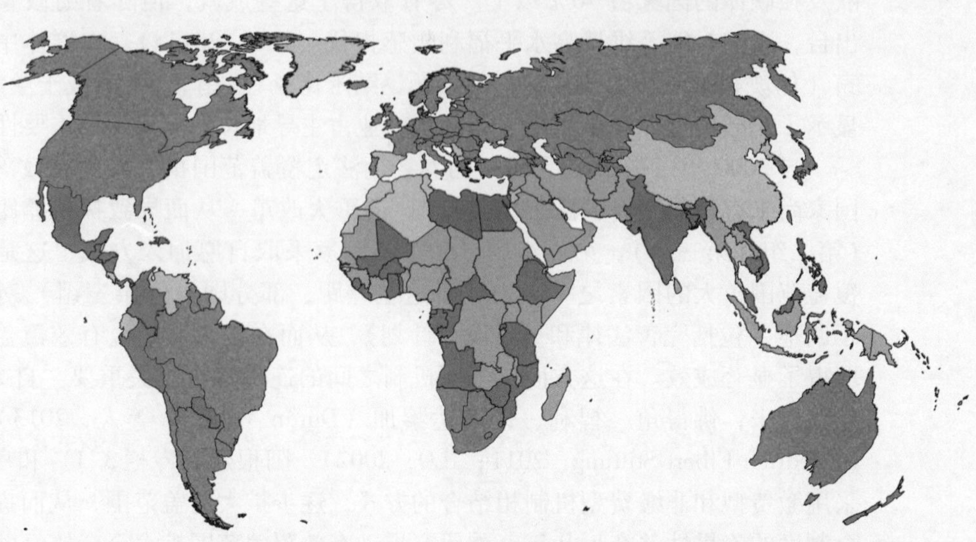

第一组：法定覆盖范围有限（43个国家，占23.8%）
第二组：法定覆盖范围扩大，但尚未得到有效落实（41个，占22.7%）
第三组：法定覆盖范围扩大并得到有效落实（32个国家，占17.7%）
第四组：法定覆盖范围水平和有效覆盖范围水平均较高（65个国家，占35.9%）

注：第一组：法定覆盖范围在1990年低于30%，或2000年低于40%，或2013年低于50%并且在1990年至2013年期间没有显著扩大（幅度不足3倍）的国家。第二组：法定覆盖范围在1990年低于30%，或2000年低于40%，或2013年低于50%，或在1990年至2013年期间显著扩大（幅度超过3倍）并且2013年有效覆盖范围低于50%的国家。第三组：2013年有效覆盖范围介于50%－80%的国家。第四组：法定覆盖范围和有效覆盖范围均超过80%的国家。

资料来源：国际劳工组织研究部基于美国社会保障署/国际社会保障协会（2013、2014a、2014b、2014c）；ILO（2014a、2015a、2015b、2015c）；欧盟委员会（2015）；美国社会保障署（1989、1999）；联合国经济和社会事务部（2015）；各国法律和统计办公室的研究。

专栏 3.3

阿根廷整合社会保障制度

一直以来，阿根廷根据社会保障与保险缴费模式，建立专门计划和/或子系统，以此来为不同工作者群体提供社会保障。为了解决相对较高的非正规就业率问题，阿根廷逐步合并这些计划并将非缴费型计划纳入社会保障体系（ILO，2012）。

具体而言，为了应对21世纪初期爆发的危机，阿根廷政府制定了创造生产性就业岗位的战略，并将其作为经济复苏的推动因素，同时推出了精心设计的社会举措，作为这项战略的关键构成要素。例如，2002年，阿根廷推出了户主计划（Programa Jefes y Jefas de Hogar），为200多万失业人口和供职于非正式经济部门的人提供收入支持（Bertranou和Mazorra，2009）。2003年，阿根廷进行了经济模式变革，从而实现了经济强劲复苏，非正规就业人数大幅增加。更大的财政空间一方面促成了新型收入保障和就业能力计划的实施，包括家庭计划（Plan Familias）、就业与培训保险计划（Seguro de Capacitación y Empleo）（Bertranou和Mazorra，2009）；另一方面，促成了有关政策的制定，以便通过推出老年人养老金纳入计划（PIP）扩大养老金覆盖范围以及通过普遍儿童津贴（AUH）扩大儿童和青少年现金转移覆盖范围（ILO，2012、2014a）。

PIP将养老金覆盖范围由2005年第二季度的67.7%扩大至2011年第四季度的90.8%。在此期间，阿根廷在2008年年底前对私人养老金计划重新进行了国有化，并对现行公共养老金基金计划进行了整合（ILO，2014a）。在同一年，阿根廷制定了养老金转移法，允许自动调整养老金，以维持其购买力水平（Bertranou等人，2011）。

此外，阿根廷还采取多项重要举措，以期通过全面战略来降低非正规就业率，包括加强劳动检查以及减少行政管理负担和税收负担，以鼓励企业实现正规化和工作者加入社会保障制度。得益于此，非正规就业发生率相比2003年降低了14.5个百分点，在2012年年末降至34.6%（Bertranou等人，2013）。

一般而言，经验证，强制缴费型机制在覆盖目标群体方面更有效。在实施法定养老金全民覆盖的国家，即通常在员工占比较高和长期合同发生率较高的国家，强制缴费型机制极为有效。[①] 在这些国家，超过90%的、被纳入法定覆盖范围的人得到有效覆盖。在非正规就业率通常较高的国家，基于强制缴费型计划的法律实施往往面临各种限制性因素：被纳入法定覆盖范围的人经济困难以及制度能力较弱导致法定覆盖范围的落实率较低（2013年，不足50%）。在这种情况下，非缴费型计划（75%的法定覆盖范围得到有效落实）可能在覆盖预期受益人方面更有效。

非标准就业人员和个体经营者受执行缺陷的影响极大……

对有效加入养老金制度的分析（按就业状态划分）侧重于缴费型计划[②]——强制性和自愿性——（图3.8）。通过分析，我们得出了许多观测结果。第一，缴费型养老金计划的有效覆盖水平通常较低，这表明有关国家需要采取措施，强化非缴费型计划的落实并突出其在某些情况下的作用。第二，员工的有效覆盖水平超过其他工作群体。从全球来看，目前52%的员工被纳入某种养老金计划，而个体经营者的这一比例仅为16%。第三，在低收入国家组别中，缴费型计划的覆盖范围差距扩大（按就业状态划分）。男性覆盖范围超过女性，但各地区也存在显著差异。在撒哈拉以南非洲，8%的职业女性向养老金计划缴费，而男性则为13%。在中东和北非以及部分拉丁美洲和加勒比地区，缴费型养老金有效覆盖范围的性别差异源于女性参与率偏低，而少数职业女性通常获得更优的就业条件这一事实仅能部分抵消女性参与率偏低。受低覆盖率和福利水平偏低（后者更为重要）的影响，年长的女性往往比男性面临较高的贫困风险（ILO，2014a）。

除发达经济体和欧盟以及部分拉丁美洲及加勒比地区的国家之外，缴费型养老金计划的覆盖对象主要是员工。员工不仅得益于其法定覆盖范围相对较广，而且得益于这一法定覆盖范围的落实率最高。纵观全球，仅超过半数[③]（51.8%）的员工向养老金计划缴费，以便在年老时获得养老金。另有2.7%的员工有望从非缴费型养老金计划中获益。低收入国家的员工养老金加入率为35.1%，而高收入国家的这一比例达88.5%。在亚洲和太平洋地区、撒哈拉以南非洲以及中东和北非地区，向养老金计划缴费的员工占比不足45%，而发达经济体和欧盟的这一比例高达90%，中欧和东南欧及独联体国家以及拉丁美洲和加勒比地区的这一比例分别为76%和65%。从全球来看，在被纳入缴费型福利计划法定覆盖范围的员工中，39%的员工目前没有缴费（见表3.1）。

缺乏正式就业合同是在员工间实施缴费型社会保障制度面临的障碍之一。近25%的员工没有签订任何形式的就业合同。[④] 在许多国家，非正规就业人员的数量超过了正规就业人员（ILO，2014f）。[⑤] 不足1/5的未签订就业合同的员工通常

---

① 在有关国家中，签订长期合同的工作者在总就业人数和员工中的占比分别为74%和86%。

② 目前，对非缴费型养老金计划的未来劳动适龄人口有效覆盖范围进行量化是不可能的。非缴费型计划的养老金法定覆盖范围可用作参考（图3.2）。

③ 全球估算值基于111个国家数据，并通过对就业总人口进行加权计算得出（附录C）。

④ 全球估算值基于90个国家的数据，并通过对就业总人口进行加权计算得出（国际劳工组织研究部）。

⑤ 是否认可签订正式就业合同仅是界定非正规就业的标准之一。以印度为例，2009—2010年间，84.9%的员工从事非正规就业。在亚洲其他国家（印度尼西亚、巴基斯坦、菲律宾、斯里兰卡和越南）、拉丁美洲（玻利维亚、厄瓜多尔、萨尔瓦多、洪都拉斯、尼加拉瓜、巴拉圭和秘鲁）以及非洲（马达加斯加、马里、乌干达、坦桑尼亚和赞比亚），50%－70%的员工从事非正规就业。在阿根廷、巴西、哥伦比亚、莱索托、利比亚、墨西哥和纳米比亚，非正规就业人员占比为1/3到接近一半（ILO，2014f）。

图 3.8 按就业状态划分的老年人养老金法定覆盖范围和有效覆盖范围（百分比，最近年份数据）

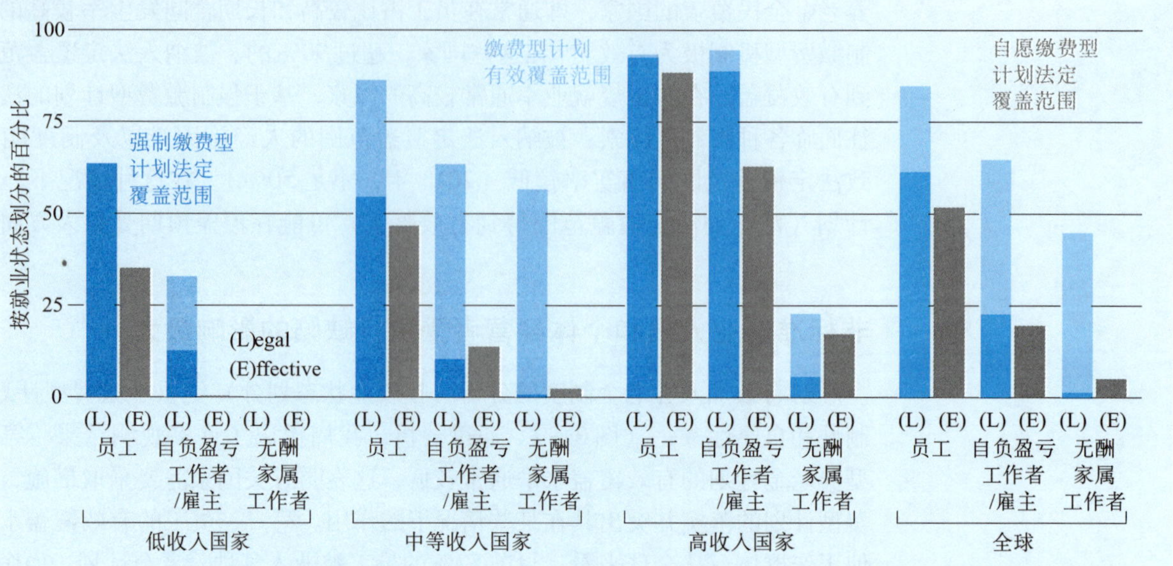

注：有效加入缴费型养老金计划的全球人数估算值基于111个国家的数据，占总就业人数的86%，通过对就业总人口进行加权计算得出。图中数据仅指缴费型机制（缴费型或自愿型）的覆盖范围。有效覆盖范围按照向养老金计划供款的员工占比来衡量（按就业状态划分）。国家分组与世界银行的收入分类相对应。

资料来源：国际劳工组织研究部：关于法定覆盖范围，参见图3.1；关于有效覆盖范围，见家庭调查数据（关于详细数据，参见附录E）。

表 3.1 按就业状态划分的得到有效落实的缴费型养老金法定覆盖范围（百分比，最近年份数据）

	就业状态	缴费型养老金法定覆盖范围	有效加入老年人养老金计划	得到有效落实的缴费型养老金法定覆盖范围	非缴费型养老金法定覆盖范围
低收入经济体	员工	63.7	35.1	55.1	18.5
	自负盈亏工作者/雇主	33.0	0.3	0.8	19.2
	无酬家属工作者	0.1	0.0	0.0	20.1
中等收入经济体	员工	86.5	46.7	54.0	0.3
	自负盈亏工作者/雇主	63.7	13.8	21.6	16.0
	无酬家属工作者	56.8	2.3	4.1	21.1
高收入经济体	员工	93.6	88.5	94.6	2.3
	自负盈亏工作者/雇主	94.7	62.9	66.4	4.0
	无酬家属工作者	23.0	17.3	75.1	61.5
总计	员工	85.0	51.8	60.9	2.7
	自负盈亏工作者/雇主	64.9	19.6	30.2	14.5
	无酬家属工作者	45.1	5.1	11.3	27.1

注：参见图3.8。

资料来源：国际劳工组织研究部（参见图3.8）。

自愿加入养老金计划，而超过70%的签订就业合同的员工（长期或临时）缴纳供款。

能否有效加入缴费型社会保障计划不仅取决于是否签订就业合同，还取决于就业合同的类型和期限。根据所得数据，51.2%的员工①签订了长期就业合同（亚洲和太平洋地区

① 全球估算值基于90个国家的数据，并通过对就业总人口进行加权计算得出。关于更多结果，参见附录D。

的这一比例仅为23.1%），24.9%的员工签订了临时就业合同。在所有国家和地区中，临时就业人员的自愿加入率低于长期就业人员。长期就业人员在就业总人口中的占比与加入缴费型养老金计划的员工占比几乎具有完全相关性。① 目前，近80%②的签订长期就业合同的员工向养老金计划缴费，而仅超过半数（51%）的临时员工缴纳缴费。在发达经济体和欧盟地区，覆盖范围的差异较小（图3.9，第一组），而在其他地区，长期员工和临时员工在社会保障方面的差距和两者之间的不平等情况较为明显。在低收入国家，即便是针对长期员工（在就业人口中为少数），也缺乏缴费型社会保障制度：根据所得数据，③ 45%的长期员工和不足18%的临时员工向养老金缴费。据估算，19%的员工可能受益于非缴费型养老金计划，包括全民养老金计划和经入息审查养老金计划。非洲国家的就业相关工作者的养老金覆盖范围最小，其大部分国家缺乏非缴费型社会保障制度；老年人的收入保障来自于工作、家庭、社区或其他非政府资助。

公共部门与私营部门就业也会影响养老金计划的有效加入率（图3.9，第二组）。此外，影响因素还包括工作小时数（第三组）和企业规模（第四组）。近75%的公共部门就业人员加入了缴费型养老金计划。私营部门就业人员的这一比例则大幅下降，为41%，若将所有就业状态纳入考量，情况更是如此（31.2%）。在低收入国家，后者情况可忽略不计（不足2%）。

在兼职工作者方面，将最低工作小时数作为标准来衡量员工是否有资格加入养老金计划，导致实际中大量兼职工作者被排除在社会保障覆盖范围之外。从全球范围来看，超过55%的全职工作者加入了养老金计划，而在兼职工作者中，这一比例为41.6%。

企业规模也是影响加入率的决定性因素。大型企业通常效率最高、工资水平较高、负担正规划成本（包括社会保障成本）的能力更强。而且，在大型企业实施社会对话机制的可能性更大，这可能有利于员工加入社会保障制度。此外，大型企业更易成为劳动监察对象。从员工方面来看，在员工人数不足10人的企业中，40.3%的员工被纳入社会保障制度，而在员工人数超过50人的公司，这一比例达到70%。当然，若将独立工作者纳入考量，覆盖范围差距将更大。

……个体经营者的覆盖率极低。

按照法律规定，个体经营者不太可能被纳入养老金计划覆盖范围，亦不太可能向养老金计划缴费（图3.8）。其部分原因在于，各国法律普遍规定了可自愿加入以及非正规就业率高居不下。纵观全球，仅有超过20%的自负盈亏工作者和雇主以及5%的无酬家属工作者加入了缴费型养老金计划。在低收入国家，加入缴费型养老金计划的个体经营者占比几乎为零。在达到养老金领取年龄后，另有15%的自负盈亏工作者和雇主以及27%的无酬家属工作者可能会享受非缴费型福利（表3.1）。在超过半数的受雇人员为个体经营者的国家中，这种情况最为严重。在这些国家，非员工缴费型养老金计划有效加入率不足2%。在低收入国家组别（表3.1）或个体经营者占大多数的国家，基于缴费型机制的法律条款执行水平较低，从而体现了这一点（参见附录B）。

在高收入国家，个体经营者的加入率较高，但仍有超过30%的雇主和自负盈亏工作者没有缴纳供款，虽然他们在法律覆盖范围之内。在高收入国家，主要问题在于执行。以德国为例，大多数个体经营者可以选择自愿加入公共养老保险制度，但真正加入的人数不足一半（European Union，2013）。一些国家（尤其是拉丁美洲和欧洲）已经采取措施，以

---

① 两者之间的关系系数为0.947，基于80个国家的数据。正如所料，若将老年人养老金受益人（包括缴费型和非缴费型养老金计划的受益人）考虑在内，这一关系将变弱（关系系数为0.834）。

② 全球估算值基于79个国家的数据，在就业总人口中占近70%。

③ 13个低收入国家，这一数据在该组国家的就业总人口中占60%。

图 3.9 向养老金计划缴费的员工在就业总人口中的占比（百分比，最近年份数据）

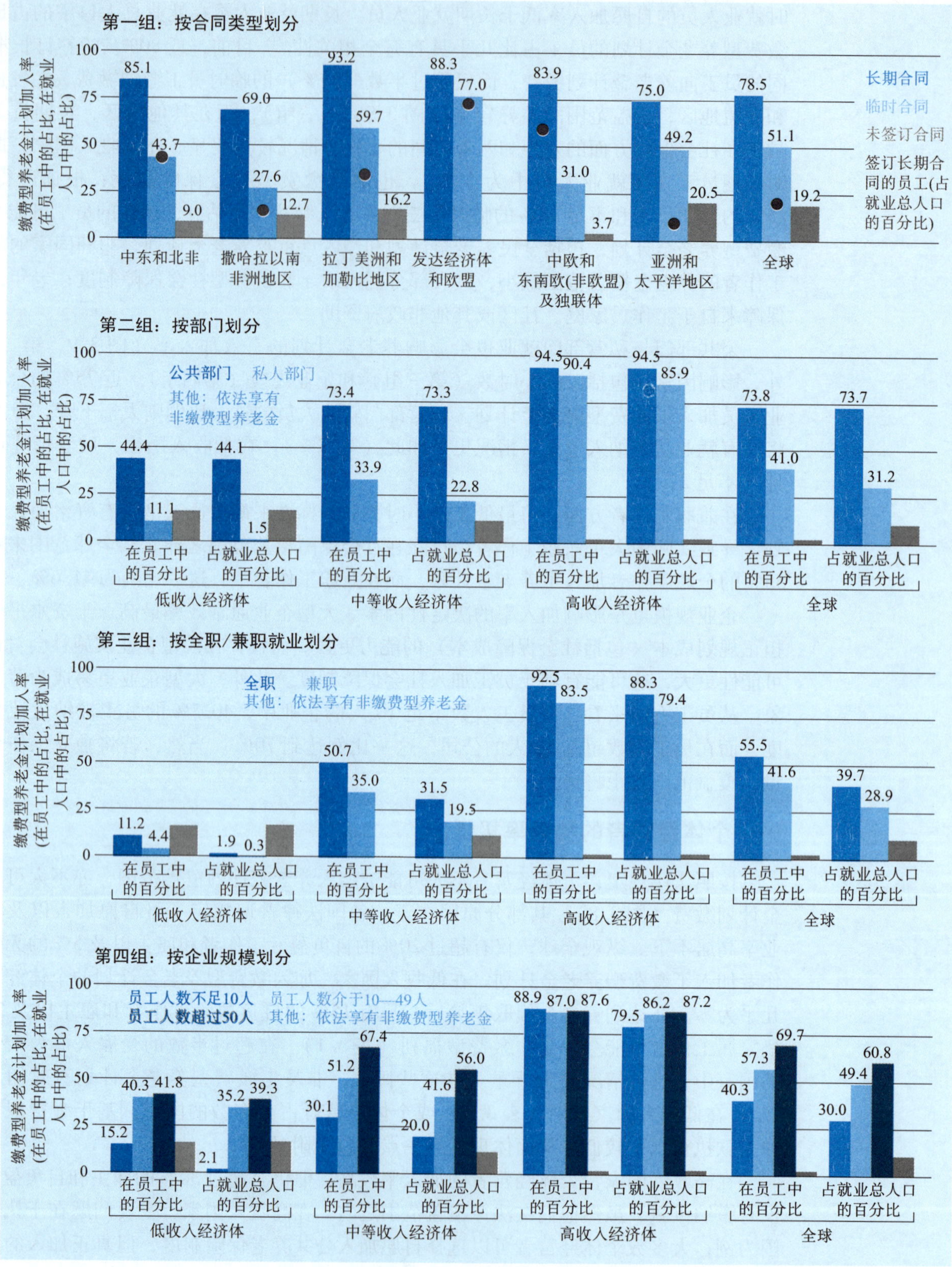

注：全球估算值是在调研数据的基础上，通过对就业总人口进行加权得出（关于详细结果，参见附录 D）。第一组：可获得 79 个国家的数据，占就业总人口的 68%；第二组：可获得 82 个国家的数据，占就业总人口的 75%；第三组：可获得 73 个国家的数据，占就业总人口的 70%；第四组：可获得 73 个国家的数据，占就业总人口的 66%。第三组：兼职就业是指工作小时数通常不超过 30 个小时。第四组：按企业规模的分类适用于所有国家，但有例外情况（参见附录 D 中的附注）。第二组至第四组：国家分组与世界银行的收入分类相对应。

资料来源：国际劳工组织研究部基于家庭调查数据得出的结果（关于详细来源，参见附录 E）。

克服部分障碍并提高个体经营者加入缴费型计划的机会。例如，法国在 2008 年批准“个体经营”状态。下文介绍的各国经历以及随着时间而进行的调整和改进，都是克服在将覆盖范围有效扩大至标准就业人员以外的群体方面面临的部分障碍的方法。

政策措施，旨在提高个体经营者和处于其他非标准就业形式的人员有效加入率

限制个体经营者加入社会保障制度的因素可能包括缴费能力、行政程序繁琐（部分国家）、福利不适宜、缴费征缴水平和周期、对现行制度缺乏信心以及权利意识不足。在自愿加入的情况下，这些障碍的发生率以及对采取激励措施以克服这些障碍的要求都极高。此处列举三个克服缴费型计划加入障碍的举措：缴费型社会保障类别差异化、简化流程和提供缴费补助。

缴费型社会保障类别差异化

佛得角是首个实施这一系列举措的国家。佛得角国家社会福利研究所实行了重大改革，以期提高个体经营者的登记人数。2009 年，该国强制独立工作者参加社会保险登记，其依法享有与员工同等福利。此外，该国制定了一种基于收入类别的特殊的缴费型社会保障制度，从而使工作者灵活选择向哪种类别的社会保障制度缴费，进而支持了这一过程。缴费金额基于参考收入，但不得低于公共管理人员的最低工资（Durán Valverde 等人，2013）。

简化流程：登记和征税流程

各国纷纷简化登记流程并将社会保障缴费和税收进行整合，这些举措旨在鼓励实现正规化。其实施对象为自负盈亏工作者和销售额、利润或收入低于一定水平的微型企业。这一系列举措通常包括实施统一的监督和识别系统，例如：厄瓜多尔实行统一的纳税人识别号注册，哥伦比亚实行的缴费结算和缴费人登记一体化表格（Durán Valverde 等人，2013）。

乌拉圭实施的单独税收（Monotax）和法国批准的个体经营状态也是这种机制的体现。2000 年年初，大部分乌拉挂个体经营者被排除在社会保障覆盖范围之外。单独税收计划于 2001 年启动，但未能立即见效，因为在其推出 6 年后，仅有 17.6% 的个体经营者被纳入该社会保障制度覆盖范围。2007 年，乌拉圭进行了大刀阔斧的改革和重大变革，取消了加入这一计划的部分限制条件，随后，又于 2011 年制定了社会单独税收制度，作为针对一人公司或合伙公司的特殊单独税收制度。收入低于贫困线或社会经济地位处于弱势的家庭中的个人可被纳入社会单独税收制度覆盖范围（ILO，2014e）。到 2013 年，42.7% 的独立工作者被纳入其覆盖范围。

法国政府于 2008 年批准个体经营状态。这一简化的制度在很多方面类似于巴西的超级简易税率和乌拉圭的单独税收制度。个体经营者是指营业额低于一定水平的独立工作者，即从事商业经营活动的个体户的年营业额不得超过 81500 欧元，从事服务业经营活动的个体户的年营业额不得超过 32600 欧元（法国政府，2015）。其主要目标在于简化创建小规模个人公司的流程和实现未申报工作合法

化。个人公司创建流程可在两天之内在网上完成。社会保障缴费作为一个整体，表现为收入占比，[①] 也可包括收入所得税（全民保障）。个体户与员工享有同等的医疗福利、产假和家庭津贴。缴费人员有权享有覆盖独立工作者的现行养老金计划中的基本养老金和补充养老金，福利水平取决于年营业额。6 年后，新成立企业接近 150 万家，积极加入社会保障制度的个体户达到约 100 万家（UAE，2014）。3/4 的个体户创建了自己的公司，这直接得益于该项计划的出台（INSEE，2012）。

提供缴费补助

面向贫困人的社会保障通常会得到补助。2009 年，哥斯达黎加为低收入独立工作者提供缴费补助，这一举措使医疗保险覆盖率提升至 60%，养老保险覆盖率提高至 44.8%（Durán Valverde 等人，2013）。新西兰推出了一项国家养老金储蓄计划（既定缴费）——KiwiSaver，并为加入该项计划的个体经营者提供 1000 新西兰元的“启动”资金。此外，新西兰政府还为加入这项计划的成员提供税收减免政策，减免额为供款的一半，最高可达 542 新西兰元/年，此举旨在鼓励居民缴费。个体经营者可选择其缴费水平，费用可一次性缴清，也可定期缴纳（ISSA，2012）。

扩大覆盖范围可能仍不足以实现老年收入保障的目标

虽然养老金覆盖范围的有效扩大有助于提供老年收入保障，但收入保障水平将最终取决于领取的福利水平。在某些情况下，非缴费型养老金计划似乎是将覆盖范围扩大至非正规就业人士或低薪工作者的最有效方式；但是，在实施非缴费型养老金计划的 62 个发展中国家中，超过 25% 的国家的受益人每天领取的养老金入不足 1.25 美元（按购买力平价计算），75% 的国家的受益人每天领取的养老金不足 5 美元（按购买力平价计算）（图 3.10）。在孟加拉国、印度和莫桑比克，受益人每月领取的养老金不足 10 美元（按购买力平价计算），也就是每月不足 5 美元。

鉴于政府预算有限，各国将在覆盖人数和福利水平之间进行权衡。迄今为止，权衡的结果通常为福利水平降低，但收入相对稳定，并能够确保资金提供可靠、可持续。

除非缴费型养老金支出外，若将用于老年人福利的社会保障总支出考虑在内，一些初步结果显示，2000—2013 年间养老金领取人数增加了 2 倍，而其福利资源增长了 1.5 倍。[②] 从全球来看，自 2000 年以来每位受益人的平均支出降低了 20%。其原因在于以下两点：一是受大多数国家正在实施的财政整顿政策的影响，缴费型计划的福利水平降低（ILO，2014a，Ortiz 等人，2015）；二是各国倾向于实施非供款型计划（提供的福利水平更低），以及在供款型计划中，累积的养老金金额相关经济风险转移到个人（国际劳工组织，2014a）。

---

① 收入占比从 13.3%—22.9% 各不相同，取决于企业所从事的行业，也可包含企业所得税（在全民保障的情况下，收入占比介于 14.3%—25.1%）。

② 基于 151 个国家的数据。资料来源：国际劳工组织研究部基于国际劳工组织（2014a、2015e）的计算；亚洲开发银行（2015）；欧盟统计局（2015a），经济合作与发展组织（2015a）；联合国经济和社会事务部（2015）；世界银行（2000、2015a、2015b）；以及各国的数据。

图 3.10 非缴费型养老金：覆盖范围和福利水平（新兴国家和发展中国家）

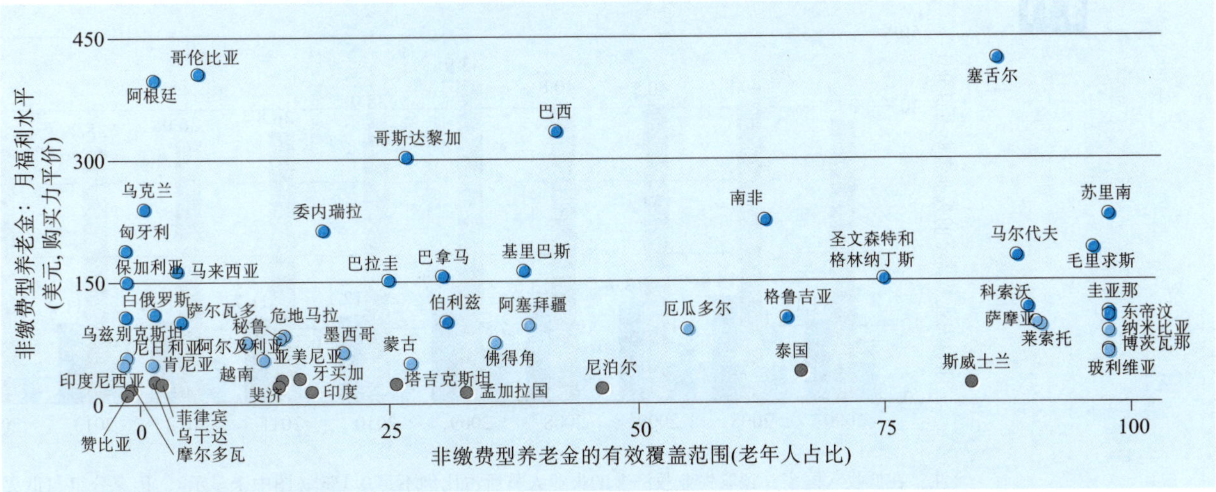

注：红色圆点代表非缴费型养老金水平低于每天 1.25 美元（购买力平价）的国家；橙色圆点代表养老金水平低于每天 3 美元（购买力平价）的国家。

资料来源：国际助老会，2015；ILO，2014a；以及各国的数据。

2013 年，非缴费型养老金[①]受益人数占养老金总受益人数的比重高于养老金资源占老年人福利总支出的比重。在全球范围内，非缴费型养老金计划的受益人占老年人养老金领取人数的 1/3，而老年人福利资源仅占 5%。[②] 虽然，在某些国家非缴费型养老金计划实现了全民覆盖，但非缴费型养老金和缴费型养老金福利水平之间的巨大差距使人们怀疑部分非缴费型养老金计划充分实现保障收入水平这一目标的能力。

少数失业人员可依靠定期失业救济金维持生活，并且这一数量在不断减少……

自 2007 年以来，领取失业救济金的失业人员所占比例持续下降（图 3.11）。其原因包括平均失业持续期延长、通常不提供失业救济金的就业形式增加、很难度过领取社会保险失业救济金的等待期以及失业救济金规定发生变化（如资格条件和失业保险或失业补助金期限及水平）。

在高收入经济体，领取失业救济金的失业人员所占比例于 2009 年达到顶峰（43.9%），随后，于 2014 年降至 34.8%，远低于危机前水平。换言之，即使在失业保障完善的国家，也仅有 1/3 的失业人员享有收入保障，这部分人可领取失业保险金或失业补助金。其他失业人员可参与积极劳动力市场计划，领取所谓的“积极补助金”（如瑞典），或享受一般社会救助。无论失业救济金的性质如何，大部分高收入经济体均受到领取失业救济金的失业人员所占比例下降的影响。在

① 不包括非缴费型公务员养老金。

② 从全球来看，非缴费型养老金支出占 GDP 的比重不足 0.25%：肯尼亚、巴布亚新几内亚和赞比亚不足 0.015%，澳大利亚、毛里求斯、荷兰和新西兰所占比重超过 2%（国际劳工组织研究部基于国际助老会的计算，2015；ILO，2014a；世界银行，2015b；中国国家统计局，2015；以及各国的数据）。估算值基于 177 个国家的数据，通过对超过法定养老金领取年龄的人口进行加权计算得出。

图 3.11 领取失业救济金的失业人员所占百分比

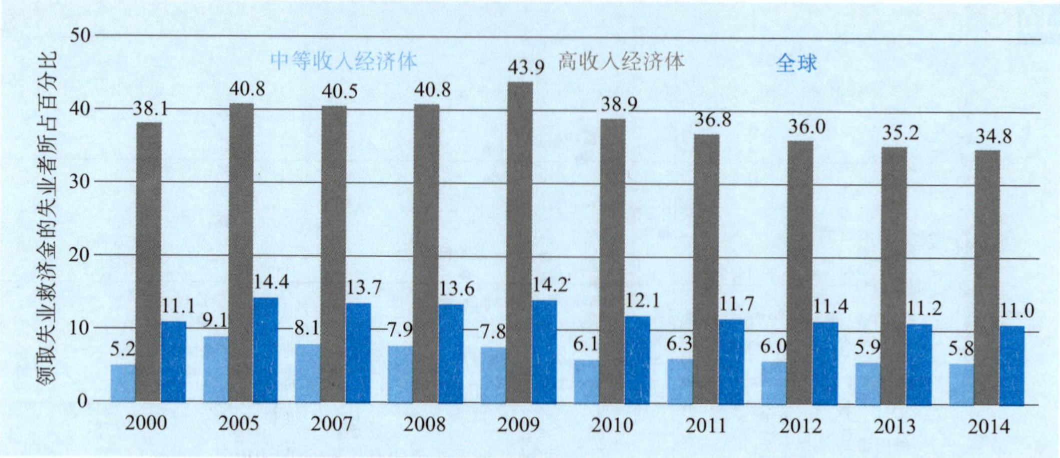

注：在低收入国家，领取失业救济金的失业人员所占比例不足 0.1%（图中未显示）。国家分组与世界银行的收入类别相对应。全球估算值通过对劳动力进行加权得出。

资料来源：国际劳工组织研究部基于各国数据和国际劳工组织（2015b）得出的结果。

澳大利亚和新西兰，[①] 领取非缴费型失业救济金的失业人员的比重出现下降趋势。越来越多的失业者个人已经用完了其领取失业救济金的权利。在希腊、西班牙和瑞典，2007—2014 年间领取救济金的失业人员所占比例下降了 30—40 个百分点。在希腊，2014 年 5 月，这一占比不足 10%（希腊劳动力就业组织，2015；ILO/欧盟委员会，即将出版）。在瑞典，这一占比下降主要受政府行动的影响。瑞典政府采取了一系列措施，包括通过延长缴费期使合格性条件更加严格，同时，缩短了领取失业救济金的最长期限。

等待期（在缴费方面）是限制失业人员领取失业保险救济金的关键因素，但其也有可能将处于标准就业形式边缘的工作者纳入失业救济金领取范围之内（专栏 3.4）。大多数国家要求工作者的缴费期必须为 6—12 个月，才能领取失业救济金。[②] 从全球范围来看，等待期由 2000 年的 40.3 周延长至 2013 年的 42.7 周。发达经济体和欧盟以及中欧和东南欧及独联体均出现了这种趋势，但据观察，其他地区不一定也出现这种趋势。处于非标准就业形式的工作者占比较大，并且资格审查更为严格，这两个因素是造成领取失业救济金的失业人员的占比下降的主要原因。大多数东欧国家（包括爱沙尼亚、立陶宛、波兰、罗马尼亚、斯洛伐克和斯洛文尼亚）大幅延长了领取失业救济金所要求的最低供款月数（在 21 世纪初月数的基础上）。法国例外，该国是等待期最短的国家之一。专栏 3.4 列举了各国为将处于边缘的工作者纳入失业救济金领取范围之内而采取的其他举措。

① 在新西兰，领取失业救济金的失业人员的占比由 2006 年的 46.5% 降至 2013 年的 32.9%。同期，澳大利亚的这一比例由 69.7% 降至 55.1%。

② 2013 年，在提供失业保险救济金的 75 个国家（可获得数据）中，72% 的国家要求供款期为 6—12 个月，2000 年，这一比例为 65%。

专栏 3.4 制定等待期，以便将处于标准就业形式边缘的工作者纳入失业救济金领取范围之内

目前，法国要求，在过去的 28 个月中工作时间只需达到 4 个月，就可领取失业救济金，而在此之前，法国规定在 20—26 个月中工作时间需达到 6 个月。法国于 2009 年实施这项举措，并在 2013 年采取了其他措施，来提高失业保险制度有效性，并降低短期合同的吸引力。为此，2013 年，劳动力市场协议中规定了失业保险缴费要求，其目的在于减少短期合同数量；合同期限越短，雇主缴纳的供款就越高。[1]

另一个策略是制定针对临时工或季节性工作者的专门规定，如缩短领取失业救济金所要求的缴费期。然而，这些有利的资格条件有时对应较低的福利水平（替代率或期限）。在以色列，虽然领取救济金的最长期限缩短了，但按天工作的工作者（daily worker）领取救济金所要求的缴费期比其他工作者短（美国社会保障署/国际社会保障协会，2013）。在阿根廷，临时工须在失业前 12 个月中工作 90 天（13 周）才能领取失业救济金，而签订长期合同的工作者须在失业前 3 年中工作 6 个月才能领取失业救济金。在智利，[2] 临时工的供款期须达到 6 个月，而固定工为 12 个月。斯洛伐克延长了临时工的参照期。[3]

在同时调整针对签订非标准合同（现在为 Mini - Aspi）的工作者的合格条件和福利水平方面，意大利是一个很好的例子。在这种情况下，工资替代率上升至 75%，以实现缴费期（周数）缩短一半。合格标准放宽至失业前 12 个月中缴费期达到 13 周（国际劳工组织/欧盟委员会，即将出版）。最后，意大利可能实施特殊津贴制度，以将季节性工作者覆盖在内。在希腊，特殊季节性津贴旨在为季节性工作者提供收入支持，尤其是针对建筑工人、烟草工人、演员、农夫、林业工人、音乐家等人。法国也针对艺术家和从事娱乐行业的部分工作者制定了关于合格条件和福利的特殊规定，这部分人群受益于更宽松的规则，尽管这些特殊规定引发了逆向选择和道德风险问题（Carter 等人，2013；ILO，2015f）。

1. 雇主缴纳的比例取决于每个合同的期限。具体而言，针对签订长期合同的员工和临时派遣员工，雇主的供款缴纳比例为 4%，针对签订固定期限（一个月或不足一个月）合同的员工，雇主的供款缴纳比例为 7%（国际劳工组织/欧盟委员会，即将出版）。2. 智利的第 20.328 号法律（2009）引入了社会保险制度，将覆盖范围扩大至临时工，即合同期限不超过 12 个月的固定期限工作者以及特定任务工作者或项目合同工（一旦完成事先约定的任务，合同终止）。通过放宽资格审查条件，可促进上述人群享有失业救济金，但与长期工作者相比，其失业救济金有限（救济金水平较低，领取期限为 2 个月，而长期工作者为 5 个月）。3. 工作者缴纳失业保险供款的时间不得少于 2 年，才能领取失业救济金，但本文所考虑的长期工作者的参照期为 3 年，临时工为 4 年。

……并且领取的救济金水平较低。

更多的失业人员转向社会救助（经入息审查）是造成失业救济金水平下降（相对于工资）的原因。这种转变通常是劳动力市场趋势（长期失业人员已用完了其享有社会保险的权利或其他失业人员无法度过领取失业救济金所要求的最低等待期）和失业保险计划改革共同作用的结果。据观察，爱尔兰和德国符合这一趋势。

在爱尔兰，领取求职者失业救济金（社会保险）的失业人员数量下降抵消了领取求职者津贴（经收入或资产审查的失业救助）的失业人员数量不断增加。2008 年 10 月—2013 年 4 月，求职者失业就救济金（社会保险）的领取期限由 18 个月缩短为 9 个月，或由 12 个月缩短为 6 个月，取决于供款月数，从而使很多失业人员转向社会救助。① 2006 年②，德国采取措施，使失业保险领取标准更为

① 在爱尔兰，失业救助没有时间限制（66 岁以前），除已经用完失业救济金领取权利的失业人员之外，不满足失业保险领取条件和经入息或资产审查的所有失业人员均可享受失业救助（2009 年之后，人数急剧上升）。

② 失业保险救济金领取资格的参照期限由 36 个月缩短为 24 个月，而就业参照期不变，救济金领取期限也降至最多 12 个月。

严格，导致大部分长期失业人员由社会保险转向（一般）社会救助。这项改革推出后，领取失业保险救济金的人员占比在8年间（2005—2013年）降低了10个百分点[①]（国际劳工组织/欧盟委员会，即将出版）。

在2007年至2011—2013年间，在所分析的29个欧洲国家中，有23个的救济金水平相对下降（与工资相比），澳大利亚、日本和美国也是如此（Eurostat，2015b；LIS，2015；ILO，2015g；以及各国的数据）。2012年3月，希腊的（名义）最低工资下降，这直接影响了基本失业救济金——相当于最低工资的55%（国际劳工组织/欧盟委员会，即将出版）。在爱尔兰、葡萄牙、罗马尼亚和瑞典，在2007年至2011—2012年间，相比工资中位数，失业救济金相对下降了20个百分点以上。[②] 在罗马尼亚，2012年失业救济金占国家工资中位数的比重不足30%。匈牙利、拉脱维亚和立陶宛也出现了类似情况，而德国、希腊、波兰、斯洛伐克和美国的这一比例也仅刚超过30%。

第三节　结语

本章分析表明，在过去20年间，大多数新兴国家和发展中国家通过将新的工作者类别纳入法律法规覆盖范围之内，在缩小养老金法定覆盖范围差距方面已经取得长足进步。在失业保障领域取得的进步远不及养老金领域，并且大多数发展中国家缺乏失业保障。在很多国家，处于非标准就业形式的员工和个体工作者无法享受失业保障。即便其享有失业保障，保障水平也通常较低。

通过实施非缴费型机制和尝试使自愿加入法律化以扩大覆盖范围，养老金法定覆盖范围得以扩大。但保障水平、运营可靠度、资金可持续性和就业正规化的积极影响以及与这些不同机制相关的社会融合度存在差异。这些因素也是造成各国养老金有效覆盖水平存在巨大差距的原因之一。

尽管各国采取了积极措施来扩大养老金覆盖范围——包括针对处于非标准就业形式的工作者和个体经营者的举措——但近期经验表明，人们对此类政策存在些许担忧。虽然非缴费型机制能够支持弱势工作者，如在非正式经济部门就业的工作者，但其也需要与扩大缴费型计划覆盖范围的目标保持一致。存在这样一种风险：非缴费型机制可能会对企业和工作者加入缴费型计划的意愿产生负面影响。更重要的是，这引起了受益人收入保障以及资源可获得性、可靠性和可持续性问题。纵观全球，非缴费型养老金计划受益人占老年人养老金领取人数的1/3，但其享受的老年人福利资源仅占5%。福利水平通常较低，并且在许多国家，低于贫困线。这一趋势有利于实施提供低福利水平的非缴费型计划，但随之而来的是，缴费型计划福利水平降低，这主要是因为大多数国家目前正在实施财政整顿政策。而且，通过推出自愿缴费型计划（尤其是针对个体经营者）来扩大覆盖范围的举措，几乎没有带来有效覆盖范围的扩大。

这些趋势将在多大程度上提高社会保障水平和社会福利，目前尚不确定。需要开展更多研究，来分析社会保障的不同资金来源对收入保障、经济发展以及劳动力市场的影响，包括对各种就业形式的影响。这些影响仍有待探讨，并将成为未来研究的重要领域，这一点毋庸置疑。

---

① 失业保险救济金/社会救助救济金比例由43:57变为33:67。

② 计算结果基于来自欧洲统计局2015b的微观数据；LIS，2015；ILO，2015g；以及各国的数据（管理数据）

附录 A
定义和方法

对法定覆盖范围和执行差距变化的演变和构成分析，很大程度上是指研究缴费型计划和非缴费型计划之间的区别，在缴费型计划中，是指研究强制性计划和自愿加入计划之间的区别。

在缴费型计划中，受保障的个人和/或雇主缴纳的缴费直接决定福利水平（既得权利）。最常见的一种缴费型社会保障计划形式是法定社会保险计划。缴费型计划的资金可全部来源于缴费，但更多情况下，其部分资金来自税收或其他来源。受保障的个人加入缴费型计划可能是强制性的，也可能是自愿的。

在非缴费型计划中，受益人或其雇主通常无需直接缴纳供款，便可领取养老金。非缴费型计划的资金来源于税收或其他国家收入，或者在某种情况下，来自外部资助或贷款。此类计划也被称为“税收资助”计划，通常包括针对所有居民的全民计划、针对某些广大人群的范畴计划和经入息审查计划（如社会救助计划）（ILO，2014a）。

社会保障覆盖，尤其是养老金覆盖，可分为两个阶段：（1）在职工作者向社会保障体系缴费以便未来有权领取福利的时期；（2）退休人员领取上述福利的时期。表 3A. 1 概括了本章提出的不同举措所针对的参照人群。

表 3A.1 覆盖指标：参照人群和范围

图	覆盖指标	参照人群	范围
3.1	养老金法定覆盖范围预估	参照人群：劳动适龄人口（15—64 岁） 其目的在于，确定一旦达到养老金领取年龄，被纳入老年人养老金或遗属养老金计划法定覆盖的群体	缴费型和非缴费型；强制和自愿加入
3.2 和 3.5	养老金和失业保险法定覆盖范围预估（按就业状态划分）	参照人群：处于各种就业状态的工作者（员工；自负盈亏工作者和雇主；以及无酬家属工作者）	缴费型和非缴费型；强制和自愿加入
3.4	失业保险法定覆盖范围预估	参照人群：劳动力（在职人员或失业人员）	缴费型和非缴费型；强制和自愿加入
3.6	养老金法定覆盖范围和有效覆盖范围	横轴：（同图 3.1） 纵轴：受益人。 养老金有效覆盖范围的首次总体评估是指，评估在年老时领取老年人养老金或遗属养老金的人口占比情况（关于可比性问题，见下文）	缴费型和非缴费型；强制和自愿加入
3.8	养老金法定覆盖范围和有效覆盖范围（按就业状态划分）	法定覆盖范围（同图 3.2）。有效覆盖范围（按就业状态划分）是指养老金计划的缴费者（即目前向养老金计划缴纳供款的、处于各种就业状态的人员占比）	缴费型；强制和自愿加入
3.9	养老金有效覆盖范围	养老金计划或一般社会保障计划（提供老年人养老金福利并将其作为其他社会保障福利的一部分）的积极缴费者	缴费型；强制和自愿加入

注：为便于本章开展分析，本表是对附录 II：衡量社会保障覆盖范围的补充，ILO，2014a。

一、法定覆盖范围和有效覆盖范围差距预估

对某一给定的社会保障功能（分支）和福利类型的预估基于劳动适龄人口

数量（针对养老金），或社会保障法适用的劳动力（针对失业保障），抑或特定参照人群占比。预估仅针对覆盖程度，不考虑保障水平及与各种保障计划相关的资金可靠性和可持续性。

法定覆盖范围预估使用了关于被纳入发挥国家法律规定的某一给定社会保障功能的法定计划覆盖范围的群体的数据，以及从国家层面上量化所涉及人员数量的可用统计数据（ILO，2014a）。国家法律中提到的主要合格标准都是社会层面和人口统计层面上的（年龄、居住地、公民身份或贫困状态），并且大多与就业状况有关（参加经济活动或不参加经济活动，在职或失业；就业状态：员工、雇主或自负盈亏工作者或无酬家属工作者；机构部门和经济部门；企业规模和就业合同类型：散工、临时工或兼职）。

量化采用了国际数据来源和微观数据（参见附录E）。

老年人养老金和遗属养老金法定覆盖范围预估包括以下几个方面：

- 强制缴费型养老金计划中的老年人养老金或遗属养老金法定覆盖范围。遗属养老金预估使用了超过65岁的男性和女性分配占比数据（按目前婚姻状况划分）（联合国经济与社会事务部，2012）以及劳动适龄人口的非经济活动率。遗属养老金法定覆盖范围评估侧重对超过退休年龄的遗属未来领取养老金资格的评估。
- 基于自愿加入的缴费型老年人养老金法定覆盖范围。
- 非缴费型养老金法定覆盖范围。非缴费型养老金未来覆盖范围预估因资格标准不同而有所差异：（1）就全民老年人养老金而言，覆盖范围设定为100%，或当养老金领取年龄超过65岁时，覆盖范围相应缩小；（2）就经养老金审查的老年人养老金计划而言，若将现行缴费型计划法定覆盖范围考虑在内，则适用于相同的原则；（3）对经入息审查养老金未来覆盖范围的预估最容易出错：预估取决于年龄达到或超过65岁的人口贫困率或现行经入息审查非缴费型养老金计划的实际覆盖率。

在失业保障中，当失业救助取决于先前的社会保险领取资格时，我们将法定覆盖范围作为缴费型机制评估的一部分进行衡量。当失业救济金须经入息审查时，我们通常使用领取这些津贴的失业人员有效占比数据。

这种方法适用于约170个国家的养老金和失业保障法定覆盖范围。

表 3A.2 社会保障覆盖差距的定义

法定覆盖范围差距	=全民覆盖范围－法定覆盖范围
执行差距	=法定覆盖范围－有效覆盖范围
整体覆盖范围差距	=全民覆盖范围－有效覆盖范围 =法定覆盖范围差距＋执行差距

二、严格意义上，法定覆盖范围和有效覆盖范围不具有可比性，但人们可以评估限制程度

将缴费型计划（包括强制性和自愿性）法定覆盖范围与养老金计划有效自愿加入进行比较是可行的（表3.1），从而进行导致分析具有局限性，即将非缴费型计划排除在外。图3.6比较了两种不同的参照人群：劳动适龄人口（用于评估法定覆盖范围）和超过退休年龄的人群（用于评估有效覆盖范围）。

可以假设，现有养老金领取者的现状就是当前劳动适龄人口未来将面临的情

况。修订后的方法旨在尽可能全面地将非缴费型养老金、遗属养老金和通过自愿加入获得的养老金法定覆盖范围囊括在内。当这些计划近期得到扩展或出台时，相比其他计划，缴费型养老金计划将面临限制。养老金要缴纳约15—20年后才能领取，到那时，养老金计划已足够成熟，开始支付第一笔老年人养老金。因此，养老金有效覆盖范围低于法定覆盖范围，这是不可避免的。

在建立以社会保障缴费为基础的养老金体系的大多数国家中，此类计划已实施数十年，从而减少了上述限制的影响。此外，如图3.1所示，通过强制缴费型机制来扩大养老金覆盖范围，受到限制。这种限制主要涉及自愿加入养老金计划，特别是中国在过去5年间所实施的养老金计划。为了突破这一限制，中国将劳动适龄人口自愿加入养老金计划作为其父母领取非缴费型养老金的条件。无论是从法律层面（劳动适龄人口），还是从受益人层面（有效领取非缴费型计划的老年人）来看，这项改革的成效十分显著。但印度的情况并非如此，其执行差距可能被夸大。

非缴费型养老金计划不存在上述限制。逐步实施养老金计划以覆盖全部目标群体所需的时间较长，这可能是造成执行差距的部分原因。

三、国家分类以养老金体系类型为依据

在第二节中，国家分类以其养老金体系的首要特征为依据。分类反映了法定覆盖范围的构成。各国分为六组，定义如下：

- *法定覆盖范围差距大*：根据现行社会保障法律，不足50%的劳动适龄人口有权领取定期老年人养老金或遗属养老金。该组别涵盖45个国家（25.4%）。其中，超过77%的国家来自撒哈拉以南非洲地区或中东和北非。近18%来自亚洲和太平洋地区。

- *法定覆盖范围差距大，并且养老金体系以强制缴费型覆盖为基础*：该组别国家至少将50%的劳动适龄人口纳入养老金法定覆盖范围，但尚未实现全民法定覆盖。此外，超过2/3的法定覆盖范围基于强制缴费型计划。该组别包含26个国家。

- *无养老金法定覆盖范围差距，并且养老金体系以强制缴费型覆盖为基础*：超过2/3的养老金法定覆盖范围基于强制缴费型机制。在177个国家中，有34个属于该组别，其中发达经济体和欧盟以及中欧和东南欧及独联体国家占76%以上。

- *养老金法定覆盖范围主要基于非缴费型机制（税收资助）*：超过2/3的被纳入法定覆盖范围的人群有权享有非缴费型养老金。该组别包括15个国家，其中40%来自亚洲和太平洋地区。

- *老年人养老金法定覆盖范围很大程度上依赖于自愿供款*：自愿加入养老金计划的法定覆盖范围比例超过了强制加入缴费型养老金计划。该组别包括14个国家，其中6个来自撒哈拉以南非洲地区，6个来自亚洲和太平洋地区。

- *领取老年人养老金的法定权利取决于强制缴费型机制和非缴费型机制的均衡组合*：该组别包括不属于上述任何组别且可获得数据的所有国家，共45个，其中2/3来自发达经济体和欧盟或来自拉丁美洲和加勒比地区。

附录 B

养老金覆盖范围总体差距细分

地区	年份	总体差距	法定覆盖范围差距	执行差距	得到有效执行的法定覆盖范围[1]和巨大差距		
					百分比	法定	执行
中东和北非	2000	78.9	66.4	12.5	57.3	●	
	2013	67.3	56.8	10.4	71.5	●	
撒哈拉以南非洲地区	2000	88.6	76.5	12.1	43.5	●	
	2013	83.4	60.0	23.4	51.1	●	
拉丁美洲和加勒比地区	2000	54.1	27.9	26.2	57.2	●	
	2013	44.5	5.2	39.3	56.9		●
发达经济体和欧盟	2000	9.5	6.9	2.7	97.1	●	
	2013	8.9	2.2	6.7	93.1		●
中欧和东南欧（非欧盟）及独联体	2000	16.7	8.5	8.2	89.9	●	
	2013	6.9	4.3	2.6	97.3		●
亚洲和太平洋地区	2000	85.7	69.8	15.9	52.6	●	
	2013	56.3	22.1	34.1	55.6		●
总计	2000	67.2	53.4	13.8	61.4	●	
	2013	48.6	22.4	26.2	64.2		●
收入水平[2]							
低收入经济体	2000	92.5	76.9	15.6	37.1	●	
	2013	81.9	57.9	23.9	53.1	●	
中等收入经济体	2000	78.1	62.1	15.9	56.2	●	
	2013	53.5	21.9	31.5	58.7		●
下中等收入经济体	2000	88.5	69.8	18.7	40.7	●	
	2013	76.5	38.4	38.1	44.1	●	
上中等收入经济体	2000	67.9	54.7	13.2	71.3	●	
	2013	31.0	5.9	25.1	72.9		●
高收入经济体	2000	13.2	8.3	4.9	93.8	●	
	2013	9.9	2.9	7.0	92.2		●
员工占就业总人口的比例							
低于25%	2000	93.5	70.8	22.8	26.1	●	
	2013	78.7	32.6	46.2	37.2	●	
25%—49%	2000	88.9	75.4	13.5	55.7	●	
	2013	77.2	57.7	19.5	57.9	●	
50%—74%	2000	67.3	56.1	11.2	74.1	●	
	2013	34.0	10.5	23.5	73.4		●
75%—89%	2000	18.1	11.3	6.9	91.5	●	
	2013	12.8	4.0	8.9	89.2		●
90%及以上	2000	4.8	0.7	4.1	95.6	●	●
	2013	6.6	1.0	5.6	94.0	●	●
国家组别（按照养老金法定覆盖范围和有效覆盖范围划分）[3]							
第一组：法定覆盖范围有限（不足50%）	2000	94.5	88.4	6.1	56.8	●	
	2013	89.3	83.0	6.4	64.9	●	
第二组：法定覆盖范围扩大，但尚未有效落实	2000	91.6	63.6	28.0	25.9	●	
	2013	76.2	24.3	51.9	33.1		●
第三组：扩大法定覆盖范围并有效执行	2000	72.4	63.1	9.3	76.3	●	
	2013	27.2	4.1	23.2	76.5		●
第四组：法定覆盖范围和有效覆盖范围都较广（超过80%）	2000	12.7	8.1	4.6	94.8	●	
	2013	7.6	1.3	6.3	93.7		●

注：加权总计法。1. 本文计算了可获得法定覆盖范围和有效覆盖范围数据的国家组别（2000 年为 137 个国家，2013 年为 168 个国家）的得到有效执行的法定覆盖范围占比。2. 国家分组与世界银行收入分类相对应。3. 各国家组别定义见上文（参见图 3.7）。

资料来源：同图 3.6。

附录 C

按就业状态划分的缴费型养老金计划有效覆盖范围

国家	就业状态（积极向养老金计划缴费的人员占比）				非缴费型养老金计划是否存在及其覆盖范围		
	员工	自负盈亏工作者/雇主	无酬家属工作者	就业总人口	不存在	<25%	>25%
撒哈拉以南非洲地区							
贝宁	59.9	0.0	0.0	6.4	●		
博茨瓦那	49.8	0.1	0.0	36.1			●
布基纳法索	59.6	0.7	0.2	4.5	●		
布隆迪	80.9	0.0	0.0	5.6	●		
佛得角	46.5	19.0	13.9	25.7			●
喀麦隆	38.0	0.2	0.1	6.7	●		
科特迪瓦	45.9	0.0	0.0	9.6	●		
埃塞俄比亚	65.5	0.8	0.0	2.7	●		
冈比亚	9.0	0.0	0.0	3.3	●		
加纳	41.0	0.0	0.0	8.6	●		
几内亚	58.3	0.0	0.0	14.0	●		
肯尼亚	80.9	0.0	0.0	33.2		●	
利比里亚	30.6	0.0	0.0	7.1	●		
马达加斯加	60.3	0.0	0.0	6.2	●		
马拉维	18.0	0.0	0.0	6.9	●		
马里	14.9	0.2	0.1	1.5	●		
莫桑比克	38.2	2.7	0.0	9.4		●	
纳米比亚	63.6	5.2	0.3	43.8			●
尼日尔	20.3	0.1	0.0	2.3	●		
尼日利亚	32.4	0.7	0.0	4.0		●	
卢旺达	35.7	0.0	0.0	4.5	●		
塞内加尔	21.2	0.8	0.4	5.3	●		
南非	48.9	0.0	0.0	42.0			●
斯威士兰	42.1	0.0	0.0	33.0			●
坦桑尼亚	37.1	0.3	0.2	3.6	●		
乌干达	13.2	0.1	0.0	2.6		●	
赞比亚	47.9	1.4	0.2	7.0		●	
津巴布韦	54.8	0.0	0.0	21.3	●		
中东和北非							
埃及	53.9	9.8	4.4	40.8	●		
伊拉克	46.3	0.0	0.0	29.6	●		
黎巴嫩	39.2	0.0	0.0	23.7	●		
摩洛哥	30.8	4.2	0.6	18.5	●		
阿曼	14.5	0.0	0.0	13.7	●		
卡塔尔	3.3	0.0	0.0	3.3	●		
沙特阿拉伯	56.4	0.0	0.0	52.1	●		
也门	11.1	0.0	0.0	6.4	●		
东南亚和太平洋地区							
阿富汗	26.3	0.0	0.0	5.6	●		
孟加拉国	0.0	0.0	0.0	0.0			●
不丹	41.8	0.0	0.0	12.6	●		
柬埔寨	12.4	0.2	0.1	5.9	●		
中国	55.4	26.3	…	39.0			●
印度	31.1	0.0	0.0	3.1		●	
印度尼西亚	26.5	0.0	0.0	9.1		●	
老挝	12.2	0.0	0.0	1.6	●		
马来西亚	59.5	0.0	0.0	44.3		●	

国家	就业状态（积极向养老金计划缴费的人员占比）				非缴费型养老金计划是否存在及其覆盖范围		
	员工	自负盈亏工作者/雇主	无酬家属工作者	就业总人口	不存在	<25%	>25%
蒙古	60.5	4.4	0.8	39.6			●
缅甸	56.2	0.0	0.0	5.8	●		
尼泊尔	22.9	0.0	0.0	4.0			●
巴基斯坦	20.8	0.0	0.0	7.8	●		
斯里兰卡	46.6	0.0	0.0	26.2	●		
泰国	34.4	6.4	0.4	17.4			●
东帝汶	0.0	0.0	0.0	0.0			●
越南	50.4	0.5	0.3	19.4		●	
也门	11.1	0.0	0.0	6.4	●		
拉丁美洲和加勒比地区							
阿根廷	75.6	51.4	48.5	70.3		●	
玻利维亚	39.6	3.4	0.4	18.1			●
巴西	76.3	28.5	9.1	61.7			●
智利	81.4	…	…	…		●	
哥伦比亚	66.1	10.0	2.6	38.6		●	
哥斯达黎加	87.2	72.2	75.8	83.8			●
多米尼加	52.2	0.0	0.0	29.3		●	
厄瓜多尔	54.2	23.6	18.7	40.4			●
萨尔瓦多	49.9	10.1	3.0	33.0		●	
危地马拉	33.5	2.8	1.5	19.3		●	
海地	16.3	0.0	0.0	8.9	●		
洪都拉斯	36.3	0.9	0.1	18.1	●		
墨西哥	52.8	3.3	0.9	36.7			●
尼加拉瓜	40.6	0.9	0.3	19.8	●		
巴拿马	68.9	5.8	0.0	51.4			●
巴拉圭	32.7	0.1	0.0	17.8			●
秘鲁	55.0	16.2	5.9	31.9		●	
乌拉圭	87.7	43.3	29.1	76.1		●	
委内瑞拉	66.9	3.9	0.0	41.9		●	
发达经济体和欧盟，中欧和东南欧（非欧盟）及独联体							
阿尔巴尼亚	69.3	…	…	…	…	…	…
澳大利亚	87.2	53.2	0.0	83.7			●
奥地利	96.6	60.0	46.8	92.1		●	
比利时	96.7	8.1	10.3	87.8		●	
波黑	72.0	28.0	0.0	58.1	…	…	…
保加利亚	93.2	6.7	22.1	85.1		●	
加拿大	95.7	80.5	54.0	93.8			●
克罗地亚	95.9	6.7	0.0	86.6	…	…	…
塞浦路斯	94.3	10.5	6.7	85.8		●	
捷克	98.9	59.3	48.6	91.8	…	…	…
丹麦	98.2	79.9	…	96.8			●
爱沙尼亚	97.3	63.0	0.0	94.5		●	
芬兰	99.6	56.7	64.2	94.1			●
法国	76.0	52.4	42.0	73.8		●	
德国	68.9	74.5	41.3	69.2	…	…	…
希腊	96.3	97.9	84.3	96.1		●	
匈牙利	98.4	26.2	21.8	88.2		●	
冰岛	96.9	89.1	0.0	95.9			●

国家	就业状态（积极向养老金计划缴费的人员占比）				非缴费型养老金计划是否存在及其覆盖范围		
	员工	自负盈亏工作者/雇主	无酬家属工作者	就业总人口	不存在	<25%	>25%
爱尔兰	97.8	31.6	3.5	88.2	●		
意大利	98.0	23.4	17.2	80.6	●		
拉脱维亚	92.4	46.9	14.3	88.2	●		
立陶宛	91.7	55.4	20.8	87.7	●		
卢森堡	99.1	99.8	66.1	99.0	…	…	…
马其他	97.5	51.1	45.8	92.2	●		
摩尔多瓦	90.3	…	…	64.4	●		
荷兰	97.7	58.7	47.0	92.3		●	
挪威	96.6	50.5	53.6	93.0		●	
波兰	81.1	11.7	2.6	67.0	●		
葡萄牙	97.7	23.5	18.0	88.6	…	…	…
塞尔维亚	80.6	45.1	0.0	70.0	…	…	…
斯洛伐克	97.1	17.1	0.0	84.7	…	…	…
斯洛文尼亚	99.1	57.4	37.7	94.8		●	
西班牙	82.8	23.4	26.6	73.2		●	
瑞典	97.4	82.3	55.1	96.2			●
瑞士	99.7	70.8	68.3	96.9		●	
土耳其	75.0	45.7	8.1	59.2		●	
英国	85.1	18.9	0.0	77.2		●	
美国	96.9	94.9	0.0	96.7		●	

注：……无数据。最新年度数据。

资料来源：国际劳工组织研究部基于调查数据得出的结果；关于详细来源和年份，参见附录 E。

附录 D

老年人养老金有效覆盖范围指标(全球预估值)：按就业状态和就业模式划分的缴费型养老金计划的加入情况

	处于各就业状态的工作者及就业总人口的加入情况，百分比				工作者加入情况(按合同类型划分)，员工所占百分比			全职/兼职				公共部门/私营部门				企业规模[1] 员工所占百分比		
								员工所占百分比		员工所占百分比		员工所占百分比		员工所占百分比				
	员工	自负盈亏工作者/雇主	无酬家属工作者	就业总人口	长期合同	临时合同	无合同	全职	兼职	全职	兼职	公共部门	私营部门	公共部门	私营部门	员工不足10人	10-49名员工	50名员工以上
地区																		
中东和北非[2]	42.8	4.4	1.8	32.3	85.1	43.7	9.0	50.9	39.6	37.0	28.7	88.7	19.7	88.7	13.6	18.9	62.5	83.9
撒哈拉以南非洲地区	44.9	0.5	0.1	9.1	69.0	26.0	12.7	35.0	21.3	10.8	3.6	70.9	18.3	70.3	4.6	3.3	41.2	51.6
拉丁美洲和加勒比地区	64.5	18.8	8.9	47.5	91.7	62.2	16.2	71.2	47.1	58.3	30.3	89.7	59.5	89.6	43.1	19.2	61.6	78.6
发达经济体和欧盟	90.3	64.4	17.9	86.0	88.3	76.9	…[2]	92.6	83.7	88.3	79.6	94.5	90.5	94.5	86.0	79.4	86.4	87.3
中欧和东南欧(非欧盟)及独联体	75.8	45.0	6.9	60.5	83.9	31.0	3.7	77.5	42.4	65.8	18.8	88.9	52.2	88.0	39.8	39.3	82.9	93.4
亚洲和太平洋地区	41.5	12.4	0.0	21.6	75.0	49.2	20.5	44.4	31.0	25.9	17.2	65.5	28.0	65.5	18.4	19.6	36.9	50.4
总计	51.8	19.6	5.1	33.0	78.3	51.0	18.8	55.4	41.6	39.7	28.9	73.8	41.0	73.7	31.2	29.9	49.4	60.8
收入水平[3]																		
低收入经济体	35.1	0.3	0.0	5.5	45.4	17.6	8.5	11.2	4.4	1.9	0.3	44.4	11.1	44.1	1.5	2.1	35.2	39.3
中等收入经济体	46.7	13.8	2.3	26.8	81.3	52.0	20.2	50.6	34.9	31.6	19.5	73.4	33.9	73.3	22.8	20.0	41.6	56.0
高收入经济体	88.5	62.9	17.3	84.5	87.9	76.4	24.5	92.5	83.5	88.3	79.4	94.5	90.4	94.5	85.9	79.5	86.2	87.2
国家组别(按照养老金法定覆盖范围和有效覆盖范围划分)[4]																		
第一组：法定覆盖范围有限(不足50%)	34.3	0.1	0.0	10.1	62.0	23.5	5.4	33.2	22.6	9.6	6.2	69.5	11.7	69.0	2.6	2.6	37.5	61.9
第二组：法定覆盖范围扩大，但尚未有效执行	35.7	1.2	0.4	9.8	73.5	23.4	4.6	32.9	12.5	8.4	2.7	62.0	14.9	61.8	5.7	5.3	33.7	45.5
第三组：法定覆盖范围扩大并得到有效执行	55.0	24.7	10.3	38.5	79.3	76.1	35.1	56.6	48.6	43.0	30.7	74.2	44.2	74.1	31.8	31.4	46.1	60.8
第四组：法定覆盖范围和有效覆盖范围都较广(超过80%)	84.8	55.0	15.3	77.9	90.4	65.5	37.8	88.2	73.3	82.4	65.8	93.2	82.4	93.2	75.8	72.8	84.6	87.5
按员工在就业总人口中的占比划分																		
不足25%	32.1	0.2	0.0	3.3	67.9	15.8	3.2	28.4	10.2	3.4	1.0	55.2	8.1	55.0	1.1	3.0	27.8	35.0
25%—49%	36.7	2.4	0.8	15.4	83.3	37.8	7.0	50.3	26.1	25.9	8.2	78.3	33.1	78.2	14.9	9.1	35.2	62.2
50%—74%	58.3	24.3	6.8	42.1	82.3	73.6	30.6	60.0	49.1	46.7	31.1	79.1	47.5	79.0	34.8	30.2	50.0	65.4
75%—89%	80.8	42.6	27.5	74.5	86.9	69.0	29.5	85.2	72.8	79.8	67.4	90.6	81.5	90.5	76.0	61.9	75.0	78.0
90%及以上	92.7	86.1	0.9	92.1	98.2	90.3	…[2]	90.5	98.1	90.3	97.7	96.7	97.7	96.4	98.4	99.8	99.6	…[2]

注：对就业总人口进行加权。1. 在一些国家，企业规模与附录 D 所示范围不一致。这些国家包括纳米比亚和委内瑞拉(1—10 名员工；11—20 名员工；20 名员工以上)、赞比亚(员工不足 5 人；5 名员工以上)、印度和越南(1—9 名员工；10—19 名员工；20 名员工以上)、尼泊尔(1—9 名员工；10 名员工以上)、加拿大(1—19 名员工；20—99 名员工；100 名员工以上)、土耳其(1—9 名员工；10—249 名员工；250 名员工以上)。2. 国家数量有限。3. 国家分组与世界银行收入分类相对应。4. 各国家组别定义见上文(参见图 3.7)。

资料来源：国际劳工组织基于家庭调查数据得出的结果(参见附录 E)。

附录 E
按就业状态和就业模式划分的老年人养老金计划的加入情况：数据来源

国家	负责机构	调查名称	年份
非洲：基于家庭调查数据			
博茨瓦纳	中央统计局	博茨瓦纳福利核心指标调查	2009—2010
布基纳法索	国家人口统计局（INSD）	统一基本幸福指数问卷（QUIBB）	2006
佛得角	国家统计局	非正规部门就业调查	2009
喀麦隆	国家统计局	喀麦隆家庭调查（ECAM）	2007
埃及	中央公众动员和统计局	劳动力样本调查	2011
埃塞俄比亚	埃塞俄比亚中央统计局	埃塞俄比亚农村社会经济调查	2011—2012
加纳	加纳统计服务局	加纳生活标准调查（GLSS）	2005—2006
马拉维	马拉维国家统计局	马拉维劳动力调查	2012
马里	国家统计局	长期就业家庭调查（EPAM）	2010
摩洛哥	世界银行	摩洛哥家庭与青年调查	2009—2010
莫桑比克	国际劳工组织社会经济安全计划	人口安全调查	2006
纳米比亚	劳动和社会保障部	纳米比亚劳动力调查	2012
尼日尔	国家统计局	全国家庭生活条件和农业调查	2011
尼日利亚	国家统计局	家庭追踪普查	2012—2013
卢旺达	卢旺达国家统计局	第三次综合家庭生活条件调查（EICV3）	2011
塞内加尔	国家人口统计局	塞内加尔贫困调查（ESPS）	2011
南非	南非统计局	综合劳动力调查（第三季度）	2014
坦桑尼亚	国家统计局	综合劳动力调查	2006
乌干达	乌干达统计局	乌干达全国追踪调查	2009—2010
赞比亚	赞比亚中央统计局	劳动力调查	2009
非洲：行政管理部门来源			
贝宁、布隆迪、科特迪亚、冈比亚、几内亚、科尼亚、利比亚、马达加斯加、尼日利亚、斯威士兰和津巴布韦			
亚洲：基于家庭调查数据			
澳大利亚	LIS 微观数据库	家庭支出调查	2010
柬埔寨	国家统计局	柬埔寨劳动力调查和童工调查	2011—2012
中国	调查研究中心（SRC）	中国综合社会调查（CGSS）	2010
印度	统计与计划执行部，国家抽样调查局	国家抽样调查局第 66 次就业和失业调查	2009—2010
伊拉克	中央统计和信息技术局（COSIT）	伊拉克家庭社会经济情况调查	2007
蒙古	国家统计局	劳动力调查	2011
尼泊尔	中央统计局	劳动力调查	2008
斯里兰卡	统计局	斯里兰卡劳动力调查	2011
泰国	国家统计局	家庭社会经济情况调查	2010
越南	统计总局	劳动力调查	2012
亚洲：行政管理部门来源			
阿富汗、不丹、印度尼西亚、老挝、黎巴嫩、马来西亚、缅甸、阿曼、巴基斯坦、卡塔尔、沙特阿拉伯、也门			

国家	负责机构	调查名称	年份
美洲：基于家庭调查数据			
阿根廷	国家统计和普查局（INDEC）	常住户口调查	2012
玻利维亚	国家统计局	家庭调查（EH）	2011
巴西	国家地理统计局（IBGE）	全国家庭普查（PNAD）	2012
加拿大	卢森堡收入研究（LIS）微观数据库	劳工及收入动态调查（SLID）	2010
智利	国家统计局	全国就业调查	2011
哥伦比亚	国家统计局（DANE）	哥伦比亚社会保障纵向调查	2012
哥斯达黎加	国家统计局	全国家庭调查（7月）	2013
多米尼加	国家经济统计暨人口普查局	劳动人口调查（ENFT）	2012
厄瓜多尔	国家统计和普查局（INEC）	就业、失业和不充分就业调查（ENEMDU）	2012
萨尔瓦多	统计和普查总局	综合家庭调查	2009
危地马拉	国家统计局	全国就业和收入调查（ENEI）	2012
洪都拉斯	国家统计局（INE）	常住户口综合调查	2011
墨西哥	墨西哥统计地理局（INEGI）	全国就业和社会保障调查（ENESS）	2009
尼加拉瓜	国家信息发展局（INIDE）	家庭追踪调查（ECH）	2010
巴拿马	巴拿马国际统计暨人口普查局	生活标准调查	2008
巴拉圭	统计调查暨普查总局（DGEEC）	常住户口调查（EPH）	2012
秘鲁	国家统计信息局（INEI）	全国家庭调查（追踪调查，ENAHO）	2013
美国	卢森堡收入研究（LIS）微观数据库	现时人口调查（年度社会和经济补充调查，ASEC）	2013
乌拉圭	国家统计局	家庭追踪调查	2013
委内瑞拉	国家统计局	第二季度家庭样本调查	2012
美洲：行政管理部门来源			
海地			

欧洲：基于家庭调查数据			
奥地利、比利时*、保加利亚、克罗地亚、塞浦路斯、捷克、丹麦、爱沙尼亚、芬兰、法国、德国、希腊、匈牙利、冰岛、爱尔兰*、意大利、拉脱维亚、立陶宛、卢森堡、马耳他、荷兰、挪威、波兰、葡萄牙、罗马尼亚*、斯洛伐克、斯洛文尼亚、西班牙、瑞典、瑞士、英国	欧洲统计局	欧盟居民收入和生活条件统计（EU－SILC）	2012 *2011
摩尔多瓦	国家统计局（NBS）	摩尔多瓦劳动力调查	2010
塞尔维亚	塞尔维亚国家统计局（PBC）	生活水平衡量调查	2007
土耳其	土耳其国家统计局（TUIK）	劳动力调查	2011

参考文献

Alphametrics Ltd. 2009. *Flexicurity: Indicators on the coverage of certain social protection benefits for persons in flexible employment in the European Union* (Royston, United Kingdom).

Asian Development Bank (ADB). 2015. *Social Protection Index*. Available at: http://spi.adb.org/spidmz/index.jsp [May 2015].

Bertranou, F.; Mazorra, X. 2009. *Argentina experience in programmes for income protection and employability improvement*, ILO Notes on the Crisis (Buenos Aires, ILO).

—.; Cetrángolo, O.; Grushka, C.; Casanova, L. 2011. *Encrucijadas en la seguridad social Argentina: Reformas, cobertura y desafíos para el sistema de pensiones* [Crossroads in the Argentine social security: Reforms, coverage, and challenges for the pension system] (Buenos Aires, ILO and ECLAC).

—.; Casanova, L. 2013. *Informalidad laboral en Argentina: Segmentos críticos y políticas para la formalización* (Buenos Aires, ILO).

Bonnet, F.; Cichon, M.; Galian, C.; Mazelkaite, G.; Schmitt, V. 2012. *Analysis of the Viet Nam National Social Protection Strategy (2011–2020) in the context of social protection floor objectives: A rapid assessment*, Extension of Social Security (ESS) Paper No. 32 (Geneva, ILO).

Carter, J.; Bédard, M.; Bista, C.P. 2013. *Comparative review of unemployment and employment insurance experiences in Asia and worldwide* (Bangkok, ILO).

Chartered Institute of Personnel and Development (CIPD). 2013. *Zero-hours contracts: Understanding the law: Guide, November 2013* (London).

Chronic Poverty Research Centre (CPRC). 2007. *The politics behind the non-contributory old age social pensions in Lesotho, Namibia and South Africa*, CPRC Working Paper No. 83.

Council of Europe. 2015. *European code of social security: Mutual information system on social protection of the Council of Europe (MISSCEO)*. Available at: http://www.coe.int/t/dg3/socialpolicies/socialsecurity/MISSCEO/missceo_en.asp [May 2015].

Department for Business, Innovation and Skills (BIS), United Kingdom. 2014. *Consultation: Zero hours employment contracts* (London).

Durán Valverde, F.; Flores Aguilar, J.; Ortiz Vindas, J.F.; Muñoz Corea, D.; de Lima Vieira, A.C.; Tessier, L. 2013. *Innovations in extending social insurance coverage to independent workers: Experiences from Brazil, Cape Verde, Colombia, Costa Rica, Ecuador, Philippines, France and Uruguay*, ESS Document No. 42 (Geneva, ILO).

EurActiv. 2014. *UK reprimanded over 'zero-hour' contracts*. Available at: http://www.euractiv.com/sections/social-europe-jobs/uk-reprimanded-over-zero-hour-contracts-301994 [May 2015].

European Commission (EC). 2015. *Mutual information system on social protection (MISSOC)*. Available at: http://ec.europa.eu/social/main.jsp?catId=815&langId=en [May 2015].

European Federation of Public Service Unions (EPSU). 2014. *Zero hours and the spread of precarious employment* (Brussels).

European Union (EU). 2013. *Self-employment and social security: Effects on innovation and economic growth*, Library Briefing, Library of the European Parliament, 9 Oct. (Brussels). Available at: http://www.europarl.europa.eu/RegData/bibliotheque/briefing/2013/130646/LDM_BRI%282013%29130646_REV1_EN.pdf [May 2015].

Eurostat. 2015a. *Social Protection (ESSPROS): European system of integrated social protection statistics*. Available at: http://ec.europa.eu/eurostat/web/social-protection/overview [May 2015].

—. 2015b. *European Union statistics on income and living conditions (EU-SILC)*. Available at: http://ec.europa.eu/eurostat/web/microdata/european_union_statistics_on_income_and_living_conditions [May 2015].

Federal Ministry of Labour and Social Affairs, Germany. 2015. *450 Euro mini jobs/marginal employment* (Berlin). Available at: http://www.bmas.de/EN/Our-Topics/Social-Security/450-euro-mini-jobs-marginal-employment.html [May 2015].

FORLAC (Programa de Promoción de la Formalización en America Latina y el Caribe). 2014a. *Políticas para la formalización de las micro y pequeñas empresas* (Lima, ILO Regional Office for Latin America and the Caribbean).

—. 2014b. *Experiencis recientes de formalización en países de América Latina y el Caribe* (Lima, ILO Regional Office for Latin America and the Caribbean).

Friedrich Elbert Stiftung. 2011. *Social security for all: A call for social solidarity in Tunisia* (Berlin). Available at: http://library.fes.de/pdf-files/iez/08204.pdf [May 2015].

Government of France. 2015. *Le portail officiel des auto-entrepreneurs*. Available at: http://www.lautoentrepreneur.fr/index.htm [May 2015].

Greece Manpower Employment Organization (OAED). 2015. Available at: http://www.oaed.gr/ [May 2015].

HelpAge International. 2015. *Pension watch: Social protection in older age*. Database available at: http://www.pension-watch.net/ [May 2015].

Institut national de la statistique et des études économiques (INSEE). 2012. *Trois auto-entrepreneurs sur quatre n'auraient pas créé d'entreprise sans ce régime*, INSEE Première No. 1388 (Paris).

International Labour Office (ILO). 2002. *Towards the universalization of social security: The experience of Tunisia*, Extension of Social Security Paper No. 4 (Geneva).

—. 2012. *Progress in consolidating social protection in Argentina*. ILO Briefing notes. Decent work in Argentina (Geneva).

—. 2013a. *Extension of social protection of migrant domestic workers in Europe* (Geneva).

—. 2013b. *Has atypical work become typical in Germany? Country case study on labour market segmentation*, Employment Working Paper No. 145 (Geneva).

—. 2013c. *Social protection assessment based national dialogue: A good practices guide: Approaches and tools developed in East and South-East Asia from 2011 to 2013* (Bangkok).

—. 2014a. *World Social Protection Report 2014/15: Building economic recovery, inclusive development and social justice* (Geneva). '

—. 2014b. *World of Work Report 2014: Developing with jobs* (Geneva).

—. 2014c. *Trends Econometric Models*, October 2014 (Geneva).

—. 2014d. *In search of good quality part-time employment*, Conditions of Work and Employment Series No. 43 (Geneva).

—. 2014e. *Uruguay. Monotax: Promoting formalization and protection of independent workers* (Geneva).

—. 2014f. *Women and men in the informal economy: A statistical picture*, Second edition (Geneva).

—. 2015a. *NORMLEX: Information System on International Labour Standards*. Available at: http://www.ilo.org/dyn/normlex/en/ [May 2015].

—. 2015b. *ILOSTAT database*. Available at: http://www.ilo.org/ilostat/ [May 2015].

—. 2015c. *World Employment and Social Outlook: Trends 2015* (Geneva).

—. 2015d. *Report of the Tripartite Meeting of Experts on Non-Standard Forms of Employment*, Geneva, 16–19 Feb. (Geneva).

—. 2015e. *ILO social security inquiry database (ILOSSI)*. Available at: http://www.ilo.org/dyn/ilossi/ssimain.home [May 2015].

—. 2015f. *Social protection: Building social protection floors and comprehensive social security systems*. ILO Social Protection Platform. Available at: http://www.social-protection.org/ [May 2015].

—. 2015g. *Wages and income: ILO Global Wage Database*. Available at: http://www.ilo.org/travail/areasofwork/wages-and-income/WCMS_142568/lang--es/index.htm [May 2015].

International Labour Office (ILO) and European Commission (EC). Forthcoming. *Inventory of labour market measures in the EU 2008–13: The crisis and beyond* (Geneva).

International Social Security Association (ISSA). 2012. *Handbook on the extension of social security coverage to the self-employed* (Geneva).

—. 2013. *Social security coverage extension in the BRICS: A comparative study on the extension of coverage in Brazil, the Russian Federation, India, China and South Africa* (Geneva).

Luxembourg Income Study (LIS). 2015. LIS Cross-National Data Centre in Luxembourg. Available at: http://www.lisdatacenter.org/ [May 2015].

Mesa-Lago, C. 2008. *Social insurance (pensions and health), labour markets and coverage in Latin America*, Social Policy and Development Programme Paper No. 36 (Geneva, United Nations Research Institute for Social Development (UNRISD)).

National Bureau of Statistics of China. 2015. *China statistical yearbook 2014*. Available at: http://www.stats.gov.cn/english/Statisticaldata/AnnualData/ [May 2015].

Organisation for Economic Co-operation and Development (OECD). 2014. *OECD Economic Surveys: Germany* (Paris).

—. 2015. *Social Expenditure Database (SOCX)*. Available at: http://www.oecd.org/social/expenditure.htm [May 2015].

Ortiz, I.; Cummins, M.; Karunanethy, K. 2015. *Fiscal space for social protection. Options to expand social investments in 187 countries*, ESS Document No. 48 (Geneva, ILO).

Ringen, S.; Ngok, K. 2013. *What kind of welfare state is emerging in China?* UNRISD Working Paper No. 2013–2 (Geneva, United Nations Research Institute for Social Development (UNRISD)).

Social Security Administration (SSA). 1989. *Social security programs throughout the world: 1989*. SSA Publication No. 13–11805 (Washington, DC).

—. 1999. *Social security programs throughout the world: 1999*. SSA Publication No. 13–11805 (Washington, DC).

Social Security Administration of the United States (SSA); International Social Security Association (ISSA). 2013. *Social security programs throughout the world: Asia and the Pacific, 2012* (Washington, DC, and Geneva).

—. 2014a. *Social security programs throughout the world: Africa, 2013* (Washington, DC, and Geneva).

—. 2014b. *Social security programs throughout the world: The Americas, 2013* (Washington, DC, and Geneva).

—. 2014c. *Social security programs throughout the world: Europe, 2014* (Washington, DC, and Geneva).

Union des auto-entrepreneurs (UAE). 2014. "Visions sur l'activité dans l'auto-entrepreneuriat", in *Observatoire de l'Auto-Entrepreneur*, Nov. Available at: http://www.union-auto-entrepreneurs.com/sites/default/files/2/files/Novembre%202014-%20L'auto-entrepreneuriat%20vu%20par%20les%20professionnels_VF2.pdf [May 2015].

United Nations (UN). 2014. *Report of the Special Rapporteur on contemporary forms of slavery, including its causes and consequences*, Gulnara Shahinian – Mission to Ghana (22–29 November 2013). General Assembly, Human Rights Council, 27th Session (New York).

United Nations, Department of Economic and Social Affairs. 2012. "Marital status of men and women: (Per cent distribution of men and women by current marital status, according to age)" in database *World Marriage Data 2012*. Available at: http://www.un.org/en/development/desa/population/publications/dataset/marriage/wmd2012/MainFrame.html [May 2015].

—. 2015. *World population prospects: The 2012 revision* (New York). Available at: http://esa.un.org/wpp/ [May 2015].

United Nations Entity for Gender Equality and the Empowerment of Women (UN Women) and International Trade Union Confederation (ITUC). 2013. *Domestic workers count too: Implementing protections for domestic workers: A Briefing Kit*. Available at: http://www.unwomen.org/~/media/headquarters/attachments/sections/library/publications/2013/3/unwomen_iutc_factsheets%20pdf.pdf [May 2015].

World Bank. 2000. *International patterns of pension provision*, Social Protection Discussion Paper Series No. 9 (Washington, DC).

—. 2009. *Voluntary pension system: Challenge of expanding coverage*, Background Paper No. 4, Poverty Assessment: Social protection chapter (Washington, DC).

—. 2014. *Beyond contributory pensions: Fourteen experiences with coverage expansion in Latin America* (Washington, DC).

—. 2015a. *World Development Indicators*. Available at: http://data.worldbank.org/data-catalog/world-development-indicators [May 2015].

—. 2015b. *Social protection and labor: Pensions: Data*. Available at: http://www.worldbank.org/en/topic/socialprotectionlabor/brief/pensions-data [May 2015].

第四章
劳动力监管和就业模式*

引言

第一章强调的就业模式多样化提出了有关劳动力监管的作用和影响这一问题。为应对金融危机（2008 年达到顶峰），许多国家实施了一揽子政策，这反映了一个普遍的观点，即劳动力监管对劳动力市场表现存在着巨大的影响。这在欧洲尤为明显，欧洲国家进行了相当大的变革来促进就业增长，但这些变化通常降低了工作者的保障水平（ILO，2012）。相比之下，许多新兴和发展中国家近些年所采取的措施一直旨在加强就业保障，并促进向正规就业安排的转变。

尽管近期有证据表明，一直以来劳动力监管对就业表现具有中性影响，但对劳动力监管的经济影响的理论认识尚存有争议，从而为各国的偏好和选择提供了相当大的空间。世界银行指出，“经证实，预期影响在多数情况下相对温和——肯定要比争议所提及的力度更加温和……总而言之，对大多数希望通过创造高质量就业以促进发展的国家而言，劳工政策和制度既不是主要障碍，也不是灵丹妙药”（World Bank，2013）。对近期变革影响的实证评估十分复杂，并且取决于所评估的因素。

本章将探究劳动力监管的关键方面与各种劳动力市场和社会效果之间的关系。本章编制的基础是国际劳工组织对劳动力监管——被视为劳动力市场制度——如何为公平和可持续发展作出贡献的思考（ILO，2014）。第一节介绍了多种方法的探索情况，并提出了针对于这一目的而新建立的海量数据集——剑桥大学商业研究中心的劳动力监管指标（CBR - LRI）。本节还对数据进行了分析，呈现了劳动力市场监管在全球和各区域的发展趋势。第二节简要阐述了近期发布的一些关于评估劳动力市场监管影响的理论和实证文献，包括构建适用于实证分析的数据集。它包括将数据视作与结果相关的独立或解释变量，或经济和社会利益的因变量，对数据进行计量经济学分析。最后，第三节强调了一些从分析中获得的经验教训。

第一节 长期以来的劳动力监管状况

记录劳动力市场监管的数据集多种多样。实际上，国际劳工组织近期基于其就业保护立法情况数据库 EPLex，推出了一套指标（ILO，2015）。[①] 数据库包括

---

* 本章中所采用的法律量化数据由佐伊・亚当斯、路易斯・毕夏普和西蒙・迪肯编制。

① 关于 EPLex 数据库，参见网址：http：//www. ilo. org/dyn/eplex/termmain. home（2015 年 4 月 30 日）。与剑桥大学商业研究中心的劳动力监管指标相比（或与经济合作与发展组织的就业保护指标相比），EPLex 数据库的时间序列有限。同时，剑桥大学商业研究中心的劳动力监管指标无法提供像就业保护指标一样详细的分析和相关法律（ILO，2015）。由于 EPLex 指标不是一个时间序列，它并不能用于此处所进行的纵向分析。由于其高度详细的编码，EPLex 指标原则上需要与剑桥大学商业研究中心的劳动力监管指标配合使用，以分析就业保护法领域的现行法律法规。

超过90个国家的信息，以与国际劳工组织发布的1982年《终止雇佣公约》（第158号）内容保持一致为标准。

为了记录较长时期内的变化，本章专门使用21世纪中期提出商业研究中心的劳动力监管指标，提供关于劳动力法律法规形式或法律内容变化的纵向数据（专栏4.1）。由此获得的数据集最初用于支持任意国家或国家组别描述性分析水平，以表明法律对工作者的相对保护力度。此外，该数据及还应用于许多之前的研究，以判断劳动力监管和各经济变量之间因果关系，其中经济变量包括那些与就业和失业、生产力和不平等相关的变量（参见第二节）。商业研究中心的劳动力监管指标针对劳动法律变化提供了极其详尽和全面的阐述，覆盖发达和发展中国家，其时间跨度为数十年。

专栏 4.1

数据、方法论和国家覆盖范围综述

本章利用了迪肯等人提出的初始数据集的扩展版本（Deakin 等人，2007）。该扩展版本涵盖了63个国家的数据，包括所有欧盟和经济合作与发展组织国家，以及无法以其他方式覆盖的部分非洲、亚洲和拉丁美洲国家。如下所述，本章只利用了数据集中能够有利于不同就业形式监管变化和就业保护法监管变化评估的那些变量。我们可根据申请提供按国家和变量划分的完整数据集。

我们与剑桥大学商业研究中心共同创建了该数据集，利用其设计的方法建立了商业研究中心的劳动力监管指标（CBR－LRI）。该指标包括五个主要领域的数据：不同就业形式（在数据集中被称作"替代性就业合同"）、工作时间、解雇、员工代表和劳工行动。

用于构建数据集的方法论符合劳动力监管和劳动力市场制度内生于劳动力市场的观点；换言之，"法律体系与政治经济体系共同发展"（Adams 和 Deakin，2014；参见 Armour 等人，2009a；Deakin 等人，2007）。从这个意义上讲，商业研究中心的劳动力监管指标反映了"法律规定和社会结构之间关系的某种理论观念。这基于他们的内生性、易变性和正式性"（Adams 和 Deakin，2014）。

商业研究中心的劳动力监管指标总计包括40个变量，分为五个分类指数。每个单个变量的分数介于0（很少或根本没有保护）至1（高度保护）之间。这五组分类指数代表着国家劳动力法律体系的核心内容，大致遵循由伯特罗等人提出的分类（Botero，2004），但这些人的分析缺乏时间序列维度。此外，单个指标和商业研究中心的劳动力监管指标中使用的编码算法在重要方面不同于伯特罗等人的算法。附录A描述了本章采用的变量编码算法以及根本方法论。

考虑到与某些国家和年份相关的数据的可用性有限，数据集根据发达、新兴和发展中的国家状态按国家组别呈现（参见第一章附录A），其中，欧盟国家数据集单独呈现，所涵盖的时间跨度从1993年到2013年。

发达国家（非欧盟）：澳大利亚、加拿大、冰岛、以色列、日本、韩国、新西兰、挪威、新加坡、瑞士和美国。

欧盟：奥地利、比利时、保加利亚、塞浦路斯、捷克、丹麦、爱沙尼亚、芬兰、法国、德国、希腊、匈牙利、爱尔兰、意大利、拉脱维亚、立陶宛、卢森堡、马耳他、荷兰、波兰、葡萄牙、罗马尼亚、斯洛伐克、斯洛文尼亚、西班牙、瑞典和英国。

新兴国家：阿根廷、巴西、智利、中国、哥伦比亚、印度、墨西哥、卡塔尔、俄罗斯、南非和土耳其。

发展中国家：阿尔及利亚、玻利维亚、科特迪瓦、厄瓜多尔、埃及、埃塞俄比亚、加纳、肯尼亚、马来西亚、摩洛哥、尼日利亚、巴基斯坦、秘鲁和菲律宾。

表 4.1 与不同就业形式相关的指标

1	法律，而非合同双方，决定工作者的法律地位。
2	兼职工作者有权享有与全职工作者平等的待遇。
3	兼职工作者享有与全职工作者平等或成比例的解雇权。
4	只允许针对工作期限有限的工作签订固定期限合同。
5	签订固定期限合同的工作者有权享有与长期工作者平等的待遇。
6	固定期限合同的最长期限。
7	派遣工作被严令禁止或受到严格控制。
8	派遣工作者有权享有与用户企业的长期工作者平等的待遇。

注：序号为表4A.1中列明的变量序号。

本节将详细探究以下两个领域的变化情况：（1）不同就业形式；（2）就业保护法。不同就业形式涉及管理个体经营工作、兼职工作、固定期限合同就业和派遣工作的法规。此处所应用的变量与商业研究中心“替代性就业合同”中的分类指数相对应（参见表4.1）。

第二个领域就业保护法涉及与工作保障相关的法规，以及特别是与管理如下事项相关的法规，如通知期、裁员补偿和选择、影响解雇权的等待期或试用期、解雇的公平性（实质性和程序性）、对解雇的补偿措施（赔偿和复职）以及解雇通知等。详细解释如下，为了找到与文献和其他数据集所使用的指标相媲美的EPL衡量指标，我们使用了商业研究中心的劳动力监管指标中的部分变量。我们将商业研究中心的劳动力监管指标关于解雇法律的分类指数中的变量与以下两种变量结合：与兼职员工和签订固定期限合同的雇员解雇权相关的变量（替代性就业合同分类指数的一部分），以及涉及员工集体之声或解雇问题共同决策权的变量（员工代表分类指数）。

不同就业形式的法律监管力度逐渐增加……

用于规范不同就业形式的商业研究中心的劳动力监管指标分类指数由八个变量构成，而且这些变量与不同就业合同类型的监管方式相关（表4.1）。此外，该数据可用于探究劳动力监管是否为应对不断多样化的就业模式做出了改变，以及它是否实际上促进了这一进程。一些变量衡量提供给个体工作者的保护程度，如要求兼职工作者享有与全职工作者所获得的平等待遇。其他变量衡量采用不同就业形式的监管力度，如限制临时工作机构的运营。总之，分类指数衡量的是劳动力监管如何通过限制不同就业形式的使用，和/或通过要求不同就业形式的工作者享有与标准就业的工作者平等的保护，来实现确保工作者受到保障的目标。

图4.1显示的是1993年至2013年间不同国家组别八个变量的平均水平。[①]总之，数据表明在所涉及的期间内，有关不同就业形式的法律监管力度在所有国家组别都有所增加，但程度不尽相同。欧盟的增长尤其强劲，尤其是在2000年至2004年间。继这段时期后，法律监管力度仍继续增长——甚至是在危机期间——但增速显著放慢。

① 商业研究中心的劳动力监管指标包含的数据可追溯至1970年。但本章重点关注1993年之后的数据，以确保数据覆盖所有国家并与现有劳动力市场数据具有可比性（参见专栏4.1）。对商业研究中心的劳动力监管指标所覆盖的更早时期趋势的分析将是未来工作的重点。

图 4.1 按国家组别划分的不同就业形式的总体平均得分

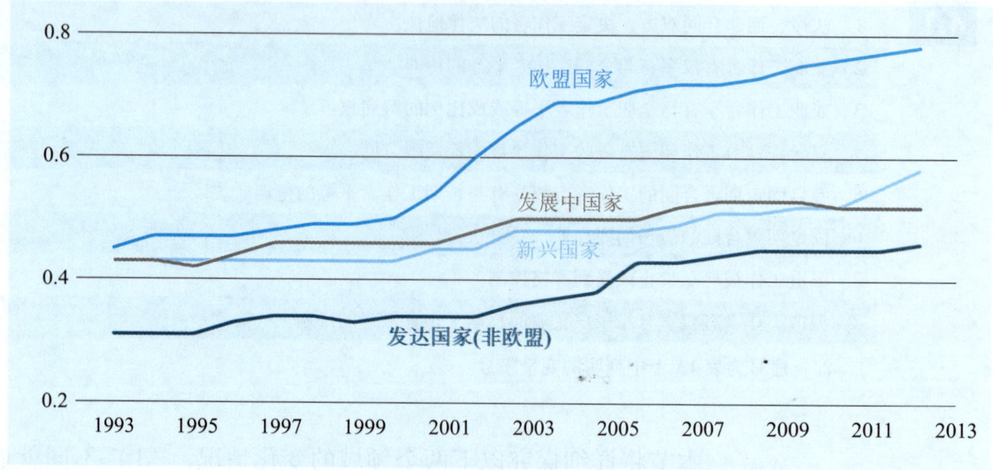

注：纵轴表示得分，区间范围为0（很少或根本没有保护）到1（高度保护）。关于各组别的国家列表，见专栏4.1。

资料来源：国际劳工组织研究部基于商业研究中心的劳动力监管指标数据集的计算。

除欧盟外的发达国家以及新兴国家和发展中国家也存在类似模式，但变化要更加缓慢。这在发展中国家尤为明显，在发展中国家，随着时间的推移，变化程度不大且整体严格程度在过去十年间相对保持不变。在所有国家组别中，严格程度最低的发达（非欧盟）国家也出现了相同的平缓模式，自2007年危机爆发以来，其严格程度很少或没有发生变化。值得关注的是，2006年监管力度出现大幅增加，这完全是受挪威和韩国推行的监管变化（关于按变量划分的更多变化信息，请见下文）的影响。在新兴国家，1993年至2013年间的监管力度增长率相对平缓，但自2003年以来开始快速增长。

……在很大程度上，通过实施/加强平等待遇规定以及对兼职、固定期限合同和派遣工作的其他监管来实现……

为了更清晰地表明随着时间的推移监管变化的起因，表4.2列示了不同就业形式监管的整体平均水平（按照变量和国家组别划分），研究年份为1993年（本章所研究时序的起始年限）、2007年（危机爆发）和2013年（可获得数据的最近一年）。这能够更加清晰地展示出各国家组别逐渐进行改变的领域，需指出的是，在某些情况下，单个国家的大幅变动可能会对平均值产生较大影响，尤其是在就业保护立法力度相对大幅增加的情况下。一般而言，以下两种法律监管力度一直稳步增加：决定何时以及如何许可派遣工作和管理固定期限合同许可情况和期限。但各地区和各国家的变化水平级程度存在显著差异。[①]

• 发达国家（非欧盟）：与1993年相比，“兼职工作者：平等待遇”和“签订固定期限合同的工作者：平等待遇”指标的涨幅明显，尽管后者与其他地区相比仍然较低。在过去20年间，“兼职工作者：平等待遇”指标的变化趋势在各国大体一致，自2007年以来几乎没有发生重大变化。日本是一个例外，2008年该变量得分从0显著增加至0.75。另一方面，“签订固定期限合同的工作者：平等待遇”更加两极化，自1993年以来，只有少数国家发生了变化，包括冰岛、挪威和韩国（从0转变为1），从而对总体平均值产生了影响。但同时，截至2013

① 可根据申请，提供按国家和变量随时间划分的完整数据集。

年，该组别（共11个国家）中七个国家的这一指标得分为0。“派遣工作者：平等待遇”指标趋势与“签订固定期限合同的工作者：平等待遇”指标非常相似，即1993年之后仅有三个国家发生了变化（即以色列、挪威和韩国），截至2013年，六个国家的这一指标得分为0。最后，“派遣工作：约束”指标在1993年和2000年间出下降趋势，此后至2013年出现部分反弹。

- 欧盟：在27个国家中，“兼职工作：平等待遇”和“签订固定期限合同的工作者：平等待遇”指标到2013年都出现了大幅增长，并且保护程度相对较高。两个变量在1993年至2007年间稳步增长，但自此之后基本没有发生变化。“派遣工作者：约束”指标的平均值自1993年以来几乎翻倍——多数情况下是由于欧盟指令的批准和实施（参见下文专栏4.2）——一半以上的国家实施或加强法律监管，尽管仍有10个国家在2013年的得分为0。“派遣工作者：平等待遇”指标一直以来持续增长：自2007年以来，超过半数的国家加强或实施监管。

表 4.2 按变量和国家组别划分的不同就业形式的平均得分

	发达国家（非欧盟）			欧盟			新兴国家			发展中国家		
	1993年	2007年	2013年	1993年	2007年	2013年	1993年	2007年	2013年	1993年	2007年	2013年
如何确立法律地位	0.65	0.65	0.65	0.72	0.77	0.85	0.71	0.74	0.74	0.73	0.77	0.77
兼职工作者：平等待遇	0.21	0.59	0.66	0.39	0.95	0.96	0.27	0.48	0.59	0.36	0.45	0.45
兼职工作者：平等解雇权	0.80	0.83	0.86	0.84	0.94	0.96	0.86	0.86	0.86	0.96	0.96	0.89
签订固定期限合同的工作者：约束	0.25	0.29	0.29	0.43	0.64	0.60	0.45	0.42	0.55	0.37	0.50	0.50
签订固定期限合同的工作者：平等待遇	0.05	0.32	0.32	0.31	0.87	0.95	0.25	0.39	0.49	0.36	0.41	0.41
签订固定期限合同的工作者：最长期限	0.00	0.15	0.25	0.35	0.59	0.57	0.35	0.25	0.25	0.24	0.50	0.50
派遣工作者：约束	0.38	0.30	0.33	0.24	0.39	0.41	0.19	0.30	0.43	0.21	0.33	0.42
派遣工作者：平等待遇	0.11	0.33	0.35	0.32	0.64	0.92	0.36	0.49	0.69	0.19	0.21	0.25
不同就业形式平均值	0.31	0.43	0.46	0.45	0.72	0.78	0.43	0.49	0.58	0.43	0.52	0.52

注：关于更全面的变量解释和国家组别列表，分别参见表4.1和专栏4.1。平均得分介于0（法律最为宽松）到1（法律最为严格）之间。我们可根据申请，提供完整数据集。

资料来源：国际劳工组织研究部基于商业研究中心的劳动力监管指标数据集的计算。

专栏 4.2 处于不同就业形式的工作者的平等待遇

本章提及了各国关于不同就业形式的法规变化，例如：

阿根廷：1976年《劳动合同法》（第20744号）的2009年修正案（第26474号）在社会保障方面引入了兼职工作者和全职工作者平等待遇的原则。

中国：2007年《劳动合同法》（中华人民共和国主席令十届人大第65号）引进一则新规：派遣工作者确享有与长期工作者相同的最低劳动标准，并获得平等工资（2013年合同法修正案通过制定正式的平等待遇权利进一步加强保护力度）。

欧盟：要求在工作条件方面实施平等待遇的监管力度随着时间推移大幅增加，这在很大程度上归因于要求实施如下指令：欧盟理事会1997年12月15日实施的关于兼职工作的97/81/EC指令；欧盟理事会1999年6月28日实施的关于固定期限合同工作框架协议的1999/70/EC指令，该框架协议由欧洲工会联合会、联合国儿童基金会和能源与环境政策研究中心签订；以及欧洲议会和理事会2009年11月19日实施的关于派遣工作的2008/104/EC欧盟指令。

挪威：2005年《工作环境法案》（2005年6月17日第62号法案）引进规定，禁止歧视兼职和临时工作者（包括“临时工作”制度管理下的派遣工作者）。2005年《工作环境法案》的2012年修正案（2012年6月22日法案）加强了这一权利，授予派遣工作者享有与用户企业的长期工作者平等待遇的权利。

韩国：《固定期限合同和兼职雇员保护法案》（2006年12月21日第8074号法案）引入新规，禁止对固定期限合同工作者的歧视性待遇。

• 新兴国家：兼职工作者、签订固定期限合同的工作者和派遣工作者的平等待遇解释了这一国家组别的不同就业形式平均值的增长，其中中国和墨西哥发生的变化尤为显著。阿根廷的“兼职工作者：平等待遇”指标也发生了变化，而南非的“签订固定期限合同的工作者：平等待遇”监管力度也出现增加。

• 年发展中国家：多数变量（和多数国家）呈小幅增长趋势。“签订固定期限合同的工作者：最长期限”和“派遣工作者：约束”都出现了变化，绝大多数国家加大了对某些领域法律监管的相对力度，尽管在共计 14 个国家的同一组别中约有 2/3 的国家该两个指标的得分为 0。

……而直至最近，就业保护法仍保持相对稳定。

各种现有指数和实证研究根据不同的方法论定义和衡量就业保护法。尽管存在这些差异，就业保护法从广义上讲通常可理解为涉及以下一些或所有议题：解雇保护（程序性和实质性）；解雇时的补偿和其他补救规定；固定期限合同监管；以及员工集体解雇咨询。下文的分析使用了与此处定义的就业保护法相关的完整名单（表 4.1）中的部分变量。

起初，首先选择已经被认定为不同就业形式监管的组成部分的几个变量：就业状态的确定（变量 1）；兼职工作者是否在解雇方面享有法律保护（变量 3）；以及固定期限合同的期限监管（变量 4 和变量 6）。另有 9 个变量被纳入关于解雇监管的分类指数中。这些分类指数能够衡量对解雇、裁员选择和工资支付以及解雇监管相关方面的程序性和实质性约束（变量 16 到变量 24）。涉及的另外两个变量与工作场所共同决策的法律监管相关，这是由于考虑到在一些系统中，共同决策制在解雇程序中发挥一定的作用，尤其是涉及集体解雇时（变量 30 和变量 31）。表 4.3 列举了下文中用于分析就业保护法力度的 15 个变量。

图 4.2 显示的是，1993 年至 2013 年期间不同国家组别就业保护法变量组合的法律监管力度的平均水平。大体上，在过去 20 年间各国家组别的就业保护法力度相对保持稳定，仅在整个期间内整体出现了略微增长（图 4.2，第一组）。欧盟出现小幅增加，以 2000 年为明显起点，直至危机前。但危机爆发后，欧盟国家的就业保护法相对法规监管力度开始下降（图 4.2，第二组）。发展中国家就业保护法的相对法规监管力度下降幅度不大，而发达国家和新兴国家的法律监管水平在 2007 年至 2013 年一直呈现上升趋势，并且其增长率与危机爆发前的时期类似。

表 4.3 与就业保护法相关的变量

1	法律，而非缔约方，决定工作者的法律地位。
3	兼职工作者享有与全职工作者平等或成一定比例的解雇权。
4	只允许针对工作期限有限的工作签订固定期限合同。
6	固定期限合同的最长期限。
16	法律规定的通知期限。
17	法律规定的裁员补偿。
18	正常情况下不公平解雇的最短服务等待期。
19	法律对解雇施加程序性约束。
20	法律对解雇施加实质性约束。
21	复职为不公平解雇的常见补救措施。
22	解雇通知。
23	裁员选择。
24	再就业优先权。
30	共同决策：董事会成员。
31	工作者共同决策和知悉/咨询。

注：序号为表 4A.1 中列明的变量序号。

图 4.2

1993 年至 2013 年各国家组别的就业保护法变化情况

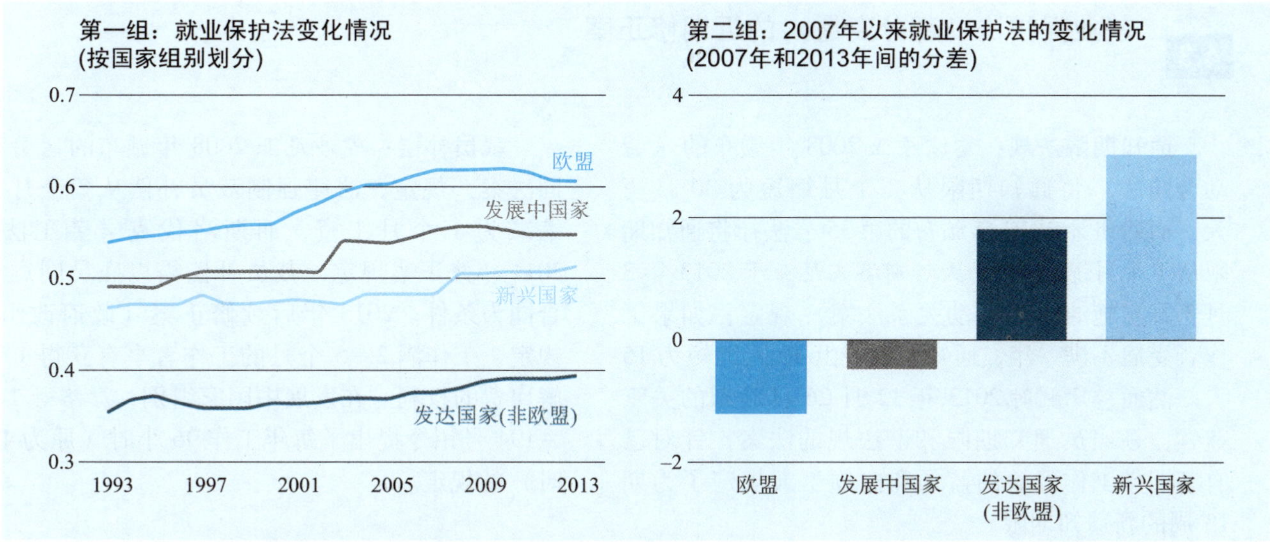

注：关于变量的更详细说明的国家组别列表，分别参见表 4.1 和专栏 4.1。平均得分范围从 0（法律最为宽松）到 1（法律最为严格）。我们可根据申请提供完整数据集。

资料来源：国际劳工组织研究部基于商业研究中心的劳动力监管指标数据集的计算。

表 4.4

按部分变量和国家组别划分的就业保护法的平均得分

	发达国家（非欧盟）			欧盟			新兴国家			发展中国家		
	1993 年	2007 年	2013 年	1993 年	2007 年	2013 年	1993 年	2007 年	2013 年	1993 年	2007 年	2013 年
裁员补偿	0.21	0.21	0.21	0.33	0.46	0.40	0.80	0.80	0.80	0.64	0.66	0.66
最短等待期	0.83	0.81	0.81	0.85	0.86	0.86	0.89	0.87	0.87	0.90	0.90	0.90
程序性约束	0.36	0.39	0.48	0.69	0.72	0.67	0.42	0.59	0.62	0.58	0.70	0.70
实质性约束	0.33	0.33	0.36	0.60	0.63	0.63	0.55	0.53	0.59	0.49	0.57	0.60
复职标准	0.42	0.44	0.44	0.68	0.71	0.65	0.51	0.59	0.64	0.49	0.51	0.51
通知第三方	0.35	0.35	0.35	0.55	0.55	0.56	0.32	0.43	0.45	0.43	0.52	0.52
裁员选择	0.11	0.11	0.11	0.37	0.44	0.46	0.36	0.36	0.45	0.43	0.46	0.46
再就业优先权	0.20	0.20	0.20	0.30	0.42	0.37	0.27	0.18	0.27	0.23	0.30	0.30
共同决策：董事会成员	0.14	0.14	0.14	0.44	0.46	0.47	0.00	0.00	0.00	0.20	0.20	0.17
共同决策/咨询	0.33	0.39	0.41	0.56	0.67	0.65	0.22	0.22	0.22	0.39	0.41	0.42
就业保护法平均水平*	**0.35**	**0.38**	**0.39**	**0.54**	**0.62**	**0.61**	**0.47**	**0.48**	**0.51**	**0.49**	**0.55**	**0.55**

注：* 尽管就业保护法（和此处显示的平均水平）包括如下指标：“法律地位如何确立”、“兼职工作者：平等解雇权”、“签订固定期限合同的工作者：约束” 和 “固定期限合同最长期限”，但本表因只是显示用途而未列示这些指标，因为这些指标也是不同就业形式的组成部分，并在表 4.2 中列示。关于与就业保护法相关的所有变量的更详细说明和国家组别列表，分别参见表 4.3 和专栏 4.1。平均得分范围从 0（法律最为宽松）到 1（法律最为严格）。我们可根据申请提供完整数据集。

资料来源：国际劳工组织研究部基于商业研究中心的劳动力监管指标数据集的计算。

表 4.4 显示了就业保护法的整体平均水平，以及按部分变量划分的平均水平（本表不包括表 4.2 中已覆盖的变量，尽管这是所有 15 个变量的平均水平）。鉴于整体平均水平在此期间内的变化不大，各具体变量的变化相对较小也就不足为奇。如下法规的相对监管力度也出现了小幅上升：管理解雇程序性约束和裁员赔偿水平的法规和规定复职是否是常见的补救措施以及被解雇的工作者是否应该享有再就业优先权的法规。此外，每个国家组别中都出现了许多其他较为明显的趋势：

- 发达国家（非欧盟）：发达国家（非欧盟）就业保护法的整体变化趋势主要受 “固定期限合同：最长期限” 和 “签订固定期限合同的工作者：约束”（不同就业形式的两个变量）上升的驱动（相关讨论，见上文）。“共同决策/咨询”

专栏 4.3

就业保护法（部分变量）的近期修正案

通知期限法规：爱沙尼亚2008年颁布的《劳动合同法》将通知期限从2个月缩短为30日历天，而西班牙2010年颁布的第35号法律将通知期限从1个月缩短为15天。斯洛文尼亚于2013年3月5日实施的新《劳动关系法案》规定，如果工作者受雇不满一年，通知期限将由30天缩短为15天。然而，比利时2013年12月26日颁布的关于蓝领白领雇员通知期限和谐法规的法案，针对已有三四年工作经验的蓝领和白领工人规定了为期13周的新通知期限。

裁员补偿：爱沙尼亚2008年颁布的《劳动合同法案》规定，法律强制裁员补偿从2个月工资缩减为1个月工资，而斯洛伐克《劳工法规》2011年修正案规定，裁员补偿需以雇员同意终止合同为条件。2013年后续修正案（政府改组后）规定，工作满2—5个月的工作者享有获得1个月解雇费的权利。在发展中国家组别，摩洛哥1-03-194号诏令提出了每年工作96小时（原为48小时）的规定。

和“程序性约束”变化微小。前者变化主要是由于2009年澳大利亚法律的变化。

- 欧盟：在过去的20年里，就业保护法相对法律力度的增长大部分归因于固定期限合同就业的法律监管变化（固定期限合同就业约束和固定期限合同就业最长期限监管）。危机爆发以来，法律监管的相对力度下降与“裁员补偿”和“通知期限”指标的变化相关联，这两个指标在此期间内出现大幅下跌（参见专栏4.3）。“裁员补偿”指标的下降主要集中在爱沙尼亚、罗马尼亚和斯洛伐克。“通知期限”指标的下降发生在爱沙尼亚、斯洛文尼亚和西班牙，而比利时的该指标出现增长趋势。
- 新兴国家：1993年以来，就业保护法的变化是受到“实质性约束”、“再就业优先权”和“裁员选择”指标变化的影响——都是2008年中国发生巨大变化的结果。
- 发展中国家：一些显著变化包括摩洛哥“裁员补偿”和加纳“程序性约束”指标的增长。

第二节　劳动力监管对劳动力市场和社会结果的影响

劳动力市场监管作为政策工具变得日益重要……

劳动力市场监管改革是政策制定者可利用的一项重要工具，以实现提高公平性和包容性发展的目标。自危机爆发以来以及在随之而来的经济增长缓慢与就业赤字时期内，劳动力市场监管改革愈演愈烈，并且成为关于如何解决就业和社会挑战的辩论的焦点。然而，响应方向却千差万别，尤其是欧洲和新兴经济体之间的差别。正如第一节所讨论的，欧洲近几年的变化倾向于降低劳动力市场监管力度。① 相较而言，在新兴经济体，对劳动力市场监管的关注反而加强了对工作者的保护力度，以提高公平性和实现包容性发展；此外，在全球需求波动和国际贸

① 此外，在财政紧缩的背景下，与积极的劳动力市场政策相比，劳动力监管改革往往被视为一种改善劳动力市场和社会结果的“低成本”手段——至少在财政支出方面是这种情况。

易增长放缓时，对劳动力市场监管的关注还被视为增强国内需求进而提高经济弹性的工具。

……但其对就业结果的影响仍备受争议，部分原因在于评估方法不同。

这就引出了一个重要且备受争议的问题：所讨论的劳动力市场监管变化在实现预期劳动力市场和社会结果方面的效果如何。尽管经典经济理论预测，限制雇主解雇工作者的能力会增加雇佣成本，从而减少就业（Skedinger，2010），但这些预测很大程度上都取决于模型的内部联系及其基本假设。

对劳动力市场监管实际影响的分析表明，就业保护法对就业和失业的影响或正面或负面，这取决于具体背景，但其总体影响十分有限，而且应避免过渡监管或监管不力的现象（ILO，2012）。根据全球的文献综述（Betcherman，2012），世界银行得出结论，对劳动力市场监管影响的现有估计显示，影响温和，略微正面或负面（World Bank，2013）。基于分类信息的研究（如按年龄或性别分类）发现，劳动法律对特定人群存在一定影响，或正面或负面，但对整个劳动力市场影响甚小。[①]

实证评估不同劳动力监管方式对就业结果的影响所面临的主要挑战在于建立一种方法，以有效透明地衡量很难用数值表现的法律和制度现象。尽管在遵守和执行方面仍存在问题，但某些形式的劳动力监管——如数值数据相对比较容易识别的最低工资规定——并不存在此类问题。但对于劳动力监管的诸多方面而言，对法律相对力度的评估必然更加复杂。正如国际货币基金组织最近指出，各个国家劳动力市场监管和灵活性的衡量十分困难，以至于限制了任何试图衡量其影响的准确性。[②]

此外，经济分析还表明，正式规定可能相对较容易改变，但非正式规则和惯例却很难调整（North，2005）。在比较法领域，类似见解司空见惯。这表明，实际上，“外国法律、制度和规范可以被采用、修改、变更、颠覆、部分忽略或引起意外变化”（Biddulph 和 Nicholson，2008）。

尽管这些问题十分复杂，但促进更多更好就业机会的迫切需求，以及跨国时序数据分析方法论的发展，使人们更有兴趣试图衡量和预测劳动力监管影响（Cazes 和 Aleksynska，2014）。扩展后的商业研究中心的劳动力监管指标数据集覆盖 63 个国家，包括大多数发达经济体以及部分非洲、亚洲和拉美国家，并允许在较长时期内对一个相对较大的国家组别进行更加深入的分析。

采用扩展前商业研究中心的劳动力监管指标数据的以往研究发现，保护工作者的法律监管通常与法国、德国、日本、瑞典、英国和美国的失业没有固定的关系，但却与劳动收入占国民收入份额成呈正相关（Deakin 等人，2014）。印度数据表明，在长时期控制工业生产水平变化后，工作者法律保护相对力度的增加与较低的失业水平有关，存在着从经济到法律的各种因果关系（Deakin 和 Sarkar，2011）。一项采用商业研究中心的劳动力监管指标数据的研究对巴西、中国、印度、俄罗斯和南非的集体劳工法进行了研究。研究发现，员工代表分类指数的较高得分与较低基尼系数的更加平等待遇相关，并且对就业没有负面影响（Deakin 等人，2014）。对就业保护法和采用商业研究中心的劳动力监管指标数据创新的关系的研究表明，基于员工对新产品和流程的投入，就业保护法相对力度越大，就越会促进较高的创新水平（Acharya 等人，2014）。

---

① 例如，巴萨尼尼和杜瓦尔（Bassanini 和 Duval，2006）发现，就业保护法对男性就业没有影响，但却对女性全职就业存在负面影响。

② 例如，参见国际货币基金组织（2015）。

图 4.3　1993 年至 2013 年按就业保护法总体变化划分的各国劳动力市场发展状况（百分点变化）

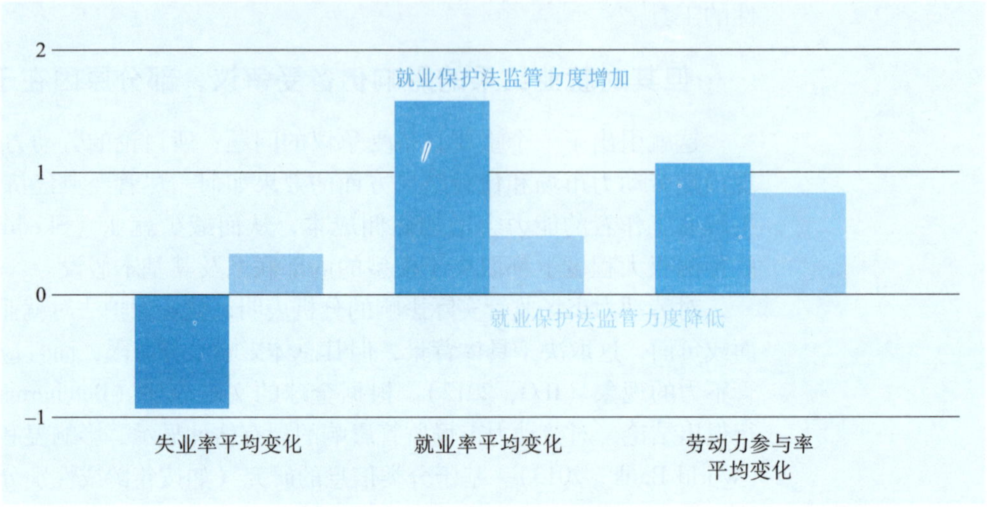

资料来源：国际劳工组织研究部基于《趋势经济计量模型》和商业研究中心的劳动力监管指标数据集的计算。

一项描述性分析表明，监管力度变化与喜忧参半的短期就业结果有关……

为探究监管力度变化的短期影响，法律变化两年后，各国的劳动力市场状况将与变化发生时的市场状况相比较。分析仅限于本章所研究的 19 个主要指标的最近变化，其中国家被分为两个组别，即监管力度加大的国家和监管力度减弱的国家。一方面，值得注意的是，平均来说，监管力度加大的同时失业率下降，在所研究的国家中有 15 个国家是这种情况。另一方面，当监管力度减弱时，所呈现的结果要复杂的多，一些国家的失业率出现了下降，另有一些国家的失业率出现了上升。①

然而，劳动力市场改革所产生的短期影响从长远来看可能会被抵消——这要求其评估采用一个更加长期的方法。在研究更长时期内（即 1993 年至 2013 年）的变化并采用一个更加全面的方法（即关于就业保护法指标的发展情况，仅研究劳动力市场变化）的过程中，出现了类似的情况。确实，在就业保护法监管力度加大的国家，其失业率在长期来看出现了下降，而在监管力度减弱的国家，其失业率上升。与就业保护法监管力度减弱的国家相比，就业保护法监管力度加大的国家的就业率和劳动力参与率增幅更大（图 4.3）。②

……更深入的经济计量分析已经证实这一点。

为了参与辩论，当前的分析使用了全新的商业研究中心的劳动力监管指标综合数据库——使用就业保护法指标和上文所述的不同就业形式子指标——并对

① 一项相似的研究采用了就业率和劳动力参与率指标，两项研究结果无明显偏差。

② 关于不同就业形式和相关劳动力市场表现的变化分析结果并不是很清晰。实际上，虽然在不讨论变化方向的情况下失业率呈现下降趋势，但当不同就业形式的监管力度下降时，失业率会以略微较高的速度下降。但监管力度减弱也于就业率和参与率大幅下降有关；反之，国家的监管力度加大，其就业率与参与率也会提高。鉴于当前分析研究的是不同就业形式指标对劳动力市场表现的影响，这一微妙的情况是可以预测的。事实上，不同就业形式指标只会对部分劳动力产生影响，而且它对签订各种就业合同的工作者分布的影响可能超过其对整体就业/失业水平的影响。

63个国家在1993年至2013年的情况进行了面板经济计量分析。

分析遵循了以往的研究（如 Bassanini 和 Duval，2006；ILO，2012；Addison 和 Texeira，2003），并对失业率的滞后值、多种宏观经济变量（如增长表现、通胀、贸易开放度和净贷款/借款）和监管严格度的衡量方法进行了回归分析——在这种情况下，分别按就业保护法和不同就业形式指标进行衡量。我们采用了不同的经济计量模型，以检验分析的稳健性（关于所用方法和所得结果的详细情况，参见附录B）。[①] 不同的模型一致显示，就业法——按照就业保护法或不同就业形式指标衡量——对失业率存在负面影响，但该影响在统计学上并不显著。研究结果在以下因素变化后仍适用：协变量的选择（如滞后值或同期值，三年和五年的平均值）、就业保护法（和不同就业形式）与失业率的非线性关系的引入[②] 以及发达经济体和新兴/发展中经济体。通过利用一个新的就业保护法指标和更广泛国家在许多其他方面的贡献，这些结果证实了许多之前的研究结果并没有发现劳工法的严格程度与劳动力市场的就业水平之间在统计学上存在显著联系（如参见 Baccaro 和 Rei，2006；IMF，2015）。

此外，分析还探究就业法的严格程度是否影响其他劳动力市场变量（如就业率和个体经营就业比例）和社会指标——如按不平等水平（按劳工占比衡量）或人类发展（按人类发展指数衡量）衡量。鉴于失业率不能够体现新兴经济体和发展中经济体的劳动力市场表现，而且这些国家在执法方面通常存在较大缺口（如在非正式经济的高水平就业），这一方面的探究尤为重要。然而，有关对其他劳动力市场和社会指标影响的初步证据并没显著结果（参见附录B）。

第三节　结　　语

危机爆发以来，劳动力监管变化日益被看作是推动就业创造的方式，尽管欧盟的变化方向与新兴经济体和一些其他经济体相反。同时，人们逐渐意识到，劳动力监管对于"保护工作者免受任意或不平等待遇和确保雇主和工作者签订有效合同"十分必要（World Bank，2015）。重要的是，最近的研究和多元分析表明，劳动力监管变化巨大，但并没有对经济或就业创造产生显著效果。问题是如何针对具体的经济和劳动力市场环境设计劳动力监管，因为太过宽松或严格的监管可能会对经济增长、就业创造、实现平等和提高社会凝聚力造成适得其反的效果。

量化劳动力监管的变化内容是了解劳动力监管和劳动力市场如何随着不断变化的经济环境以及政治和社会偏好而变化的一个重要步骤。但变量选择和定义的难题，以及关于加权和聚合的权衡必须得以解决。作为应对这些挑战的新方式，本章根据商业研究中心的劳动力监管指标的扩展版本对研究结果进行了阐述，这是一个记录大量发达和发展中国家在数十年内的劳动力监管变化情况的独特方法。

这项研究工作的一项关键发现是，许多国家都通过增强对某些非标准就业形式的保护来响应就业类型的多元化，这一点在要求兼职工作者与全职工作者，以及签订固定期限合同的工作者和派遣工作者与长期工作者和正式工作者一样拥有平等待遇的法律方便尤为明显。然而，本章的数据分析还指出这一趋势存在着相

① 尤其是，分析执行了合并的普通最小二乘法（OLS）回归、标准误差集中于国家层面的固定效应（FE）模型和广义矩估计。

② 关于就业保护法和就业率之间的非线性关系的相关证据，参见国际劳工组织（2012）。

当大的两极化。值得注意的是，许多国家大幅增加了不同就业形式的监管力度，而还有许多其他国家继续保持较宽松的监管力度，甚至没有实施监管。

本章还发现，自危机爆发以来，欧盟的就业保护法监管力度呈下降趋势，发展中国家的监管力度也有较轻程度的下降。就影响而言，描述性分析表明，就业保护法监管的变化与混合就业结果相关联。因此，在许多示例中，在工作者保护力度日趋严格的同时，劳动力市场效果也在逐渐凸显。

在本章中，通过利用面板数据和时间序列技术，计量经济学分析证实近期工作者保护法的增加并没有带来明显的负面影响。这为下列命题提供了支持：如果设计完善，就业监管可为不同就业形式的工作者提供保护，并且不妨碍就业创造。

展望未来，此处所述的商业研究中心的劳动力监管指标的扩展版本将提供一个更全面的基准，借以深化我们对不同国家和区域的劳动力监管和劳动力市场结果之间联系的了解，并扩展分析，覆盖各个部门。未来，正规法律和执行之间存在的潜在差距也将被考虑在内。

附录 A

用于构建商业研究中心的劳动力监管指标数据集的方法和编码算法

商业研究中心的劳动力监管指标数据集是一项“综合指数”，通过对法律文本进行内容分析得出。它旨在以定量形式总结法律数据，可用于统计学分析。此类指数的构建包括一系列步骤。

出发点是确定感兴趣的现象，然后可以将其更准确地表达为概念性构建。以商业研究中心的劳动力监管指标为例，总体感兴趣的现象是“劳动力法律”，而构建——编码过程的重点——是“劳动力监管”。此处的现象选择由数据集的目标决定，以制定劳动力法律法规的衡量方法，用于评估这些法规的经济和社会影响。“劳动力监管”构建预先假定劳动力法律法规旨在且能够影响雇主和工作者行为。在使用过程中，其并未对劳动力法律的外生性做出假设，因为监管对经济和政治体系变化很可能是内生的。但假设监管涉及制度、法律或行政行为，这些行为可以被视为不同于其所产生的经济或社会影响。选择术语“监管”是因为其具有中性的特点。而其他指数指的是针对雇主的“成本”或“严格”，或针对工作者的“保护”，它们可被看作是假设劳动力法规具有特殊的经济或社会影响，而这在对法律和经济数据之间的关系进行统计学分析前是不可知的。

其次是识别多个指标或变量，在数值计算方面，这些指标或变量共同代表建构。商业研究中心的劳动力监管指标以 40 个此类指标为基础。这些指标代表了五个领域的国家劳动力法律体系的核心内容：替代性就业合同、工作时间、解雇保护、员工代表和劳资纠纷法。它们还是波特罗等人（Botero 等人，2004）的研究中所采用的主要分类指数，以将其与他们的方法进行对比。那些统计数据已经存在且不需要制定综合指数（如最低工资水平）的监管领域不会为此而被编码。歧视法和社会保障法引发了不同的问题，职业安全和健康法也是如此；未来其中一些问题律可以采用相似的编码方法，被增加到数据集中（欲了解相关讨论，参见 Deakin 等人，2007）。

第一组变量——替代性就业合同，指的是确定劳动法的适用人员范围和不同就业法规适用于不同就业形式的程度的法规。这些法规规定雇主通过以下两种方式可在多大程度上规避保护性劳动法规定：一是通过签约诸如个体经营者或独立承包商一类的工作者，二是通过签订保护力度不及不确定、全职和固定就业的标准就业关系的就业合同。此类“替代性”合同包括那些与兼职工作、固定期限就业和临时工作相关的合同。第二组变量——*工作时间*，衡量劳动法中有关工作日和工作周、周末工作、加班、带薪年假和公共假日时间长短的规定。第三组变量包含与*解雇*相关的法规，由衡量如下方面的法律法规的变量构成，如通知期、遣散费、解雇通知、不公平解雇等待期、实质性和程序性解雇保护、不公平解雇补偿、裁员选择和再就业优先权。第四组变量涉及有关*员工代表*的法规。此处的相关变量包括那些与结社自由和集体谈判宪法保护、雇主与集体员工代表谈判职责的法律、闭合式雇佣协议、部门层级集体协议的延期、董事会层级的共同决策和员工代表委员会。第五组变量涉及*劳资纠纷*，包括以下宪法保护指标：罢工权利、非官方罢工、通知期、和平条款、政治罢工、次级抵制、调解、停工和解雇罢工工人。

针对每个变量制定一种*编码算法*，从而设定一个过程，将法律规定的文本内容转换成数值。本章所利用变量的算法见表4A.1。大多数这些算法使用了累进分数，以反映多数劳动法规定的可能数值范围，而二进制编码不能准确反映这一范围。在一些案例中，分数会因监管力度的不同而变化，监管力度原则上适用于给定法规。在一些情况下，分数的变化还反映出不同的监管模式，具有严格约束力的法规分数高于那些约束力低的法规。

要得出分数，需要检索法律文本形式的原始数据，然后对所探究法律采用相关的编码算法。来自剑桥和日内瓦国际劳工组织的研究人员团队已经开始执行这一过程，在通过讨论和迭代获得最终数值前，他们比较了给定指标的单个分数。在所有情况中，法律文本（成文法、案件以及相关的具有法律约束力的行政法规和集体协议）用作编码的基础；这些法律文本可以在法律图书馆或通过在线资料查阅。尽可能查阅原始语言版本或官方（政府或国际劳工组织授权）译本。

由于商业研究中心的劳动力监管指标分数完全基于法律资料的内容分析，因此这些分数旨在衡量法律。因此，商业研究中心的劳动力监管指标并没有提供法律实践有效性的证明。但它可与提供此类证明的其他数据集相结合，如本章中采用的自由之家指标，从而制定一个综合的衡量指标，以便根据法律制度有效性数据确定劳动法规定的要素（关于商业研究中心股东保护数据集中所使用的该方法的说明和世界银行法治指数，参见Armour等人，2009b）。

在每个变量都获得分数后，可以将分数汇总，形成不同的分类指数，并获得整体指数分数。汇总过程中考虑加权问题十分必要。如果未采取加权，数据集中会包含着一种隐加权，即每个变量同等重要。原则上可能没有充分的理由背离这个方法；而且，在没有明显证据证明这一主张的情况下，因假设的指标对于劳动法体系运行的重要性而为具体指标附加权重，将在编码操作中引入不必要的主观程度。然而，进行加权的充分理由是，一些概念的表达可能比其他概念更加复杂，因此可能作为整体用指数中的额外变量表示。为此，当计算整体指数的平均值时，原则上每个不同的分类指数应该予以相等的权重。此外，一些个别的指数可能需要调整。因此，对于第一个分类指数替代性就业合同而言，各个不同就业形式的变量应平等加权（这可以通过赋予变量1双重加权以及通过合并变量4、5、6，以生成一个综合固定期限合同分数后再赋予双重加权实现）。①

---

① 本章通过赋予固定期限合同就业相关变量不同的权重，重复进行经济计量学分析。结果仍然相同。

表4A.1提供了40个变量清单及其编码算法。

表 4A.1 部分变量的编码算法

变量	算法
1. 法律，而非合同双方，决定工作者的法律地位	• 如果合同双方可自行规定其关系为个体经营，而非雇员地位，得分为0；如果法律允许合同双方签订的合同性质决定法律地位问题（如英国普通法“义务相互性”测试），得分为0.5；如果符合某些具体标准（如支付形式、雇用时间等），法律强制性定义合同双方雇员地位，得分为1。 • 介于0到1之间的分数范围反映法律监管力度的变化。
2. 兼职工作者有权享有与全职工作者平等的待遇	• 如果法律体系认可兼职工作者享有平等的待遇（如欧盟指令97/81/EC中的规定），得分为1。 • 如果法律体系认可兼职工作者享有较为有限的平等待遇（如通过性别歧视法，或就业过程中，不能随意对待工作者的一般权利），得分为0.5。 • 如果以上两项均不是，得分为0。 • 介于0到1之间的分数范围反映法律监管力度的变化。
3. 兼职工作者享有与全职工作者平等或成比例的解雇权	• 如果从法律角度上讲，兼职工作者在解雇保护方面（通知期、遣散费和不公平解雇保护）享有与全职工作者成比例的权利，得分为1。 • 否则，得分为0。 • 介于0到1之间的分数划分范围反映法律监管力度的变化。
4. 只允许针对工作期限有限的工作签订固定期限合同	• 如果法律通过只允许针对临时性工作、培训、季节性工作、因产假或病假或其他具体原因更换工作者采取临时雇佣的形式，对固定期限合同的签订施加实质性限制，得分为1。 • 否则，得分为0。 • 介于0到1之间的分数划分范围反映法律监管力度的变化。
5. 签订固定期限合同的工作者有权享有与长期工作者平等的待遇	• 如果法律体系认可签订固定期限合同的工作者享有平等的待遇（如欧盟指令99/70/EC），得分为1。 • 如果法律体系认可签订固定期限合同的工作者享有较为有限的平等待遇（例如，就业过程中不能随意对待工作者的一般权利），得分为0.5。 • 如果以上两项均不是，得分为0 • 介于0到1之间的分数划分范围反映法律监管力度的变化。
6. 固定期限合同的最长期限	• 在就业被视为长期就业之前，衡量法律所允许的固定期限合同的最长累计期限。标准分数从0到1，数值越高，法律允许期限越短。如果最大限制短于1年，得分为1，如果期限为10年以上或没有法律限制，则得分为0。
7. 派遣工作被严令禁止或受到严格控制。	• 如果法律禁止使用派遣劳工，得分为1。 • 如果法律对派遣劳工的使用施加实质性限制（从某种意义上讲，只有满足特定条件，如雇主应对劳动力需求波动时的明显需求，派遣劳工才被允许），得分为0.5。 • 如果以上两项均不是，得分为0。 • 介于0到1之间的分数划分范围反映法律监管力度的变化。
8. 派遣工作者有权享有与用户企业的长期工作者平等的待遇	• 如果法律体系认可派遣工作者在一般雇佣条款和条件方面享有与用户企业的长期工作者平等的待遇，得分为1。 • 如果法律体系认可派遣工作者享有较为有限的平等待遇（如就反歧视法而言），得分为0.5或另一个中间分值。 • 如果以上两项均不是，得分为0。 • 介于0到1之间的分数划分范围反映法律监管力度的变化。
16. 法律规定的通知期限	• 以周为计算单位，衡量就业满三年的工作者的通知期限。标准化分数：0周=0，12周=1。
17. 法律规定的裁员补偿	• 以周为计算单位，衡量应支付给就业满三年的被裁员工作者的裁员补偿额。标准化分数：0周=0，12周=1。
18. 正常情况下不公平解雇的最低服务等待期	• 衡量工作者符合一般不公平解雇保护所需的服务期限。标准化分数：三年以上=0，0个月=1。

表 4A.1 部分变量的编码算法

续表

变量	算法
19. 法律对解雇施加程序性约束	• 如果雇主未能在解雇前遵守程序要求，必定造成不公平的解雇，得分为1。 • 如果未遵守程序要求通常会导致不公平解雇裁决，得分为0.67。 • 如果未遵守程序要求只是不公平解雇情况中的一个考量因素，得分为0.33。 • 如果根本没有针对解雇的程序要求，得分为0。 • 介于0到1之间的分数划分范围反映法律监管力度的变化。
20. 法律对解雇施加实质性约束	• 如果只有雇员犯下严重过失或错误时才允许解雇，得分为1。 • 如果依据更广泛的正当理由（如过失、能力不足、裁员等），解雇是合法的，得分为0.67。 • 如果解雇被判例法认定为“合理”或“公平”的而被允许，得分为0.33。 • 如果雇佣关系可以随意终止（即通常允许无因性解雇），得分为0。 • 介于0到1之间的分数划分范围反映法律监管力度的变化。
21. 复职为不公平解雇的常见的补救措施	• 如果复职为不公平解雇的常见补救措施且必须认真执行，得分为1。 • 如果复职和补偿从法律上和事实上是替代性补救措施，得分为0.67。 • 如果补偿是常见的补救措施，得分为0.33。 • 如果不存在作为正当权利的补救措施，得分为0。 • 介于0到1之间的分数划分范围反映法律监管力度的变化。
22. 解雇通知	• 如果根据法律或约束性集体协议规定，雇主必须在执行个人解雇前获得国家机构或第三方机构的许可，得分为1。 • 如果在解雇员工前雇主必须通知国家机构或第三方机构，得分为0.67。 • 如果雇主向工作者给出了解雇的书面原因，得分为0.33。 • 如果解雇工作者只需口头声明，得分为0。 • 介于0到1之间的分数划分范围反映法律监管力度的变化。
23. 裁员选择	• 如果根据法律或约束性集体协议规定，雇主在因裁员执行解雇前，必须遵守基于资历、婚姻状况、家属数量等的优先规则，得分为1。 • 否则，得分为0。 • 介于0到1之间的分数划分范围反映法律监管力度的变化。
24. 再就业优先权	• 如果根据法律或约束性集体协议，雇主必须遵守与前任工作者再就业相关的优先规则。 • 否则，得分为0。 • 介于0到1之间的分数划分范围反映法律监管力度的变化。
30. 共同决策：董事会成员	• 如果法律赋予具备一定规模的公司的工会和/或工作者提名董事会董事的权利，得分为1。 • 否则，得分为0。 • 介于0到1之间的分数划分范围反映法律监管力度的变化。
31. 工作者共同决策和知悉/咨询	• 如果劳资联合委员会或企业委员会享有共同决策的法律权力，得分为1。 • 如果劳资联合委员会或企业委员会在某些条件下必须依法设立，但没有共同决策权力，得分为0.67。 • 如果雇主不能提出替代性或预先存在的替代性安排，依据法律可以要求设立劳资联合委员会或企业委员会，得分为0.5。 • 如果法律规定了关于某些问题的工作者或工作者代表知悉和咨询权，但并不要求维持劳资联合委员会或企业委员会作为常设机构，得分为0.33。 • 否则，得分为0。 • 介于0到1之间的分数划分范围反映法律监管力度的变化。

附录 B*

计量经济学分析的方法论

本附录提供了本章中实证部分所采用的方法信息，以评估就业法对劳动力市场结果的影响。我们利用了就业保护法的新商业研究中心的劳动力监管指标和不同就业形式分类指数——如本章第一节所述——并对 1993 年至 2013 年间的 63 个国家进行了分析。对于观测量大且时间周期固定的案例研究，我们已经开发出了经典的计量经济学面板数据分析。理论提出了各种不同的方法，以评估面板回归，其中固定效应（FE）和随机效应（RE）评估通常作为起点（Baltagi，2013）。我们对这两个选项进行了测试，并选定固定效应模型，该模型从国家层面汇总标准误差。此外，这项分析利用了合并的最小二乘法回归分析和广义矩方法估算。在所有案例中，我们对如下模型就行了估算（Bassanini 和 Duval，2006；Lazear，1990；Addison 和 Texeira，2003）：

$$y_{it} = \alpha_t + \beta * y_{it-1} + \gamma * EPL_{i,t} + \delta * \sum_j X_{it}^j + e_{it}$$

其中，y_{it}表示国家 i 在时间 t 的失业率；$y_{it}-1$ 是其滞后值；EPL 衡量就业法严格程度（按整体就业保护法指标或不同就业形式分类指数衡量）；X 是一组协变量，以控制宏观经济波动（GDP 增长、贸易开放、通货膨胀和一般政府贷款/借款净额）；而 α_t代表具体时间下的固定效应，e_{it}为标准误差。表 4B. 1 列示了本分析中所用到的变量。

实证分析结果见表 4B. 2。其中，第一组代表包括就业保护法整体指标在内的模型结果，第二组代表利用不同就业形式分类指数的模型结果。对数据库中的整个样本（63 个国家）进行单独的回归分析，然后分别回归分析发达经济体（36 个国家）以及新兴和发展中经济体（27 个国家）。在每种情况下，同一模型（如上所述）都采用合并的最小二乘法回归分析（第一列）、固定效应模型（第二列）和广义矩方法估算（第三列）进行估算。最小二乘法估算显示了稳健标准误差，而在固定效应估算中，标准误差都在国家层面的到汇总。这两个模型利用年度值（如表 4B. 2 所示）以及三年平均值来平抑商业周期波动。但后者的结果大体上与年度平均水平基线模型获得的结果相一致，并且并没有在下表中体现出来。

表 4B.1 实证分析中所使用的变量一览

变量	定义	国家数量	年份	来源
就业保护法/不同就业形式指标	雇用法的就业保护法/不同就业形式指标	63	1993—2013	商业研究中心的劳动力监管指标数据库
失业率	总失业率（百分比）。点估计	63	1993—2013	全球就业趋势数据库
GDP 增长	t 时间段内的 GDP 增长（百分比）	63	1993—2013	全球就业趋势数据库
通货膨胀	年度消费价格指数的变化	63	1993—2013	国际货币基金组织全球经济展望数据库
政府贷款/借款净额	金融资产减去负债净发生额的净所得占 GDP 比重	63	1993—2013	国际货币基金组织全球经济展望数据库
贸易开放	商品和服务进出口贸易总额占 GDP 比重	63	1993—2013	世界银行发展指标

资料来源：国际劳工组织研究部。

* 德拉格斯·阿达斯卡利泰鼎力协助这项研究。

表 4B.2 失业率实证分析

第一组：利用就业保护法指标所得的不同计量经济学模型结果

	总样本			发达经济体			新兴经济体和发展中经济体		
	合并的最小二乘法	固定效应	广义矩方法	合并的最小二乘法	固定效应	广义矩方法	合并的最小二乘法	固定效应	广义矩方法
失业滞后	0.959***	0.878***	1.603**	0.980***	0.872***	1.133***	0.964***	0.855***	0.960*
	(91.81)	(24.12)	(3.27)	(58.1)	(27.89)	(5.75)	(66.86)	(10.65)	(2.53)
GDP 增长	-0.108***	-0.165***	-0.439	-0.269***	-0.310***	-0.299	-0.05*	-0.064***	-0.597
	(-6.82)	(-5.01)	(-0.90)	(-8.69)	(-8.70)	(-0.73)	(-4.41)	(-2.99)	(-1.79)
贸易开放	0.00188*	-0.00838	0.0561	0.00323*	-0.0173	-0.0212	0.000156	-0.00263	0.0739
	(2.3)	(-1.45)	(1.16)	(2.12)	(-1.82)	(-0.67)	(0.15)	(-0.39)	(1.46)
通货膨胀	0.0125	0.0118	0.421	0.0380**	-0.0111	-0.277	0.00551	0.0114**	0.306
	(1.86)	(1.67)	(0.79)	(2.95)	(-0.98)	(-0.55)	(0.73)	(2.82)	(0.34)
政府贷款/借款净额	-0.0475***	-0.0564**	-1.183*	-0.0472***	-0.0574*	-0.785*	-0.0322*	-0.0373	-0.937***
	(-5.22)	(-2.83)	(-2.45)	(-4.29)	(-2.24)	(-2.45)	(-2.13)	(-1.62)	(-3.60)
就业保护法	-0.000424	-0.00924	-0.164	0.00287	-0.0247	-0.0171	-0.00756	-0.00682	-0.137
	(-0.24)	(-0.80)	(-0.78)	(1.24)	(-1.58)	(-0.31)	(-1.84)	(-0.48)	(-0.87)
N	1180	1180	363	678	678	209	502	502	154
R^2	0.94	0.82		0.94	0.87		0.96	0.78	
σ_u		0.58			0.87			0.63	
σ_e		1.02			0.92			1.01	
ρ		0.24			0.47			0.27	
组别数量		63	63		36	36		27	27
方法数量		16			16			16	
汉森 J 检测（假定值）		0.23			0.77			0.43	
AB 序列相关性测试（假定值）		0.70			0.54			0.907	

第二组：利用不同就业形式指标所得的不同计量经济学模型结果

	总样本			发达经济体			新兴经济体和发展中经济体		
	合并的最小二乘法	固定效应	广义矩方法	合并的最小二乘法	固定效应	广义矩方法	合并的最小二乘法	固定效应	广义矩方法
失业滞后	0.959***	0.890***	0.850*	0.984***	0.878***	0.661***	0.967***	0.856***	0.705***
	(91.6)	(25.12)	(2.13)	(60.15)	(28.16)	(4.14)	(72.12)	(11.59)	(5.37)
GDP 增长	-0.121***	-0.16***	-0.238	-0.26***	-0.315***	-0.427*	-0.057***	-0.0648**	-0.222
	(-7.40)	(-5.11)	(-0.95)	(-8.76)	(-9.41)	(-2.03)	(-4.14)	(-2.98)	(-1.13)
贸易开放	0.00193*	-0.00825	0.0366	0.00362*	-0.0168	-0.00269	0.000538	-0.00297	-0.004
	(2.35)	(-1.44)	(1.25)	(2.19)	(-1.82)	(-0.14)	(0.44)	(-0.45)	(-0.27)
通货膨胀	0.0127	0.0117	0.203	0.0392**	-0.0115	0.154	0.00626	0.0114**	0.0283
	(1.9)	(1.66)	(0.60)	(3.01)	(-0.91)	(1.04)	(0.85)	(2.39)	-0.21
政府贷款/借款净额	-0.0471***	-0.0555**	-0.652*	-0.0450***	-0.0519*	-0.170	-0.027	-0.0375	-0.0161
	(-5.15)	(-2.91)	(-2.20)	(-4.18)	(-2.11)	(-0.98)	(-1.71)	(-1.64)	(-0.15)
不同就业形式	-0.000828	-0.00245	0.093	0.00000757	-0.0044	-0.0312	-0.007*	0.000349	-0.0337
	(-0.56)	(-0.41)	(1.14)	0	(-0.66)	(-0.64)	(-2.02)	(0.06)	(-0.76)
N	1180	1180	363	678	678	209	502	502	154
R^2	0.95	0.81		0.97	0.87		0.96	0.78	
σ_u		0.57			0.73			0.67	
σ_e		1.02			0.92			1.03	
ρ		0.23			0.38			0.29	
组别数量		63	63		36	36		27	27
方法数量			16			16			16
汉森 J 检测（假定值）			0.62			0.15			0.612
AB 序列相关性测试（假定值）			0.13			0.16			0.469

* $p < 0.05$ ** $p < 0.01$ *** $p < 0.001$

注：在所有模型中，因变量均为失业率。对于每个组别的国家（总样本、发达经济体以及新兴经济体和发展中经济体）而言，回归分析利用合并的最小二乘法、固定效应模型和广义矩方法估算进行计算。最小二乘法和固定效应模型采用年度值进行计算。广义矩方法利用三年平均值进行计算，并将失业率滞后、就业保护法和不同就业形式指标滞后和通胀率滞后看作内生变量，同时将其他控制变量看作外生变量。所有模型都包括年份虚拟变量。回归分析中就业保护法和不同就业形式指标的范围是从 0 到 100，与文本中所描述的从 0 到 1 的得分相对应。

资料来源：国际劳工组织研究部。

就广义矩方法估算模型而言，它利用三年平均值进行计算——因此，严格来说，其结果与上文所述利用最小二乘法和固定效应模型所获得的结果不具可比性。在该模型中，失业率的滞后、就业保护法（或不同就业形式）指标的滞后和通胀率的滞后被看作是内生变量；其他所有因变量被看作是外生变量。该模型包括两个步骤，采用了温德梅杰（Windmeijer）标准误差——可更准确地估算系数和标准误差（如参见 Kucera 和 Principi，2014）。上表还提供了以下检测的假定值：汉森 J 检测（其无效假设是方法与残差无关）和阿雷拉诺·邦德检测（存在残差 2 阶序列相关）。对于不同的模型，这些检测基本上证实了所选方法的有效性。

总的来说，结果大体上都表明，无论是在发达经济体还是在新兴和发展中经济体，雇用法严格程度从统计学上来说对失业率的影响并不明显。在利用整体就业保护法指标的模型中，情况尤为如此（第一组），但各模型的不同就业形式指标系数却或正或负——但从统计学意义上讲其影响微不足道（第二组）。[①]

其他模型——下文将不再详述——已经用于探究雇用法和失业率之间可能存在的非线性关系——继国际劳工组织（2012）之后——但并没有发现任何支持证据。最后，利用其他劳动力市场指标（如就业率、个体经营者占比）和社会经济变量（如劳动份额、人类发展指数）作为因变量，进行分析；但各模型结果从统计学上来说并无太大意义——因此并未在本附录中详述。

这些结果与其他众多研究得到的结果一致，即从统计学来看，就业保护法对整体劳动力市场指标没有显著影响——关于相关辩论的评述，参见巴卡洛和雷伊（Baccaro 和 Rei，2006），关于应用现状，参见国际货币基金组织（IMF，2015）。当前分析证实了这一结果，同时通过采用新的就业保护指标和覆盖大量国家（发达、新兴和发展中国家），为现有文献作出了贡献。

参考文献

Acharya, V.V.; Baghai, R.P.; Subramanian, K.V. 2013. “Labor laws and innovation”, in *Journal of Law and Economics*, Vol. 56, No. 4, pp. 997–1037.

Adams, Z.; Deakin. S. 2014. *Quantitative labour law*, Centre for Business Research Working Paper (Cambridge, University of Cambridge).

Addison, J.T.; Grosso, J-L. 1996. “Job security provisions and employment: Revised estimates”, in *Industrial Relations*, Vol. 35, No. 4, pp. 585–603.

—.; Teixeira, P. 2003. “The economics of employment protection”, in *Journal of Labor Research*, Vol. 24, No. 1, pp. 85–128.

Aleksynska, M.; Cazes, S. 2014. *Comparing indicators of labour market regulations across databases: A post scriptum to the employing workers debate*, Conditions of Work and Employment Series No. 50 (Geneva, ILO).

Armour, J.; Deakin, S.; Lele, P.; Siems, M. 2009a. “How do legal rules evolve? Evidence from a cross-country comparison of shareholder, creditor and worker protection”, in *The American Journal of Comparative Law*, Vol. 57, No. 3, pp. 579–629.

—.; Deakin, S.; Sarkar, P.; Siems, M.; Singh, A. 2009b. “Shareholder protection and stock market development: An empirical test of the legal origins hypothesis”, in *Journal of Empirical Legal Studies*, Vol. 6, No. 2, pp. 343–380.

① 只有在利用合并的最小二乘法估算对新兴国家和发展中国家进行回归分析时，不同就业形式指标的影响才是负面的，在统计学上才具有重大意义。

Baccaro, L.; Rei, D. 2007. "Institutional determinants of unemployment in OECD Countries: Does the deregulatory view hold water?", in *International Organization*, Vol. 61, No. 3, pp. 527–569.

Bassanini, A.; Duval, R. 2006. "The determinants of unemployment across OECD countries: Reassessing the role of policies and institutions", in *OECD Economic Studies*, Vol. 42, No. 1, pp. 7–86.

Berg, J.; Kucera, D. 2008. "Introduction", in J. Berg and D. Kucera (eds): *In Defence of Labour Market Institutions* (Basingstoke and Geneva, Palgrave Macmillan and ILO), pp. 1–31.

Betcherman, G. 2012. *Labor market institutions: A review of the literature*, Policy Research Working Paper No. 6276 (Washington, DC, World Bank).

—. 2014. *Labor market regulations: What do we know about their impacts in developing countries?*, Policy Research Working Paper No. 6819 (Washington, DC, World Bank).

Biddulph, S.; Nicholson, P. 2008. "Expanding the circle: Comparative legal studies in transition", in P. Nicholson and S. Biddulph (eds): *Examining practice, interrogating theory: Comparative legal studies in Asia* (Leiden and Boston, Martinus Nijhoff), pp. 9–23.

Botero, J.C.; Djankov, S.; La Porta, R.; Lopez-de-Silanes, F.; Shleifer, A. 2004. "The regulation of labor", in *Quarterly Journal of Economics*, Vol. 119, No. 4, pp. 1339–1382.

Deakin, S.; Fenwick, C.; Sarkar, P. 2014. "Labour law and inclusive development: The economic effects of industrial relations laws in middle-income countries", in M. Schmiegelow and H. Schmiegelow (eds): *Institutional competition between common law and civil law* (Heidelberg, Springer), pp. 185–210.

—.; Lele, P.; Siems, M. 2007. "The evolution of labour law: Calibrating and comparing regulatory regimes", in *International Labour Review*, Vol. 146, No. 3–4, pp. 133–162.

—.; Malmberg, J.; Sarkar, P. 2014. "How do labour laws affect unemployment and the labour share of national income? The experience of six OECD countries, 1970–2010", in *International Labour Review*, Vol. 153, No. 1, pp. 1–27.

—.; Sarkar, P. 2011. "Indian labour law and its impact on unemployment, 1973–2006: a leximetric study", in *Indian Journal of Labour Economics*, Vol. 54, pp. 607–629.

International Labour Office (ILO). 2012. *World of Work Report 2012: Better jobs for a better economy* (Geneva).

—. 2014. *World of Work Report 2014: Developing with jobs* (Geneva).

—. 2015. *Non-standard forms of employment*, Report for discussion at the Tripartite Meeting of Experts on Non-Standard Forms of Employment, Geneva, 16–19 Feb.

International Monetary Fund (IMF). 2015. "Where are we headed? Perspectives on potential output", in *World Economic Outlook: Short- and long-term factors*, Apr. (Washington, DC).

Kucera, D.C.; Principi, M. 2014. "Democracy and foreign direct investment at the industry level: Evidence for US multinationals", in *Review of World Economics*, Vol. 150, No. 3, pp. 595–617.

North, D. 2005. *Understanding the Process of Economic Change* (Princeton, NJ, Princeton University Press).

Skedinger, P. 2010. *Employment protection legislation: Evolution, effects, winners and losers* (Northampton, MA, Edward Elgar).

World Bank. 2013. *The World Development Report 2013: Jobs* (Washington, DC).

第五章
全球生产模式的变化及其对企业与就业的影响

引言

第三、四章重点分析了第一、二章中所述就业模式变化的国内政策维度，本章则针对关键全球因素，即全球供应链的发展与扩张，对目前观察到的一些就业与收入模式的潜在作用进行探讨。

生产过程不断沿全球供应链分割为多个活动与任务，并对社会经济造成了深远影响，是全球经济的重要特征之一（OECD 等，2014）。贸易与运输成本下降以及信息通信技术的进步推动了全球供应链的兴起。此等因素共同发挥作用，使世界变成一个相互联系的多极化生产与贸易平台。物理距离不再成为商品、服务与信息流动的障碍。世界经济的构建方式也相应地发生了巨大的改变，为发达与新兴经济体的公司和工作者带来了具有不同影响的新型利益与风险。

本章第一节首先对生产国际化的全球性趋势进行了分析，并对全球供应链相关工作的数量进行了估计。第二节探讨了行业层面分析的结果，分析从主导公司和供应商公司的角度，对公司的全球供应链参与和工作质量的部分指标之间的经验关系进行了研究。接下来论述了各公司与全球供应链相关的经济利益与说明，尤其重点分析了公司在何种情形下能够因参与全球供应链而获得经济收益，并同时改善工作条件。最后，本节提供了服装与电子行业的案例研究证据。第三节对本章调查结果的政治意义进行了分析。

第一节　全球生产模式与跨境工作组织

本节阐述了全球供应链在全球经济中发生的典型事实。为开展此分析并与相关文献保持一致，本节将全球供应链定义为生产跨境分割过程中产生的需求—供应关系，其中生产过程的不同任务在两个或多个国家完成。[①] 例如，制造用于生产最终产出（如汽车）的中间投入（如汽车座椅或电子控制设备）就是这样一个生产分割任务。此等任务还可以是提供特定服务（例如，为将产品运送至客户所需的运输服务）。公司可以作为主导公司参与全球供应链，即将各个生产任务分配到除本国以外的其他国家；或作为供应商公司参与，即在其他国家为主导公司完成此等任务。

主导公司通过两种方式参与全球供应链。第一，主导公司可以通过将部分生产阶段离岸外包或者外包给外国国家的方式直接参与全球供应链。在离岸外包的

① 关于类似定义，参见克鲁格曼（Krugman，1995）、安特拉斯和佐尔（Antràs 和 Chor，2013）。

情形下，公司参与对外直接投资（FDI），或在其他国家收购一个既有的专业化供应商，或新设一个生产实体。在此情形下，在国外完成的任务归属于主导公司的所有权范围内。相反，外包是主导公司与独立供应商之间达成的公平合同关系，由后者为前者完成特定任务。第二，主导公司可以间接参与全球供应链，即国内供应商从国外获取生产投入，主导公司又从此等供应商处购买生产投入。随着公司之间直接与间接供应关系数量越来越大，全球供应链也变得日益复杂程度（Meixell 和 Gargeya，2005）。

估计超过1/5的工作与全球供应链相关……

基于前述定义，本节对全球供应链相关工作的数量进行了估计。任何指定国家的估计数据均是致力于生产在别国消费（如最终产品与服务）或者在别国进一步加工（如中间产品与服务）的产品与服务的工作数量。此等估计数据的详情，参见专栏5.1，估计方法以及与其他机构所作估计的对比详情，参见附录A。

根据国际劳工组织的方法估计，在过去几十年内，与全球供应链相关工作的数量无论从绝对数量上还是按其占工作数量总量的比例上均出现迅猛增长。在可获得数据适用于该估计方法的40个国家中，2013年有4.53亿人从事与全球供应链相关的工作，而在1995年仅为2.96亿（图5.2）。[①] 总体增长在很大程度上受新兴经济体驱动，新兴经济体中全球供应链相关工作的增长数量估计为1.16亿。总体而言，与全球供应链相关的工作占所分析国家工作数量总量的20.6%，该比例在1995为16.4%。[②]

然而，大部分增长发生在1995年至2007年之间，全球供应链在20世纪90年代与21世纪早期迅速扩张，但其扩张在21世纪后期放缓（Constantinescu 等人，2015）。近期扩张速度放缓也主要归因于新兴经济体的变化：在样本国家中，在1995—2007年的危机前期间，新兴经济体与全球供应链相关的工作增加了1.6亿，但之后在2008—2013年的危机后期间减少了4400万。

2007年至2008年全球危机过后，全球供应链相关工作数量随之下降，在构成部分样本的新兴经济体中表现尤其明显，这种情形可能由多种因素导致。首先，全球供应链相关工作的数量及其占总就业数量的比例出现下降，部分原因在于危机极其严重地打击了运输设备与机械等出口导向型行业（Escaith，2010；OECD，2010）。其次，据估计，某些新兴经济体（如中国）国内投入可获得性的提高和此等国家中间产品的贸易下滑，是危机后全球贸易增长放缓的部分原因（IMF 和 WB，2015）。最后，另有证据表明，危机导致之前外包或者离岸外包的活动返回至主导公司的原产国，即所谓的生产"内包"或"回流"（Constantinescu 等人，2015；Buono、Vergara 和 Caffarelli，2013）。此趋势可能表明，危机期间对与全球供应链相关风险的感知程度增加（Blome 和 Schoenherr，2010）。

---

① 如果估计数据只考虑与中间产品出口相关的工作，不计入与最终产品出口相关的工作，与全球供应链相关的工作数量则刚刚超过2.5亿。该数据从本质上排除了在供应链中工作任务为对产品进行总装的工作，因此严重低估了与全球供应链相关工作者的真实数量（参见专栏5.1）。

② 蒂默等人（Timmer 等人，2014）提供了全球价值链就业数据，其中包括构成生产全球制造业产品的国内与国际价值链的一部分的所有工作者。然而，他们还纳入了价值链完全位于国内的情形。根据该方法，蒂默等人（2014）得出2008年全球供应链组成部分中包括共计8.85亿名工作者的结论，这个数值几乎是通过国际劳工组织方法得出的数值的两倍。详情参见附录A。

专栏 5.1

用于估计全球供应链相关工作数量的国际劳工组织方法

本报告采用宏观经济方法，将可获得数据的40个国家中与全球供应链相关的工作划分为35个行业，并提供了具有一致性与可比性的数据。[1]其中，7个新兴经济体为巴西、中国、印度、印度尼西亚、墨西哥、俄罗斯和土耳其，另外33个发达经济体为澳大利亚、加拿大、欧盟27国[2]、日本、韩国、中国台湾与美国。[3]应当注意的是，尽管可获得估计数据的经济体覆盖了约全球2/3的劳动人口，但这些并非是全球估计数据。

利用世界投入产出数据库（WIOD）的数据并结合1995—2011年期间关于行业就业的社会经济账户，能够估算出全球供应链相关工作的数量。2012—2013年的估计数据可通过全球供应链相关工作的预测模型计算得出。估计方法将所有直接或间接与出口产出相关的工作考虑在内。产出既可以是用于生产最终产品的中间投入，也可以是向消费者出售的最终产品本身。

更具体地说，图5.1以印度服装行业为假设性示例，展示了如何对全球供应链相关工作的数量进行估计。图中的方框表示生产国家与行业，六边形表示特定行业产出的贸易目的地。在图中，巴西所有与生产化工品作为中间产品出口至印度服装行业相关的工作均计入与全球供应链相关的工作。同时，印度棉花行业中，为印度服装行业生产中间产品的工作也间接计入与全球供应链相关的工作。最终，印度服装行业中80%的工作（即与出口的最终产出份额相对应的工作）计入与全球供应链相关的工作。与在印度出售的20%的服装最终产品相关的工作不计入与全球供应链相关的工作。

基于行业平均劳动生产率，宏观经济方法对与全球供应链相关的工作进行分析，同时考虑到产品生产过程中涉及的整个价值链。尽管未考虑行业内存在的公司异质性，但该方法对全球供应链相关工作数量进行了全面估计。该方法还将离岸外包与外包一并考虑在内，因为这两个过程发挥的特别作用与投入—产出表是分不开的。

国际劳工组织对全球供应链相关工作的估计数据应当理解为所分析经济体中全球供应链相关工作真实数量的上限。首先，有证据表明出口公司的生产率往往更高，这意味着相对于非出口商而言，出口商的同等产出使用了相对更少的投入，包括更少的劳动力（Bernard等人，2007）。其次，在某些情形下，一些最终产品的出口不应当作为全球供应链的组成部分（对比而言，出口的中间产品与服务则无论从其定义上或者在所有情形下均应当作为全球供应链的组成部分）。例如，如果主导公司总部位于中国，则从原则上来说，该公司与从中国出口至美国的手机总装相关的工作不应作为全球供应链的组成部分（然而，如果主导公司位于美国，此等工作则与全球供应链相关）。因数据限制，无法对主导公司原产国最终产品与服务的出口数量进行统计。因此，与其他组织的研究相类似（OECD等，2013、2014；UNCTAD，2013），国际劳工组织使用的方法不论主导公司的原产国，而将所有最终产品与服务的出口考虑在内。的确，在估计与全球供应链相关的工作时不计入与最终产品出口相关的工作是存在问题的，这会排除与最终产品组装相关的外包或离岸外包工作，因此将严重低估与全球供应链关工作的实际数量。

1. 作为一种可选方案，公司层面的数据也可能会用于获得某经济体内全球供应链相关工作数量的详细数据。然而，考虑到各国的覆盖率与可比性问题，该方法在广义层面上并不可行。2. 由于未获得克罗地亚的数据，故未得出欧盟28国的完整数据。3. 除中国台湾以外，国家的分类以二十国集团对发达与新兴经济的分类为基础。

图 5.1 全球供应链相关工作的计算：本章估计方法图解

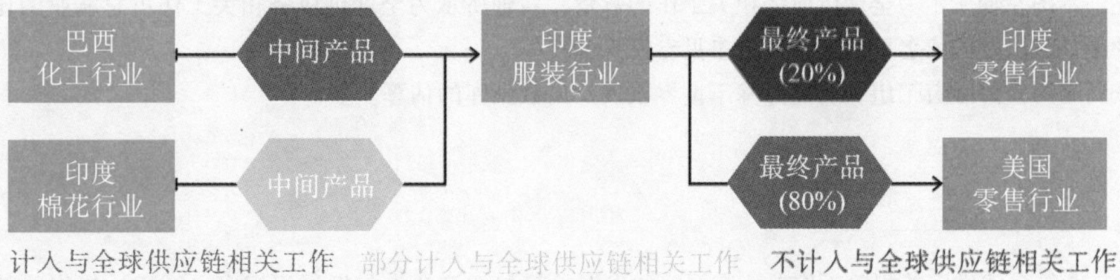

资料来源：国际劳工组织研究部。

由于国家之间工资差异的日益缩小并因此降低了公司为节省生产成本进行离岸外包或外包的可能性，或者由于新兴国家以国内投入替代国外投入的能力不断提高，这种情形是与上述因素以及整体疲软的总需求相关的短期现象还是长期趋势的发端，尚有待观察。未来几年内贸易增长停滞的预期表明，全球供应链相关工作的数量在近期内反弹的可能性不大（WTO，2015）。

就全球供应链相关工作的重要性而言，在统计的40个经济体中，全球供应链相关工作占总就业比例最大的经济体为中国台湾，超过一半的工作者从事与全球供应链相关的工作，其次为韩国和欧盟27国，约1/3的工作者从事全球供应链相关工作（见图5.3）。对国外需求依赖性最低的劳动力市场为日本和美国，在最近的2008—2013年期间，两国各有平均低于15%和10%的工作者从事与全球供应链相关的工作。造成该情形的部分原因在于，美日两国庞大的国内市场与国内导向型供应链（Baldwin 和 Lopez - Gonzalez，2014；UNCTAD，2013），同时，由于对外国公司而言，将各个行业的生产活动外包或离岸外包给日本与美国等高成本地区，相对于其他地区而言获利更低（Jackson，2013）。

危机过后，占比最大的经济体，尤其是韩国、中国台湾与欧盟27国，与危机前相比均出现全球供应链相关工作占比增加的趋势。与此同时，大部分新兴经济体（巴西、中国、印度尼西亚、墨西哥与俄罗斯）以及资源驱动型发达经济体（澳大利亚和加拿大）的全球供应链相关工作占总就业的比例在2008—2013年期间相较于2000—2007年期间均出现下降。① 这表明，全球供应链相关工作尽管从绝对数量上出现总体下降，但其在发达经济体中仍然具有持续重要性。其部分原因在于，在服务业中全球供应链相关工作占比更高，而在一些发达经济体中，服务业（相比制造业）更具弹性。在部分大型新兴经济体及少数发达经济体中（如澳大利亚和加拿大），经济活动与自然资源商品的提炼和加工相关，全球供应链相

图 5.2

1995年至2013年全球供应链相关工作的数量与占比

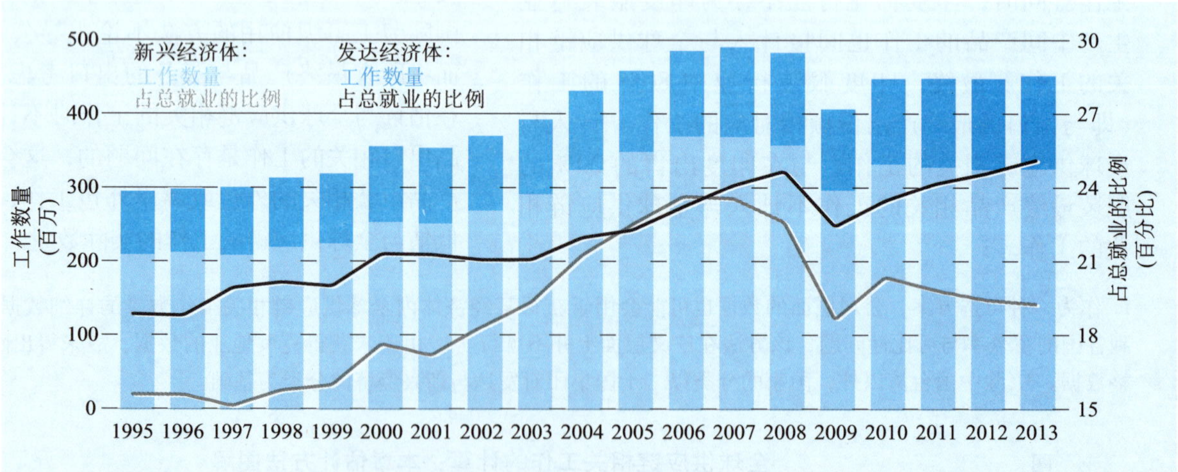

注：本图左轴所示为全球供应链相关工作的数量，右轴所示为全球供应链相关工作占总就业的比例。所示计算中涉及的估计方法及国家名单的详情，请参见专栏5.1。

资料来源：国际劳工组织研究部基于世界投入产出数据库的估算。

① 此等全球供应链相关工作在特定国家的发展趋势与经济合作与发展组织等（2013）提供的外国最终需求所支持的估计工作数量的发展趋势从广义上保持一致。

图 5.3 选定期间内各经济体的全球供应链相关工作所占比例

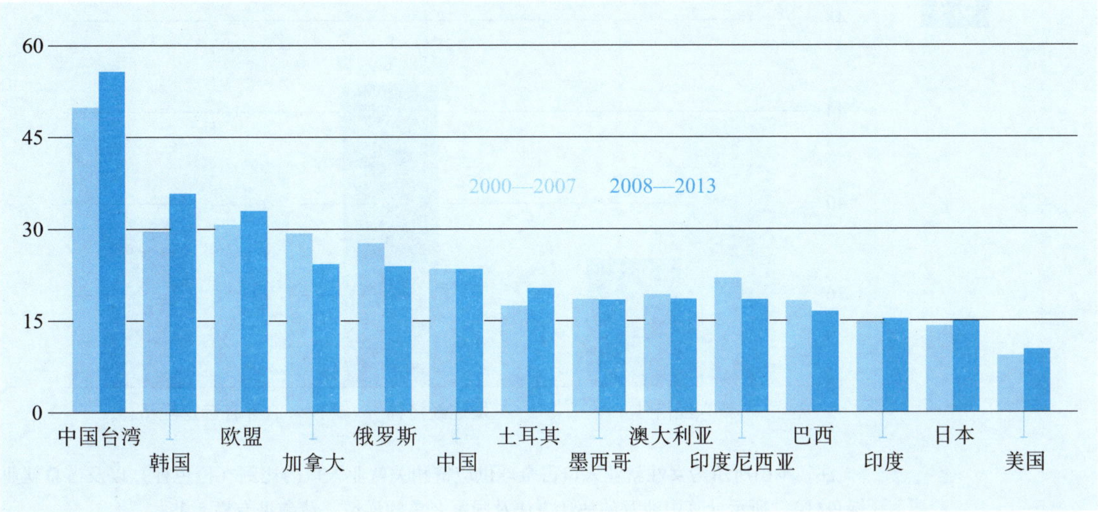

注：本图所示为列明期间内全球供应链相关工作占总就业的平均比例。“欧盟”指欧盟27国。关于估计方法的详情，参见专栏5.1。

资料来源：国际劳工组织研究部基于世界投入产出数据库的估算。

关工作也是如此。此等行业一般劳动力密集度相对较低，因此这些行业活动就业增长的空间也较小，这可能导致在长时间内全球供应链相关工作占比的下降。此外，全球供应链相关工作占比的下降还可能表明其他国内导向型行业就业增长强劲。

……其中包括很大比例的女性就业……

总体而言，在可获得估计数据的40个国家中，约1.9亿名女性从事与全球供应链相关的工作。女性占全球供应链相关就业总人口的比例从广义而言相对稳定，2013年所占比例为41.9%，2000年为41.6%（图5.4）。该比例相较2013年女性占总就业人口的比例高出2.5%。此等数据表明，全球供应链的兴起有助于缓解就业趋势中一直存在的性别差异，但工作质量方面仍存在很大的性别差异（参见第二节）。

然而，区域差异仍然十分巨大。在新兴经济体，女性占全球供应链相关就业总人口的比例高于女性占总就业人口的比例，并且该比例在过去十年间一直处于增长之中，这从广义上反映了全球情形。在发达经济体，2000—2013年女性占全球供应链相关就业总人口的比例大大低于女性占总就业人口的比例。尽管2000—2013年女性占总就业人口的比例呈现增长，但女性占全球供应链相关就业总人口的比例从广义上看仍保持不变。发达经济体中女性占全球供应链相关就业总人口的比例增长乏力的原因之一在于，在此期间女性制造业工作的萎缩。尽管在发达经济体中，女性占全球供应链相关服务业就业人口的比例高于制造业，但全球供应链相关服务业工作的增长并不足以抵消制造业的负增长效应。

图 5.4

2013 年女性占全球供应链就业人口以及占整体经济就业人口的比例

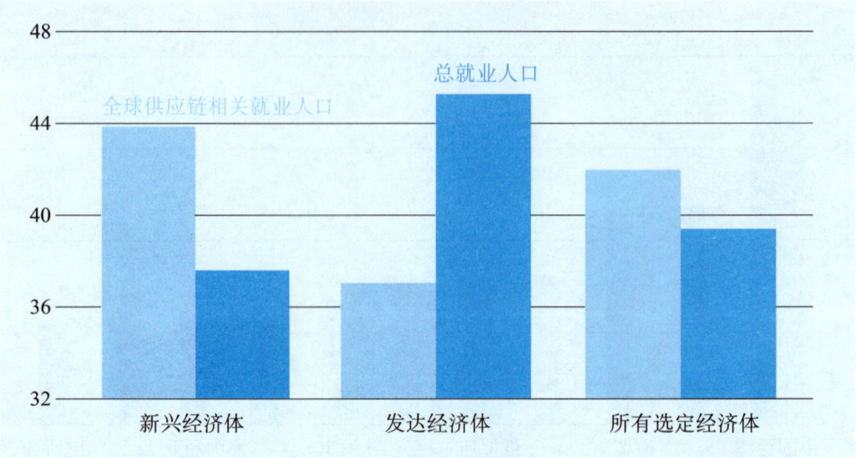

注：本图所示为女性就业人口占全球供应链相关就业人口的比例（橙色柱）以及占总就业人口的比例（绿色柱）。所示计算中涉及的估计方法及国家名单的详情，请参见专栏 5.1。

资料来源：国际劳工组织研究部基于世界投入产出数据库和国际劳工组织《趋势计量经济学模型》（2014 年 10 月）的估算。

……而且服务业中与全球供应链相关工作数量也不断增加。

2000 年至 2013 年期间，在所统计的 40 个国家中，服务业就业人口的增长是全球供应链相关工作数量增长的主要原因。然而，在新兴经济体中，制造业是创造全球供应链相关工作机会的主导行业，这与该行业强劲的整体就业增长情形相一致。因此，尽管制造业发展迅猛，但全球供应链相关工作占制造业总就业的比例仍保持相对稳定（图 5.5）。在发达经济体，农业与工业中全球供应链相关工作的数量保持相对稳定，但此等产业中总工作数量整体下降，这导致全球供应链相关工作占此等产业总工作数量的比例上升。

大部分与全球供应链相关的服务性工作出现在批发与零售贸易以及交通、物流业中，相对于其他行业，这些行业从本质而言与全球供应链的联系更加紧密。然而，发达经济体与全球供应链相关的服务业工作数量的增加大部分受商业服务业的驱动，包括咨询、IT 服务等。

图 5.5

2000 年至 2013 年各行业中与全球供应链相关工作数量占比变化（百分点）

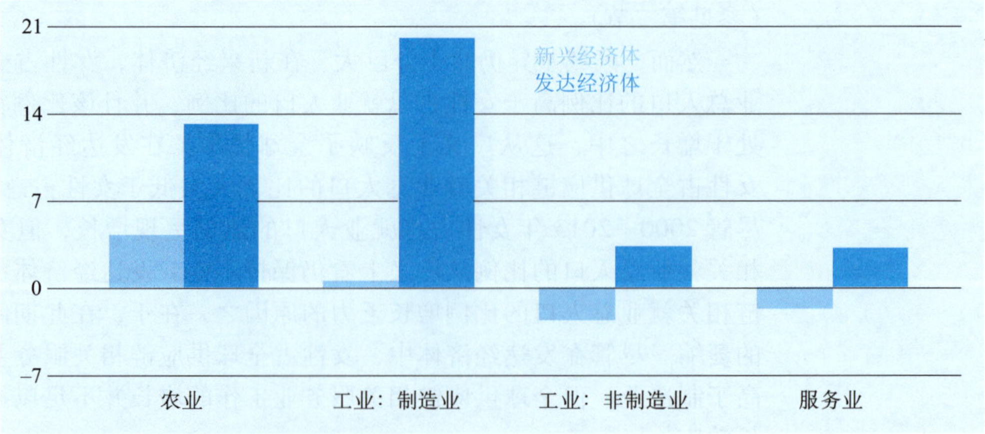

注：本图所示为 2000 年至 2013 年期间不同行业中与全球供应链相关工作数量占总就业的比例。所示计算中涉及的估计方法及国家名单的详情，参见专栏 5.1。

资料来源：国际劳工组织研究部基于世界投入产出数据库和国际劳工组织《趋势计量经济学模型》（2014 年 10 月）的估算。

与全球供应链相关服务业工作的增长表明服务业的可贸易性程度不断提高，这得益于IT技术革新，它极大地降低了与服务相关的交易成本，并使信息实现了即时交换（Blinder，2009）。如此一来，各式各样的服务都能够几乎不限距离地提供，这极大提升了服务业在全球供应链中的重要性。全球供应链相关服务业工作增加的另一个因素是制造业的“服务化”（Lodefalk，2010）或者“制造服务型”经济（Bryson和Daniels，2010），这是指服务业在制造业中的重要性不断提升的情形，无论在生产或者销售之中（Low，2013；UNCTAD，2014a）。制造业的服务化表明了制造业与服务业之间直接与间接的联系，以及所谓的“就业乘数效应”（Kommerskollegium，2010），即新增就业并不仅仅存在于制造业中直接包含的服务业，还存在于与直接包含的服务业间接相关的服务业。

中间产品贸易模式为全球供应链的发展提供线索……

商品贸易总量中几乎2/3的贸易是中间产品贸易。中间产品占商品贸易总量的比例从广义上看长期保持稳定。然而，近期中间产品贸易的发展快于最终产品贸易，该趋势可能受到生产过程分割程度加大的影响（图5.6）。首先，一般而言，产品的复杂化程度随着时间发展而提高，这意味着在总装前需要更多的生产阶段，这可能导致中间产品贸易相对于最终产品贸易增长更为迅猛（Backer和Miroudot，2013）。其次，这些复杂的中间产品生产任务越来越多地外包或者离岸外包给外国地区，至少到最近为止情形的确如此。这些生产任务涉及中间产品的生产，而非最终产品投入的组装，并因此促成中间产品贸易的相应增长。

然而，如上所述，2009年的危机重创了全球贸易流动，并使贸易额相对于前一年下降了近20%（UNCTAD，2010）。经济下滑对中间产品贸易造成的影响远远大于最终产品。这反映了所谓的“牛鞭效应”（Forrester，1961；Altomonte等人，2012），“牛鞭效应”描述了最终需求的减少导致中间产品需求更大幅度下降的现象。“牛鞭效应”发生的原因在于出口商相对于订购新投入而言更依赖存货，这便造成中间产品的出口减少量高于最终产品。此外，投入供应商在需要其供应投入的最终品的需求行为方面的不确定性加大（Ferrantino和Taglioni，2014）。自2012年至2013年的第二次贸易下滑后，牛鞭效应迄今尚未出现。

图 5.6

中间产品与最终产品的全球贸易

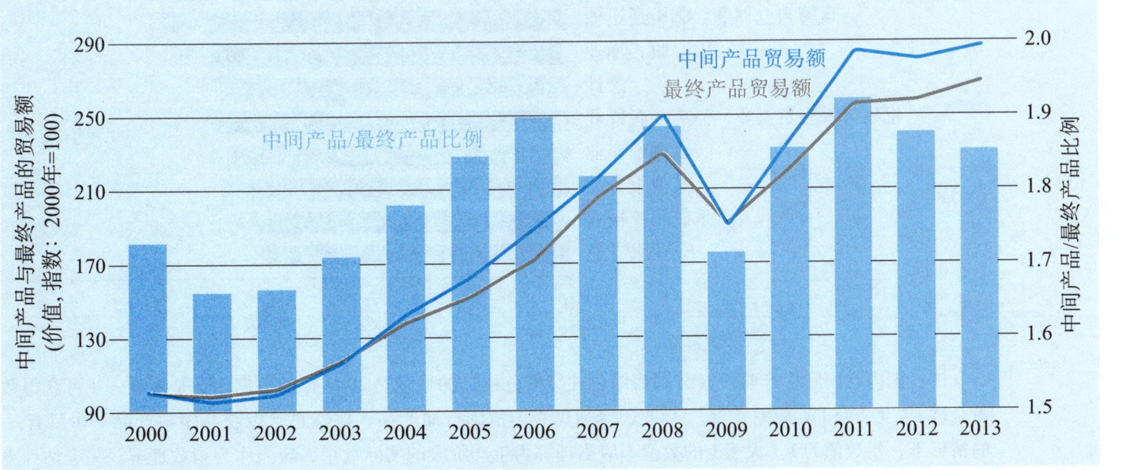

注：本图左轴表示中间产品和最终产品贸易量的指数（2000年=100），右轴表示中间产品贸易量占最终产品贸易量的比例。全球数据基于2000年至2013年期间101个国家每年公布的出口数据。

资料来源：国际劳工组织研究部基于经济合作与发展组织工业结构分析数据库的计算。

……对生产流程分割程度日益加大的衡量亦是如此。

图5.7显示，有证据证明几乎所有行业生产阶段的数量均随时间的发展而不断增长，其增量作为生产阶段总数量的指数。行业不同，产品的复杂性也各异，而那些产品生产过程可分割为众多不同任务的行业参与全球供应链的可能性尤为高。这些行业很可能将更多的生产任务外包或者离岸外包给外国生产商。生产阶段数量最多的行业为运输设备业、纺织与服装制造业、基础金属与金属制品业以及电子与光学设备业。生产机械、食品与饮料、化工与非金属矿产品的价值链也相对较长。对比而言，农业、矿业与采掘业进行生产过程国际化分割的可能性最低。尽管对其他行业的最终产品参与全球供应链的贡献在不断加大，但服务业本身进行国际化分割的可能性相对较小。

将价值链的国内与国际部分进行划分后，电子与光学设备业在国外完成的生产阶段所占比重最大。该行业还包括个人电脑、便携式设备与电讯设备的生产，这些产品的生产通常分布在多个国家。此外，化工品与运输设备行业产品的生产在很大程度上也已经国际化。

外国直接投资极大地促进了全球供应链及其模式的发展……

全球供应链的形成既影响国际贸易流，也影响外国直接投资。据估计，约

图 5.7

按行业划分的国内与国际生产阶段数量，指数

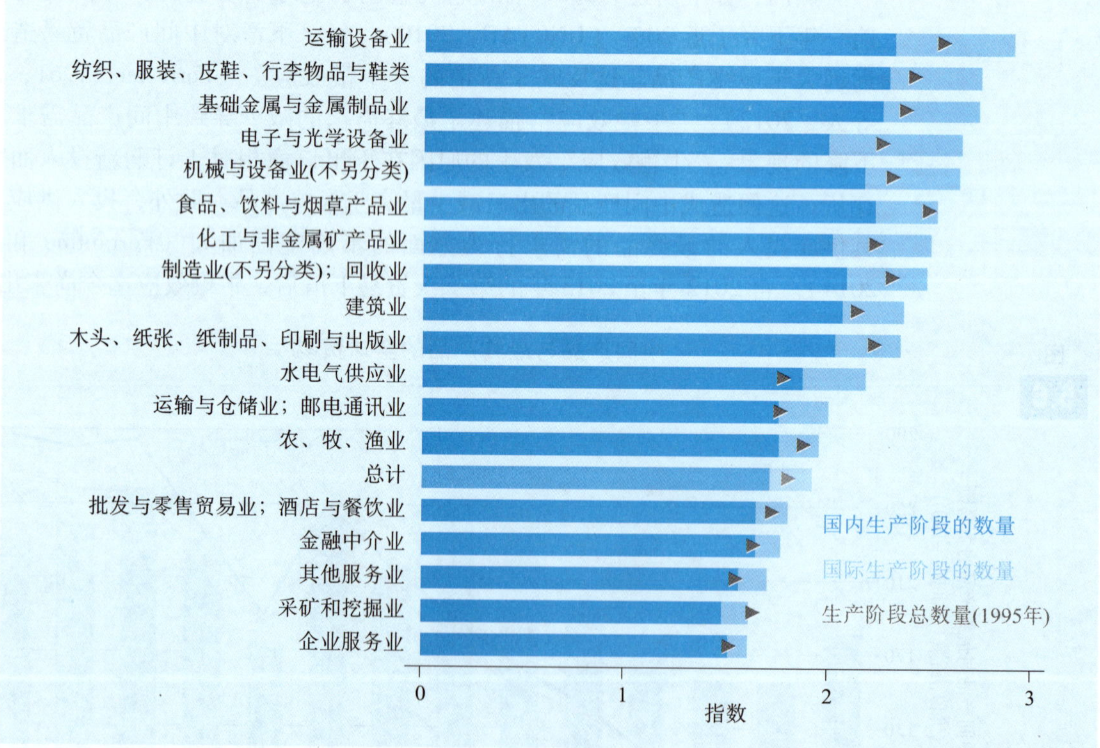

注：国内与国际生产阶段（分别为绿色柱与橙色柱）的数量是2009年的数据，这是最近一年可获得数据，范围覆盖全球。“化工与非金融矿产品”行业还包括焦炭、精炼石油产品、核燃料、橡胶与塑料产品。在只有一个生产阶段的情形下，指数值为1。大于1的数值不应当理解为生产阶段的实际数量，应当作为指数理解。关于估计方法的详细信息，参见巴克和米卢都特（Backer 和 Miroudot，2013）。

资料来源：经济合作与发展组织基于巴克和米卢都特（Backer 和 Miroudot，2013）得出的结果。

1/3 的全球贸易为公司内部贸易，并可能因此与离岸外包活动相关（Lanz 和 Miroudot，2011）。[①] 外国直接投资也可用于评估离岸外包活动，包括绿地投资、并购与收购。2000—2013 年，新兴与发展中经济体外国直接投资的流入与流出金额增长了两倍，仅因危机爆发在 2009 年略有下降。相比而言，2007 年至 2013 年期间，发达经济体外国直接投资的流入与流出金额减少了一半以上，从 2007 年的近 1.9 万亿（1.3 万亿）美元的流出（流入）金额减少至 2013 年的 0.9 万亿（0.6 万亿）美元。其部分原因在于，发达经济体投资者提高了对危机造成的信贷风险与限制的规避程度。

在新兴和发展中经济体，外国直接投资流入金额仍然大大高于流出金额，但自进入 21 世纪以来，两者之间的差距正在稳步缩小。这种发展趋势表明，新兴和发展中经济体的公司不仅作为发达经济体主导公司的供应商，还越来越多地在其他国家建立了生产设备并作为主导公司参与全球供应链。的确，最近有趋势表明，发展中国家的跨国公司通过收购其经营区域内发达经济体的外国子公司而建立了国际供应链（UNCTAD，2014b）。新兴和发展中经济体通过外国直接投资流入与流出实现了全球供应链的发展，而出口加工区、特色工业园区等具有税收豁免、免费提供基础设备等有利经营环境的园区又大大促进了全球供应链的发展。约 130 个经济体设立了出口加工区，以对进口材料进行加工并复出口至其他国家。[②]

……以及新兴和发展中国家参与全球供应链的其他新形式……

与发展中经济体外国直接投资的增长趋势相一致，这些国家之间的贸易（即“南南贸易”）也处于增长之中，2011 年达到约 5 万亿美元，自 1995 年以来，南南贸易占全球贸易的比例翻了一倍有余（图 5.8）。此外，发展中经济体与发达经济体之间的贸易也随时间的发展而不断增长，但增幅相对较小。而发达经济体之间的贸易则呈现出明显的长期性下滑趋势，此种情形可能与全球供应链的转变相关，即全球供应链从以前仅包括发达经济体转变为如今同时包括发达经济体和新兴经济体（Athukorala 和 Nasir，2012）。

图 5.8

1995 年至 2012 年各广义地理区域的贸易流（百分比）

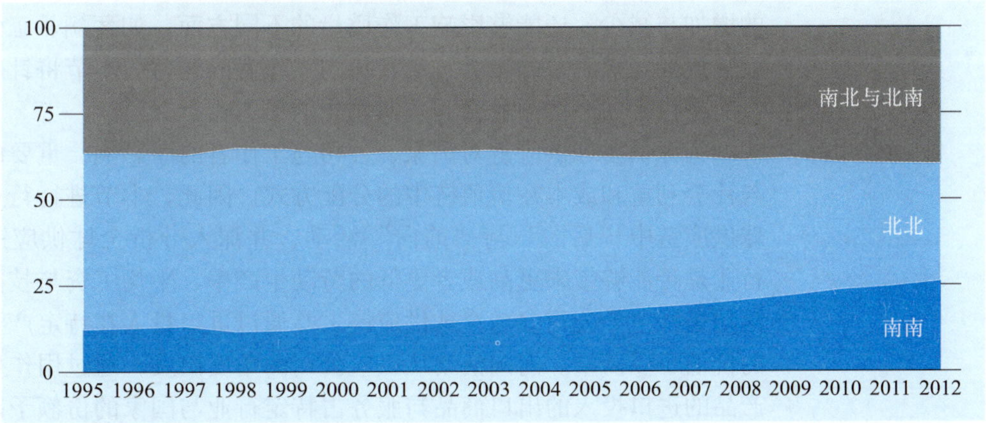

资料来源：国际劳工组织研究部基于联合国贸易暨发展会议的计算。

---

① 由于缺乏关于出口商与进口商所有权状况的交易层面信息并造成交易数据中无法区分外包与离岸外包，因此该数字建立在一系列假设条件基础上。

② 据估计，2006 年全球共计 6600 万人在这类园区工作，占从事全球供应链相关工作的工作者总量的比例很大（Singa Boyenge，2007；ILO，2014b）

……和与全球供应链相对的区域供应链的兴起。

全球供应链的生产阶段可能分布在全球或者区域范围。也就是说，全球供应链可以在不同地理区域之间或者在某一特定区域内不同国家之间建立。前者将促进跨区域贸易发展，后者则主要驱动区域内贸易的发展。危机不仅造成总贸易金额的下降，还改变了区域内以及跨区域贸易的模式。

在全球范围内存在区域生产中心，尤其值得关注的是发达经济体区域的欧盟和北美，以及区域生产网络迅猛发展的亚洲。区域贸易协定与自由贸易区在促进区域生产网络发展方面发挥了重要作用。在具备适当的联结性与实质基础设备的情形下，区域内贸易壁垒方面的低关税与无关税情形使公司有动力将生产转移至区域内的其他国家。

例如，东盟自由贸易区吸引了日本汽车制造商在该区域国家内生产最终产品的不同部件（WTO 与 IDE - JETRO，2011；Hiratsuka，2010）。与此类似，北美地区于 1994 年通过的《北美自由贸易协定》也促使部分美国公司将生产的部分环节转移至墨西哥。[①] 欧洲于 20 世纪 90 年代中期创立的欧洲货币联盟促进了区域内外国直接投资的发展，并促成了所谓的以德国为中心的欧洲供应链的兴起（IMF，2013）。

在将发达经济体、拉丁美洲、非洲与亚洲定义为区域的情形下，2000 年亚洲的区域内贸易占区域内总贸易的比例 16%，但该比例在 2013 年增长至 35%。相比较而言，发达经济体在 2000 年占区域内总贸易的比例为 82%，但如今仅占 62%。拉丁美洲占区域内总贸易比例为 2.1%，比 2000 年的 1.7% 略有上涨。[②]

第二节　全球供应链对就业模式与企业的影响

贸易理论表明，通过全球供应链在全球范围内进行劳动分工为发达经济体和新兴经济体均带来经济利益。[③] 这个过程中产生的总收益将超过调整成本与任何收入损失，从而带来净经济利益。然而，这些净利益的分配在极大程度上取决于政策与机构。全球供应链不仅能够通过将部分生产环节在国家之间转移实现就业的增加与减少，还能够影响工作质量的不同方面，如薪酬、工作合同性质等。也就是说，经济利益并不会自动转化为工作者的利益。本节将针对能够将参与全球供应链带来的经济与社会利益实质化的渠道进行探讨。

为评估全球供应链对国家、公司与工作者的净影响，重要的一点是探究经济与社会利益和成本在价值链中的分配方式。因此，本节进行行业分析，以区分全球供应链中“后向”与“前向”活动，并深入分析全球供应链参与程度更高的行业是否能够带来更高或者更低的劳动生产率、平均工资与技能工资红利。后向活动是指主导公司参与全球供应链，并通过进口投入在特定产业与国家总出口中的价值予以衡量。前向活动从供应公司的角度出发，通过用作生产其他国家出口产品的进口投入的出口商品与服务占特定行业与国家的份额予以衡量（关于分析

---

① 服装业北美区域供应链的兴起使一些墨西哥的供应公司在与美国技术密集度更高的公司的关系中获得了经济利益（Gereffi 等人，2002）。

② 数据由国际劳工组织研究部根据联合国贸易暨发展会议的交易数据计算得出。

③ 如鲍德温（Baldwin，2013）所述，全球供应链是“穷国面临的改革性发展方案”，并使穷国有可能从价值链产生的收益中获得利益。的确，主导公司与供应公司均能够通过参与全球供应链获得巨大的经济利益。

方法与覆盖范围的详情，参见附录B）。

行业分析使我们能够评估某行业整体参与全球供应链的程度更高是否能够在平均意义上提高生产率与利润。在缺乏公司层面数据的情形下，此等分析无法确定这些结果由该行业哪些公司所致（即是否与全球供应链相关）。①

在全球供应链参与程度密集的行业中，劳动生产率通常也会更高……

行业分析表明，参与全球供应链能够提高生产率（按工作者人均附加值计算）（见图5.9）。从本质上来看，那些在生产出口产品时增加进口投入使用量的行业，往往具有较高的生产力水平，至少在发达经济体是这样。对新兴经济体而言，鉴于通常较低的劳动力成本，在后向全球供应链活动中节约成本的可能性也较小，这可能是全球供应链活动未对该组别国家的行业产生重大影响的原因。在考虑前向参与（即相关行业作为供应商参与全球供应链）时，前向活动对发达经济体的生产效率也会在统计意义上产生极为显著积极影响。这一影响在新兴经济体中的表现并不明显。

就后向参与而言，文献中可获得的公司层面的经验证据有力地支持了这样一个假设：参与全球供应链对主导公司的生产率与利益会产生积极影响，该假设与从发达经济体观察得出的行业结果一致。主导与供应公司通过技术扩散与降低成本的主要渠道并以提高生产率的形式，从参与全球供应链活动的过程中获得经济收益。

图 5.9

参与全球供应链对劳动生产率影响的估计

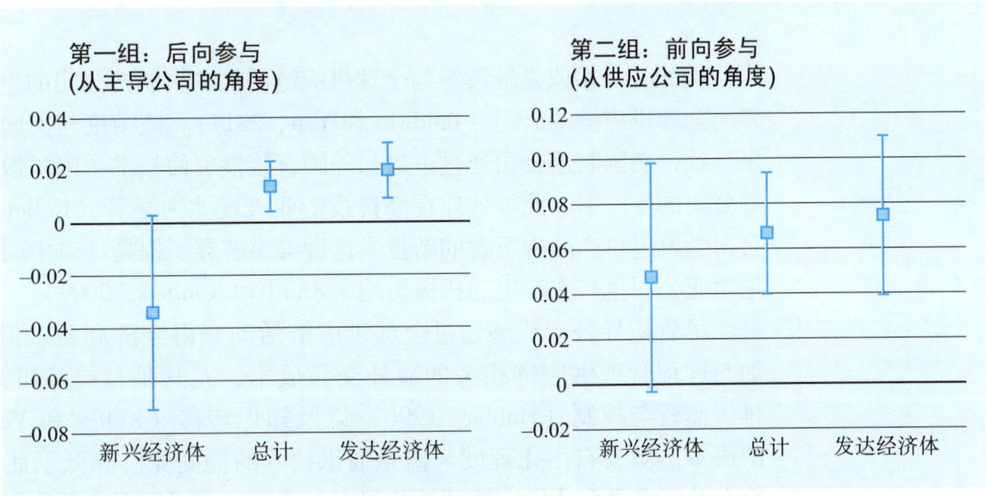

注：本图所示为全球供应链的后向（第一组）与前向（第二组）参与对平均生产率造成的影响的估计（按工作者人均附加值计算）。图中所示的数据点对应系数（一个点表示点估计，一条线表示90%的置信区间），利用面板固定效应回归模型估计得出。如果置信区间仅包括0以上（以下）的数值，则参与全球供应链的活动对生产率产生极大的正面（负面）的影响。如果置信区间包括0，则全球供应链的参与活动与劳动生产率之间在统计意义上未发现显著相关关系。从“总体”而言，对1580个观察结果（40个国家，716个国家行业）均分成两组（即“新兴”与“发达”经济体）进行了回归分析（参见专栏5.1）。关于统计方法的详细信息，参见附录B。

资料来源：国家劳工组织研究部基于经济合作与发展组织附加值贸易数据库与世界投入产出数据库的估算。

① 例如，情形可能是，一旦公司参与全球供应链即改变了其工作环境。也可能是，公司已经参与了全球供应链，但接下来提高了其参与程度并改变了其工作环境。另外还可能是，未参与全球供应链的公司改变了工作环境。最后，还可能存在复合效应，因此参与与退出全球供应链或者甚至是参与与退出市场的公司均对各行业层面实际观察到的关系产生影响。

专栏 5.2

是否过高估计了主导公司参与全球供应链所获得的经济利益？

主导公司能够从参与全球供应链活动中获益，在这一点上获得了较大的共识，但在收益有多大的问题上则出现更大的分歧。经济理论表明，收益的规模既取决于微观层面的公司个体特征，如其所生产产品的类型以及生产的劳动密集程度等，也取决于汇率、公司赋税以及其他投入的价格等宏观经济因素。

尽管主导公司能够从参与全球供应链活动中获益，但部分经验证据表明实际获得的利益并不总是能够达到商业团体的预期。法莱拉和普罗科佩茨开展的研究（Farreira 和 Prokopets，2009）表明，公司期望通过参与全球供应链降低 25%—40% 的成本，但实际降幅约为 5%—10%。与此类似，据阿伦与辛格（Aron 和 Singh，2005）估计，一半公司未能实现其离岸外包的预期财务效益。

法雷尔（Farrell，2004）将部分公司未能实现期望的情形归因于公司在实施全球供应链过程中的不足之处以及宏观经济因素。新兴经济体财富的增长并非仅仅推动了需求的上涨，还通常伴以能源消耗的上升，并造成能源价格增长，这又反过来对运输成本造成了上行压力。此外，一些新兴经济体的工资上涨也提高了生产成本。最近，汇率波动与金融稳定性的缺乏导致危机后的不确定性，再加上经济衰退的严重性与持久性，这些都可能对公司利用全球供应链的潜力形成障碍。公司在危机期间寻找避风港可能是造成危机期间内观察到的供应链出现内包与回岸现象的原因之一（参见前述内容）。

与全球供应链相关的潜在风险及成本难以发现，因此公司在决定是否将其部分生产环节活动国际化时，并未将所有此等风险与成本全部计入净成本公式之中［请参见 Dhar 和 Balakrishnan（2006）关于 IT 外包相关风险敞口摘要］。因此，参与全球供应链的活动不仅仅只带来劳动力套利，其带来的超出单个公司控制范围的其他因素也会对公司在建立全球供应链的过程中累计获得的经济利益造成影响。

例如，开始或是继续参与全球供应链的加拿大制造公司的生产率远远高于停止参与全球供应链的公司（Baldwin 和 Yan，2014）。该结论与美国制造公司的观察结果一致，美国制造公司通过进口与外国直接投资使技术予以扩散，并因此提高了此等公司的生产率。此等效应在高科技产业表现尤为显著（Keller 和 Yeaple，2009）。公司学习进口产品中所含的新技术这种渠道解释了提高进口中间投入的使用对印度尼西亚公司生产率产生的积极影响（Amiti 和 Konings，2007）。

尽管主导公司能够通过全球供应链活动获得经济利益，但成本也是存在的，如与远程管理供应链相关的额外交易成本，尤其是与寻找可靠供应商、合同安排、监管与控制（Hobbs，1996）以及知识转移（Keller 和 Yeaple，2013）相关的成本。贸易自由化程度与信息通讯技术的提高业已降低了此等交易成本，这可能有助于提高全球供应链的普及程度。然而，公司发现其低估了参与全球供应链成本的情形也并不罕见（参见专栏 5.2）。这种低估也可能是新兴经济体的行业分析平均而言并未表现出后向全球供应链活动对生产率产生正面影响的原因之一。

……实力强劲的中间产品供应商所处行业尤其如此。

如上所述，行业分析结果表明，当在作为供应商提高行业参与全球供应链的程度后，会对生产率带来正面影响。的确，产量更大、单位成本也更低（“规模经济”），尤其是在生产差异化程度与迎合客户个别需求程度有限的同质产品的行业更是如此，在这种情形可能会对生产率带来正面影响。此外，供应商公司还可能从知识与技术转移中获益，其中包括最佳组织管理实践的转移（Brach 和 Kappel，2009）。全球供应链中的长期合同也可能是技术转移的重要渠道，这在供应商与买家之间存在进行大量信息交换的密切关系的技术密集型产业表现尤为明显。

从意大利供应商获得的经验证据证实了我们的行业分析结果并表明，提高全球供应链参与程度的确能够提高公司层面的生产率与创新程度，并且收益规模取决于对全球供应链的管理类型（Brancati 等人，2015）。分析表明，中小企业尤其能够获取巨大收益（Giovannetti 等人，2014）。在斯洛文尼亚和部分撒哈拉以南非洲地区的选定国家，经验证据表明，进入出口市场能够提高生产率（“出口学习效应”），包括开展作为全球供应链活动一部分的出口活动（De Loecker，2007；Van Biesebroeck，2005）。

然而，参与全球供应链对行业工资却未造成重大影响……

对参与全球供应链与工作者人均工资之间的关系进行行业回归分析的结果表明，前向与后向参与均未对工资产生重大影响（见图 5.10）。这意味着，平均而言，特定行业内工作者的工资并不取决于该产业随时间的发展而参与全球供应链的程度。

行业层面的分析结果与可获得的公司层面的证据一致，大部分公司层面的证据中并未出现有力的正面或者负面的证据证明提高参与全球供应链的程度会对工资造成影响（Heyman 等人，2007；Almeida，2007）。[①] 由于对数据要求较高，探究参与全球供应链对工资造成的因果效应很难（Javorcik，2014）。的确，很多研究表明跨国企业的国外关联公司相比国内公司支付的平均工资更高（Aitken 等人，1996；Budd 等人，2005；Lipsey 和 Sjöholm，2004；Robertson 等人，2009；Warren 和 Robertson，2011）。然而，这个结果并不必然归因于公司参与了全球供应链。参与全球供应链的公司通常生产率更高，其在作为主导公司或供应商公司

图 5.10 全球供应链活动对工资的估计影响

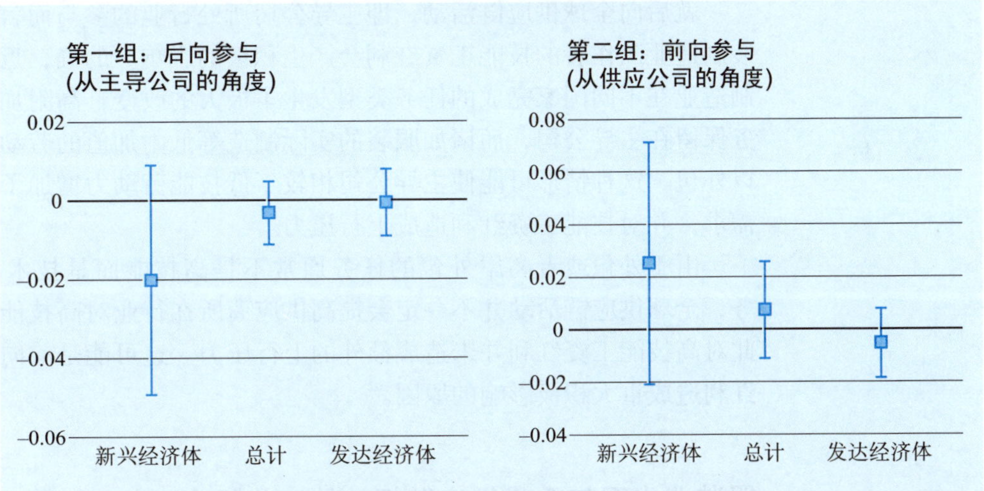

注：本图所示为全球供应链的后向（第一组）与前向（第二组）参与对平均生产率造成的估计影响（按工作者人均附加值计算）。图中所示的数据点对应系数（一个点表示点估计，一条线表示 90% 的置信区间），利用面板固定效应回归模型估计得出。如果置信区间仅包括 0 以上（以下）的数值，则参与全球供应链的活动对生产率产生极大的正面（负面）的影响。如果置信区间包括 0，则全球供应链的参与活动与劳动生产率之间在统计意义上未发现显著相关关系。从“总体”而言，对 1580 个观察结果（40 个国家，716 个国家行业）均分成两组（即“新兴”与“发达”经济体）进行了回归分析（参见专栏 5.1）。关于统计方法的详细信息，参见附录 B。

资料来源：国家劳工组织研究部基于经济合作与发展组织附加值贸易数据库与世界投入产出数据库的估算。

① 在缺乏可匹配的雇主—雇员数据集的情形下，那些发现参与全球供应链可获得工资红利的研究主要是无法控制因公司雇佣的劳动力组成引起的个别工作者性质的变化。

参与全球供应链之前业已支付更高水平的工资，因此工资方面的此等差异通常是因公司自己的选择造成的。

由于全球供应链活动对劳动生产率产生了正面影响且未对工资产生任何正面影响，归属于工作者的附加值部分随之降低。的确，在新兴与发达经济体，在将全球供应链参与与工资份额直接相关联时，结果就会如此。此等结果与之前关于全球化对工资份额影响的国家层面研究结果一致（Harrison，2005；IMF，2007；Jayadev，2007；Rodrik，1998；Stockhammer，2013）。鉴于对发展趋势、劳动力份额下降以及此等下降对总需求与不平等造成的影响的舆情和政策辩论从未间断，参与全球供应链的作用仍需进一步予以关注。

……但相对于低技能劳动力而言，全球供应链能够影响高技能劳动力的需求。

全球供应链参与会对高技能与低技能工作者造成不同程度的影响，并因此影响收入分配。全球供应链通常会分解生产过程，将知识密集程度更高的任务集中保留在主导公司，而将知识密集程度更低的任务外包至外国供应商。因此，参与全球供应链将改变主导公司与供应商公司对技能的需求情形。需求的变化会对高技能与低技能工作的工资以及两者之间的比率造成影响。在这方面，全球供应链活动会根据工作者的技能水平对工作者造成不同的影响（Feenstra 和 Hanson，1995）。

为了对参与全球供应链与行业层面的技能工资红利之间的关系进行实证研究，我们根据高技能工作者与低技能工作者平均小时工资之比对技能工资红利进行行业评估。总体而言，参与全球供应链对技能工资未产生重大影响（图 5.11）。然而，某些行业得出的结果并不相同。

就后向全球供应链活动，即主导公司所处行业的参与而言，其对纺织业与服装制造业工作者的技能工资红利会产生积极的影响。的确，近年来，纺织与服装制造业在不同国家完成的任务类型发生了极大的改变，高附加值的知识密集型任务保留在主导公司，而诸如服装的实际制造等低附加值的劳动力密集型任务则予以外包。这种情形可能使主导公司相较于低技能劳动力增加了对高技能劳动力的需求，并对技能工资红利造成上行压力。

由于外包或者离岸外包的任务通常不是高技能而是技术程度相对较低的任务，全球供应链活动并不一定会提高供应商所在行业对高技能工作者的需求，因此对高技能工资红利并未造成额外的上行压力。这可能是前向活动未对技能工资红利造成重大积极影响的原因。

服装业出现与全球供应链相关的工作机会……

本节提供了部分详细证据，对服务与电子产业进行了更加详细的研究。为了更好地了解供应链关系的动态及其对公司与工作者的影响过程，重要的一点是进一步分析行业特征。尤其需要注意的是，诸如电子产品快速过时与服装业“快时尚”的兴起等全球供应链的一些特征为试着满足不断变化市场需求的公司与工作者带来了挑战。这要求供应商公司提高灵活性，这对雇佣关系与工作小时数量均很具意义。

罗西等人（Rossi 等人，2014）对服装业全球供应链的就业与劳工条件进行了详细分析。研究结果表明，服装业的全球化为发展中经济体创造了大量的生产性就业机会，在缺乏技能的妇女、年轻人、移民等弱势工作者群体中表现尤为明

图 5.11 全球供应链活动对技能工资红利、总体经济与选定行业影响的估计

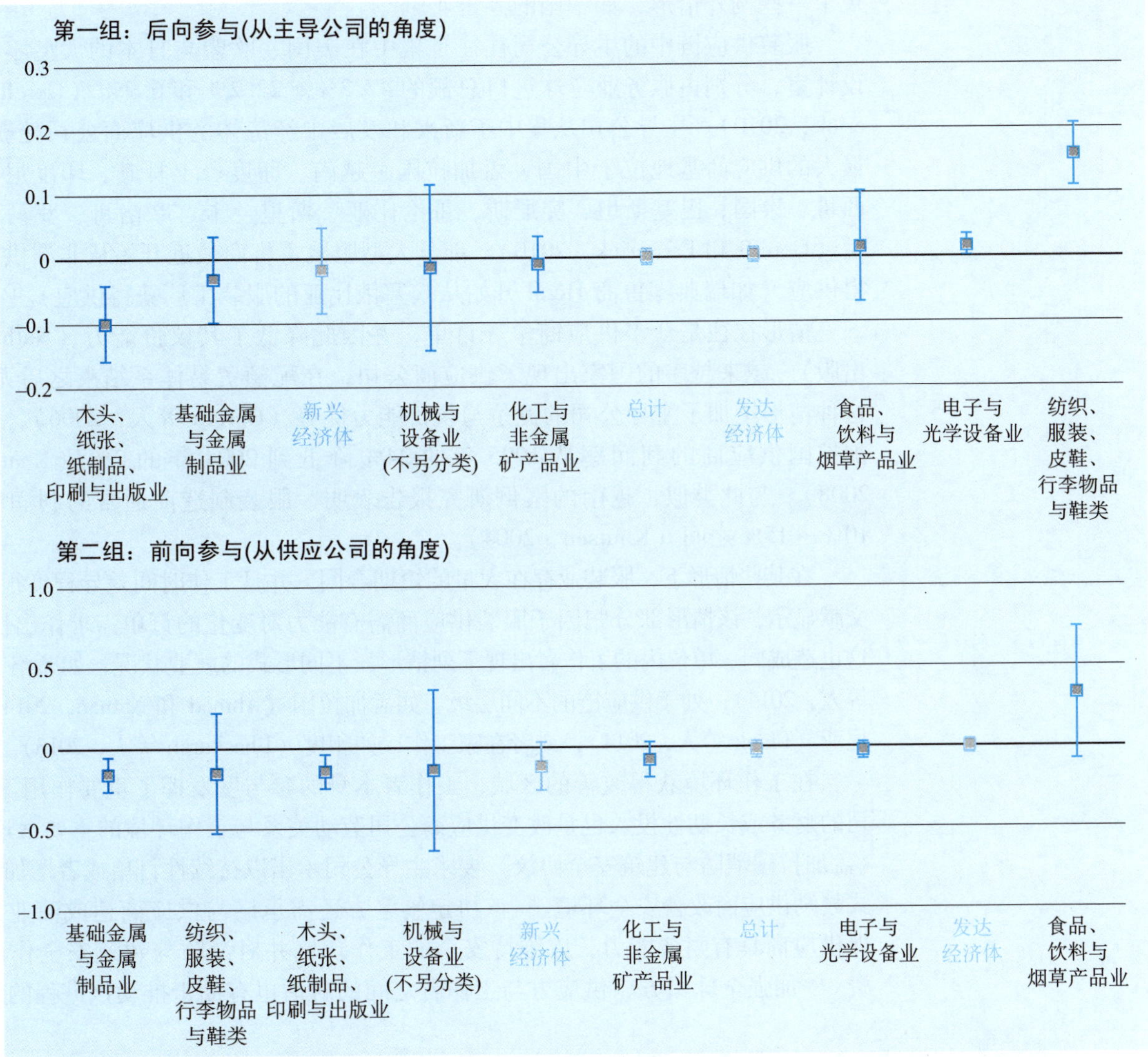

注：本图所示为后向（第一组）与前向（第二组）全球供应链参与对技能工资红利（按高技能工作者与低技能工作者平均小时工资之比计算）估计造成的影响。图中所示的数据点对应系数（每个点代表点估计，每条线代表90%的置信区间），通过面板固定效应回归模型估计得出。如果置信区间仅包括0以上（以下）的数值，则参与全球供应链的活动对技能工资红利产生极大的正面（负面）的影响。如果置信区间包括0，则参与全球供应链的活动与技能工资红利之间在统计意义上未发现显著相关关系。从“总体”来看，3555个观察结果（40个国家，716个国家行业）均分成两组（即“新兴”与“发达”经济体）进行了回归分析（参见专栏5.1）。关于分析方法的详细信息，参见附录B。

资料来源：国家劳工组织研究部基于经济合作与发展组织附加值贸易数据库与世界投入产出数据库的估算。

显。由于服装业对所需劳动力的技能要求相对较低且资本投资要求也相对有限，该产业在发展中经济体的工业化过程处于第一层级（English，2013）。服装业还促使大量工作者向正式经济与正式受薪阶层转变。然而，研究也强调了该行业大量的工作机会发生在工作条件较差的地方。①

……但在改善工作条件与就业模式方面仍然存在困难，供应商公司尤其如此。

许多新兴和发展中经济体发现自身陷于生产过程中的较低层级，无法将其在

① 与其他行业相比，服装业长期以来的特征即为工资较低、工作环境较差。在参与如今的全球供应链活动之前，纽约、伦敦等主要工业城市长期存在服装血汗工厂并吸引了大量来自农村地区的低技能工作者及低技能移民。

供应链中的任务升级为知识密集程度更高的任务（Dalle 等人，2013），但近期出现了一些例外情形，如中国的零售业。

服装供应链中的主导公司往往是集中在美国、欧盟与日本的大型零售商或者设计室，分别占服务业全球进口总额的 47.3%、22.2% 和 6.9%（Gereffi 和 Frederick，2010）。主导公司从集中于新兴和发展中经济体的供应商公司处获得供应。最大的供应商基地位于中国、孟加拉国、越南、印度、土耳其、印度尼西亚、墨西哥、泰国、巴基斯坦、突尼斯、哥伦比亚、斯里兰卡、摩洛哥、罗马尼亚和波兰（Gereffi 和 Frederick，2010）。部分大型服装零售商最近开始从非洲供应商处获得供应（如瑞典零售商 H&M 开始从埃塞俄比亚的服装工厂获得供应）。[①]

情形往往是众多供应商争夺订单，并因此降低了其议价能力（Nathan，即将出版）。越来越多的国家出现了供应商公司，在配额贸易体系结束之后尤其如此，这种情形增加了主导公司的竞争与议价能力优势（Gereffi 等人，2006）。例如，孟加拉国供应商的利润率从 1995 年的 24% 降低到 2004 年的 7%（Khatun 等人，2008）。与此类似，越南的案例研究报告表明，服装制造商通常的利润率范围在 10%—15% 之间（Knutsen，2004）。

在某些情形下，服装业存在大量的短期合同，并且工作时间差异程度很大。有关文献显示，该情形部分归因于服装供应商需有能力对变化的订单需求作出快速反应。这也造成同一单位内的工作者出现下列情形：不同形式的就业状况，如摩洛哥（Plank 等人，2014）；处于供应链的不同层级，如孟加拉国（Ahmed 和 Nathan，2014）和罗马尼亚（Plank 等人，2014）；或者在家工作，如印度（Bhaskaran 等人，2013）。

在工作环境获得改善的区域，工作者本身的参与度发挥了重要作用。[②] 主导公司的财务或长期性投入也是改变供应商公司劳动关系与工作环境的重要渠道。例如，《孟加拉国消防与建筑安全协议》要求主导公司承诺以持续性订单或者增加订单的形式鼓励供应商改善安全环境。[③] 该协定签署方还需承诺与供应商达成商业条款，确保供应商具有财务能力，以维持安全的工作环境并对消防与建筑安全作出必须投资。[④] 加强全球买方、供应方与工作者之间的对话也有助于推动该进程的发展。

稳定的就业安排在其他行业更加普遍，如电子业

由于电子产品具有快速过时性，其生产周期短，因此订单的波动性也是电子业的特征之一。然而，为了达到制造商的产品规格要求，供应商公司需具备相对较高的知识密集程度，再加上供应链中主导与供应公司之间的组织化结构以及更强的相互联系，该行业的雇佣关系与服务业全球供应链中的情形有所不同。另外，重要的一点是，电子业生产中心相对较少，主要集中在东亚、巴西和印度周边区域（Gereffi 和 Lee，2014）

订单与生产的波动性在一些国家表现为存在大量的临时工作者和派遣工作者，在另一些国家表现为大量的加班情形。在电子业供应商基础较强的国家，国内法规在决定全球供应链供应商公司如何应对生产波动性方面发挥了关键作用。例如，墨西哥与泰国存在大量的临时工作者（Holdcroft，2012）；而在马来西亚（Samel，2012）与中国（Chan 等人，2013）则存在大量加班的情况。的确，中国工厂受法律规定的限制（自 2014 年 3 月以来），其临时工作者数量不得超过员工总数的 10%。

① 参见非洲开发银行等（2014）。

② 例如，近几年工作者的抗议、罢工等行动已使哥伦比亚、越南与孟加拉国等一些国家提高了最低工资。

③ 请参见：http：//bangladeshaccord.org/wp-content/uploads/2013/10/the_accord.pdf（第 23 条），2015 年 5 月 10 日。

④ 同上。第 22 条。

在印度，2011—2012 年电子业中那些稳定的和直接受薪的工作者占工作者总数的 1/3 左右，而该行业中临时的、合同制的和间接受薪的工作者所占比例超过 40%。然而，在女性之中，估计电子业中 2/3 的女性工作者为临时性、合同制的及间接受薪的工作者（Nathan，即将出版）。

第三节　结语：全球供应链的政策考量

本章重点阐述了全球供应链在创造就业方面发挥的越来越重要的作用，还分析了全球供应链在部分国家与劳动率的提升存在相关性，但其并不一定与工资的提高或者工作环境的改善存在相关性。此外，尽管通过全球供应链活动能够在很大程度上转移知识与技术，但各行业技能程度更高工作者的工资红利并不明显。一些行业存在密集成本竞争优势，这对于主导与供应商公司之间在议价能力、利润分配方面的关系以及对于总体就业关系而言均具有意义。

为了提高全球供应链在提升生产率、促进经济发展以及增加近期就业方面的潜力，无论广泛性的政策还是针对特定行业、公司与工作类别的具体政策都是需要的。从国家经验可以看出哪些政策方案有助于将价值链中的成本与利益进行更公平的分配，以及将全球供应链带来的经济与社会利益更好地联系在一起。主导公司能够在致力于全球供应链的持续发展方面发挥作用，并成为良好劳动法规制度的补充。

需要制定广泛性的政策，以更好地平衡全球供应链中的经济与社会利益

为了更好地平衡供应链中的经济与社会收益，制定一套广泛性的政策措施至关重要，包括提高公司与工作者竞争能力与生产率的措施（Gereffi 和 Sturgeon，2013；Gereffi 和 Lee，2014；UNCTAD，2013）。促进全球供应链与国内产业一体化的政策对于将外溢效应（如知识、技术与最佳管理范例的扩散等）最大化而言具有重要意义（OECD 等，2014）。此外，为将经济利益转化为更好的工作条件，重要的一点是需具备精心设计的劳动法规与运行良好的劳动市场制度，以满足各行业的技能需求并提高合规性。在这方面，另外的关键一点是开展公司、行业、国家与国际层面的对话，以保障生产率的提高与工作者权利的完善。本书第三章与第四章均在这方面提供了重要示例。

贸易与投资协议在提高政策框架（包括国际劳动标准）一致性方面也能够发挥作用。旨在使标准具有一致性的贸易与投资政策能够为区域与全球供应链发展设定框架。在这方面，越来越多的发达和发展中经济体签署了包含劳动条款的贸易与投资协议。① 通常，为吸引外国贸易或者投资，国家会承诺不会降低国内劳动法律法规要求，并承诺遵守国际劳动标准。② 此等协议为促使国家遵守此等承诺提供了执行机制，措施范围从监管（有时包括社会合作方的参与）到技术合作，从设施建设到纠纷解决机制等。尽管在贸易与投资协议中纳入劳动方面的条款为提高工作者权益提供了额外的工具，但此等协议的拟定通常不会涉及全球供应链的具体规定。公司社会责任的问题有时会在协议中有所涉及，但仍然并不完善。③

① 参见 IILS（2009，2013）；Ebert 和 Dosthuma（2011）；UNCTAD（2012）；Prislan 和 Zandvliet（2013）。

② 参见 IILS（2013）中对该问题的深入分析。

③ 参见 Peels 和 Schneider（2014）对双边贸易与投资协议中公司社会责任方面的规定进行的评估。

针对国家、行业、企业和工作者的具体政策

从长期来看，优选方案是将工作逐步发展为技术性、技能密集型的类型，但该方案是否具有可行性还取决于经济体或行业的生产能力。就这点而言，政策能够在提高技术能力、实现技术转移与技能培养（包括在线培训）方面发挥重要作用（ILO，2013）。这就需要出台针对特定行业，甚至针对特定任务或者功能的具体政策（取决于该行业的发展与生产分割程度）。[①] 中小企业要求进行政策调整的需求尤其迫切，如完善区域生产集中地的建设，以促进中小企业加入供应链（ESCAP，2006、2011）。

然而，从短期来看，一些新兴和发展中经济体可能了解到自身处于全球供应链中更低的层级，因此政策制定者应当把重点放在出台制度框架上，通过完善法规、执行合规、开展社会对话等措施改善技能程度较低工作者的工资与工作条件。如第三章所述，在这方面重要的一点是加强从非正式经济向正式经济的转变，并完善对临时工作者的保护（ILO，2014c、2014d）。妇女与其他弱势群体的工作条件仍然是一个问题。多个国家（如巴西、摩洛哥、土耳其等）已经建立了特定监管机构并开展特定计划，对可能需要在劳动监管措施方面给予特殊关注或实施特殊策略的特别脆弱的工作群体（如移民、非正式工作者等）进行监管。

主导公司在致力于全球供应链可持续发展中的作用

近期的措施还表明，主导公司在完善供应链的工作条件与就业模式方面能够发挥重要作用。一些主导公司通过修订采购与定价模式（例如，通过买方责任协议予以修订）、提高供应商对需求波动性的应对能力等措施，致力于实现供应链活动的可持续发展效应（Anner 等人，2013）。在降低对临时工的依赖以及平衡对竞争性的顾虑与工作者需求方面，年化小时机制与多技能化的应用经证实是行之有效的（ILO，2014a）。《孟加拉国消防与建筑物安全协议》是服装业的主导公司与贸易联盟之间签署的特别协议，以促进对孟加拉国服装业劳工权利的尊重，国际劳工组织领导并促成了这一协议的达成。

涉及多个全球供应链的企业采用了多项行为准则、自愿性社会责任承诺与私人合规计划。这些自愿性行动有助于提高对劳动标准的监管与合规力度，但有时因行动缺乏透明性，未与国内监管合作或者未对国内监管起到强化作用而受到质疑（ILO，2013）。国内法律与合规机制的重要作用应当予以强调。总体而言，私人合规计划可以对国内法规与执法起到补充作用，但如果在后者缺失的情形下，仅有前者是远远不够的。[②] 国际劳工组织标准将劳动监察作为公众职能，但国际劳工组织专家业已认可私人合规计划的存在并呼吁与此等计划开展有效合作（ILO，2013）。在这方面，国际劳工组织《关于跨国企业与社会政策的三方原则宣言》也是重要工具。该宣言为政府、工作者与雇主组织以及公司如何将开展全球供应链带来的积极的经济与社会效应最大化提供了指导作用。

加强社会对话

最后，为了塑造一个有效环境并使全球供应链中的经济与社会利益更好地联系在一起，开展社会对话具有十分重要的意义。社会对话使社会合作方参与到工

① 例如，与采矿业或农业相比，纺织业和电子业等行业通常具有更高的生产分割程度。

② 参见 Ward（2004）；Vogel（2005）；Mayer 和 Gereffi（2010）；Locke 等人（2013）。

专栏 **5.3**

孟加拉国消防与建筑安全协议

2013年，孟加拉国拉纳广场的工厂倒塌并造成1200位工作者死亡。该事件成为引爆点，促使该国各利益相关方开始谈判一份新的、改革性劳动协议，以改善该国服装业的劳动状况（ILO，2014b）。《孟加拉国消防与建筑安全协议》（2013）是近200家买方公司与两个国际贸易联盟之间的签署的一份前所未有的约束性协议。本协议覆盖了200多万名工作者与1700个工厂。国际劳工组织作为协议指导委员会与顾问团的主席，具有中立性、独立性，但并非协议签署方。作为协议签署方的公司同意在协议首席安全检察官的指导下落实一个消防与建筑安全检察的共同计划，并向计划提供资金。签署方还承诺确保供应商具备符合补救要求的财务能力，并承诺向供应商提供激励以作出改进。[1]协议签署方还承诺提供资金开展培训与能力建设计划，建立工作场所安全委员会，并促使形成职业安全和健康合规文化。为了对约560个工厂进行监察与补救，一个由26家买方与零售协会组成的独立团体签署了一份名为《孟加拉国工作者安全联盟》的协议（2013）。[2]联盟也旨在完善孟加拉国服装业的工作条件，相关措施包括实施共同监察计划，向供应商提供激励以作出改进，开展工厂内培训并提供支持等。

孟加拉国政府与国家雇主及贸易联盟另行签署了《关于孟加拉国成衣服装业消防安全与结构完整性的国际三重行动计划》，这是一份关于改善服装业工作条件的框架性文件。关键行动包括评估，强化劳动监察，针对职业安全、健康和工作者权利开展对工作者与管理层的培训（ILO，2014b）。国际劳工组织协助该行动计划的实施与合作，并促进不同计划之间的联系，以期依照共同的标准与方式办事。

1. 参见：http：//bangladeshaccord. org（2015年4月26日）。2. 参见：http：//www. bangladeshworkersafety. org（2015年5月11日）。

作组织、安全工作措施、技术改变或重组之中并保障提高生产率，社会对话对于保障工作者权利的尊重也至关重要（Tengblad和Docherty，2009；Lee和McCann，2011）。社会对话可以在公司、行业或者国家等多个政策层面开展，甚至可以开展国际社会对话。

近年来，跨国企业与国际工会联盟之间签署了越来越多的国际框架协议。① 由于这些协议是由工作者代表协商、执行与监控的，故不同于其他私人合规计划（ILO，2014b）。在这方面，第2009/38/EC号《欧洲指令》为欧洲工作委员会的建立设定了框架，以促进在公司层面开展跨国社会对话。②

服装业的国际买方业已在区域与国际层面开展社会对话，以促进对劳动标准的尊重并缓和全球供应链中的紧张环节（ILO，2013）。国际劳工组织/国际金融公司的优良工作计划在开展跨国社会对话方面一直发挥领导作用，将全球服装业的关键利益相关者聚集在一起开展对话。③ 监控公司遵守劳动标准和定期汇报的情况，与开展企业、行业与国家层面对话相结合。该计划向不同的利益相关者提供顾问与培训服务，以解决不合规问题。该计划还与国际买方与国家三方合作伙伴紧密合作，以将经验扩大至国家层面。例如，优良工作计划支持国际劳工组织与越南政府设计法律改革，以开放空间允许结社与集体谈判自由，而且优良工作计划最近还协助签署了约旦服装业第一份全行业性的集体谈判协议。

---

① 截至2014年3月，谈判协议总量达到142份（ILO，2014b）。

② 见http：//eur-lex. europa. eu/LexUriServ/LexUriServ. do？ uri=OJ：L：2009：122：0028：0044：EN：PDF

③ 关于国际劳工组织/国际金融公司的优良工作计划详情，请参见http：//betterwork. org/global/（2015年4月26日）。参见Rossi和Robertson（2011）；Rossi等人（2014）。

附录 A

国际劳动组织关于与全球供应链相关工作数量的估计

本章第一节对全球供应链相关工作的数量进行了估计，包括按国家、行业、性别进行细分类后的估计数据。本附录对此等估计过程中使用的数据来源与方法予以说明。本附录第一部分说明了对 1995—2011 年期间全球供应链相关工作数量估计过程中所使用方法的详情。第二部分说明了以 1995—2011 年期间的估计数据为基础，对 2012—2013 年数据的估计过程。第三部分将国际劳工组织采用的方法与通过资料查询可获得的其他方法进行了对比。

一、1995—2011 年期间全球供应链相关工作数量的估计

对 1995—2011 年期间全球供应链相关工作数量的估计过程分为四步。第一，利用输入产出表计算需要在任何行业生产最终产品的各行业总产出。例如，为生产 1 个单位的包装食品意味着按农业、包装制造业与食品加工业统计总产出。第二，将各行业的总产出转化为工作量。第三，定义可以最准确捕捉全球供应链活动的需求矢量。第四，全球供应链相关工作数量根据其所在的行业与国家及其所服务的需求所在地进行汇总。

（一）将总产出与需求相互联系

第一步是将每个行业的总产出与任何行业的需求相互关联，计算生产所需产出的所需投入的技术系数。举一个最简单的例子，某行业使用了 20 个单位的总产出作为该行业的中间投入，并将 10 个单位销售至最终需求方。因此，总产出为 30 个单位，附加值为 10 个单位。在第一个例子中，需求增加 1 个单位需要中间投入增加 2/3，这就是该行业中间投入占总产出的比例。上述增加的 2/3 的产出需要再增加 2/3 的中间投入，意味着总产出再增加 $\left(\frac{2}{3}\right)^2$，依此类推。因此，总产出需要增加 $\left(\frac{2}{3}\right)+\left(\frac{2}{3}\right)^2+\left(\frac{2}{3}\right)^3+\cdots\cdots$ 该等差数列之和为 3。因此，最终需求增加 1，则该行业的总产出增加 3。

上述算法能够推广至任何 m－行业框架进行应用。总产出 x 是中间投入 M 与最终需求 f 的总和，即 $x=M+f$。我们接下来可以定义技术系数矩阵 $A=Mx^{-1}$。在上例中，$x=30$，$M=20$，$f=10$，$A=2/3$。依 $L=(I-A)^{-1}$ 定义的列昂惕夫逆阵（其中，I 为单位阵），是上述等差数列之和的等价矩阵解。对 n 个国家中的每一个，该矩阵均为 m 行 m 列，并以缩写形式表示在表 5A. 1 中。

表 5A.1 将需求与行业产出相关联

			各国家与各行业的最终产品需求						
			国家1			…	国家n		
			行业1	…	行业m	…	行业1	…	行业m
参与价值链各行业的总产出	国家 1	行业1	$L_{11,11}$		$L_{11,1m}$		$L_{11,n1}$		$L_{11,nm}$
		…							
		行业m	$L_{1m,11}$						
	…	…							
	国家n	行业1	$L_{n1,11}$		$L_{n1,1m}$				
		…							
		行业m	$L_{nm,11}$						$L_{nm,nm}$

单元格值 $L_{11,11}$ 表示生产国家 1 行业 1 的 1 个单位最终需求所需的国家 1 行业 1 的总产出。在上述例子中，列昂惕夫逆阵只有这个值（等于3）。一般来说，单元格值 $L_{12,34}$ 表示生产国家 3 行业 4 的 1 个单位最终产品所需的国家 1 行业 2 的总产出。这种连接不必是直接投入素，也可以是间接投入，如国家 6 行业 5 从国家 1 进口，并出口至国家 3。

概括而言，通过列昂惕夫逆阵可以计算生产任意最终需求组合所需的每个行业的总产出。然而，所有公司均被假设为投入组合相同。例如，为国内或国外市场生产的产品均被视为使用相同的投入组合。在使用诸如世界投入产出数据库这种宏观数据库时，数据库中包含的 35 个行业是可以展开的最细分类。尽管存在此等限制，上述算法仍被视为是利用投入—产出表格的最佳方法，因此也是普遍接受的方法。

（二）将总产出与工作数量相关联

世界投入产出数据库网站还包括 1995—2011 年期间各国和各年的社会经济账户数据库，并作为世界投入产出数据库本身的实际数据库。①

此等账户包括（但不限于）各行业的劳动力数量以及劳动报酬。② 此外，国际劳工组织发布了按行业划分的女性就业份额。将该份额结合与世界投入产出数据库相关的社会经济账户，即可获得各行业女性就业数量。

将各行业劳动力数量或者报酬除以总产出，即可以得出每单位总产出的劳动力需求，并得出与任何最终需求矢量相关的行业就业与工资数据。如前一步中所述，该方法假定各行业的技术水平相同，因此劳动生产率与工资也相同，而不论公司是否与全球供应链相关。蒂默等人（Timmer 等人，2014）也使用了该方法，而众多文献来源也使用同等方法计算某个行业的增值额。

（三）全球供应链需求矢量

本步骤定义将工作与全球供应链相互关联的需求矢量 d，因此本步骤在决定估计数据最终精确性方面极为重要。全球供应链相关工作应当完成作为全球供应链组成部分的任务，这意味着进口投入或者产出作为中间产品出口。

需求矢量（d）乘以每单位总产出的就业数量（N/x）和表 A5.1 所示的列昂惕夫逆阵（L），即得出与需求相关的工作数量，工作数量 = diag（N/x）Ldiag（d）。③ 矢量 d 的第一个元素为国家 1 行业 1 的需求。将该元素与国家 n 行业 m 所在行第一列的单元格值相乘，即得出在给定矢量 d 的条件下，因国家 1 行业 1 需求产生的该行业的工作数量。

国际劳工组织将需求矢量定义为中间产品与最终产品的出口总和。在中期阶段，全球供应链相关工作的数量按每个“目的”国家单独计算。例如，计算澳大利亚依赖于美国进口中间产品与最终产品的工作数量。这不仅包括澳大利亚出口至美国的中间产品与最终产品，还包括与澳大利亚出口中间产品至第三国并用以制造产品出口至美国相关的工作。在全球供应链的完整价值链实际上属于国内并仅出口最终产品的情形下，在计算全球供应链相关工作时，在需求矢量中使用最终产品出口是存在风险的。然而，不考虑该类工作意味着将与澳大利亚进口中间产品，增加价值（意味着就业）以及出口最终产品的活动相关的工作排除在外。如经济合作与发展组织、世贸组织与

① 参见：www.wiod.org（2015 年 4 月 26 日）。自然地，发展中国家的年度行业数据只能利用大量设算得出。

② 非欧盟国家的劳动报酬目前只能获得 2009 年以前的数据。

③ *N/x* 是元素对元素的除法，这里 N 和 x 都是针对某个国家和行业的列矢量，因此得到的矢量表示了每单位总产出的就业数量。*diag*（a）生成了一个与矢量 a 长度相同的方阵，其中矢量 a 的每个元素为方阵的对角线元素，而方阵的其他元素为 0。*diag*（*N/x*）*L* 将第 n 行的每个单元格值与矢量 N/x 的的第 n 个单元格值相乘，将列昂惕夫逆阵的总产量关联转化为工作量关联。第二部分 *Ldiag*（*d*）将第 n 列的每个单元格值与矢量 d 的第 n 个单元格值相乘。

联合国贸易暨发展会议一样，国际劳工组织认为后者相比前者而言对于商品贸易更具重要意义，并因此在需求矢量中纳入了最终产品的出口。

（四）按所在地与目的地汇总

上述计算提供了各个行业和国家依赖于任何其他行业或者国家需求的工作数量的矩阵。因此，在1995—2011年期间的任一年，均有1400^2个数据点需要汇总，以进行有用分析。汇总按所在地和目的地进行。前者将参与全球供应链的实际受雇劳动力的行业或者国家予以汇总，后者则依赖于特定国家或国家组别或者行业团体需求的工作。例如，可以计算澳大利亚制造业依赖于全球范围内全球供应链服务业需求的工作数量。

二、对2012—2013年期间与全球供应链相关的工作数量的估计

投入产出表格中的数据只提供1995年至2011年期间的数据，因此可以估计相同期间内全球供应链相关工作的数量。根据一个预测模型，国际劳工组织也可以得出2012—2013年期间的估计数据。预测模型采用面板回归技术，并对依赖于向特定目的地国家出口的特定国家与行业（农业、制造业、其他工业与服务业）工作数量的增长率进行估计。对每个行业与目的地国家的组合进行不同的回归估计。因此，该方法能够在相对细分程度较高的细分类情形下提供预测数据。

模型里所含的回归量在大部分回归分析中极为重要。这些回归量包括：

- 对那些全球供应链相关工作数量进行估计的国家的GDP增长；
- 目的国的GDP增长；
- 对那些全球供应链相关工作数量进行估计的国家的行业附加值增长；
- 对那些全球供应链相关工作数量进行估计的国家的总出口增长；
- 目的国总进口增长；
- 对那些全球供应链相关工作数量进行估计的国家的外国直接投资流入金额占GDP的比例；
- 总就业人口增长。

三、其他衡量指标

经济合作与发展组织等（OECD等，2013）与联合国贸易暨发展会议（UNCTAD，2013）使用与国际劳工组织相同的方式定义需求矢量，即为中间产品与最终产品的出口总量。然而，其主要衡量指标为全球价值链参与率。该指标按国内出口中的国外附加值与国外出口中的国内附加值之和除以总出口得出。该指标提供了全球供应链内各产业后向与前向一体化的衡量指标。然而，由于使用了国外附加值，该指标无法通过工作数量表达。

蒂默等人（Timmer等人，2014）利用最终需求矢量计算“全球价值链工作数量”，其最终需求矢量包括其研究中涉及的全部国家（欧盟28国）的最终制造总需求。因此，他们计算的工作数量是生产制造业产出的价值链组成部分，而并未将纯粹国内或者实际上为全球性的价值链进行区分。他们研究的前提是制造业价值链已经高度一体化，因此可以视为具有全球性，如果他们的方法中使用了所有行业的最终需求，则该经济体的工作总量可以计算出来。

江（Jiang，2013年）采用的定义是构成全球生产网络的工作，该定义范围十分狭隘。如此一来，仅把依赖于出口后用于外国出口产品的中间产品的工作包含在内。虽然该定义保证了工作的确是全球供应链的组成部分（也将自然资源型工作包含在内），但他们却忽视了最终产品也构成全球供应链的情形，或者其他国内供应链的初始阶段外包的情形。

附录 B
全球供应链活动与劳动力市场：行业分析

本章第二节对全球供应链活动对选定劳动力市场指标（包括工资份额与技能工资溢价）所产生影响进行了估计。本章所述的经验分析主要以两个数据来源为基础，这两个数据来源提供了关于全球供应链活动与选定劳动力市场指标的行业层面数据：

（1）经济合作与发展组织附加值贸易数据库；

- 进口投入占总出口的比例（后向全球供应链活动）；
- 用作进口投入，以生产其他国家出口产品的出口产品与服务的份额（前向全球供应链活动）。

（2）世界投入产出数据库：

- 平均工资（按劳动力报酬与受雇人员之比计算）；
- 平均劳动生产率（按附加值与受雇人员之比计算）；
- 工资份额（按劳动力报酬与附加值之比计算）；
- 技能工资溢价（按高技能工作者的平均小时工资与低高技能工作者的平均小时工资之比计算）。

这两个数据库在行业层面进行匹配，将全球供应链活动的衡量指标与劳动力市场指标相互关联。分析覆盖了 18 个行业（包括农业、工业、服务业三大行业下的细分行业）与 40 个国家（包括发达经济体和新兴经济体）。分析包含了 1995 年、2000 年、2005 年、2008 年与 2009 年的数据，这些是两个数据库可提供的数据的年份。

下列等式通过最小二乘法面板固定效应回归分析估计得出：

$$LMI_{ict} = \alpha + \beta GSC\_PART_{ict} + \gamma \varepsilon_{it} + \delta \varepsilon_{ct} + \varepsilon_{ic} + \varepsilon_{ict}$$

在等式中，根据所考虑的回归分析，LMI 代表平均工资的对数，平均生产率的对数，工资份额或者高技能与低技能工作者的平均小时工资之比。

GSC_PART 是后向或者前向全球供应链活动的衡量指标。后向活动使用进口投入占总出口的比例，而前向活动则改为使用用作进口投入以生产其他国家出口产品的出口产品与服务的份额。鉴于两种指标之间能够观察到较高的相关系数（0.4），这两个指标不会共同进入回归分析，而是分别进入以避免任何因多重共线性产生的任何问题。

ε_{it}、ε_{ct}、ε_{ic} 与 ε_{ict} 分别代表行业时间、国家时间与国家—行业固定效应以及特殊误差项。i 是行业指数，c 是国家指数，t 是年份指数。

参考文献

African Development Bank (AfDB); Organisation for Economic Co-operation and Development (OECD); United Nations Development Programme (UNDP). 2014. *African Economic Outlook 2014* (Abidjan and Paris). Available at: http://www.africaneconomicoutlook.org/fileadmin/uploads/aeo/2014/PDF/E-Book_African_Economic_Outlook_2014.pdf [2 Apr. 2015].

Ahmed, N.; Nathan, D. 2014. *Improving wages and working conditions in the Bangladeshi garment sector: The role of horizontal and vertical relations*, Capturing the Gains 2014 Working Paper 40.

Aitken, B.; Harrison, A.; Lipsey, R.E. 1996. "Wages and foreign ownership: A comparative study of Mexico, Venezuela and the United States", in *Journal of International Economics*, Vol. 40, Nos. 3–4, pp. 345–371.

Almeida, R. 2007. "The labor market effects of foreign owned firms", in *Journal of International Economics*, Vol. 72, No. 1, pp. 75–96.

Altomonte, C.; Di Mauro, F.; Ottaviano, G.I.P.; Rungi, A.; Vicard, V. 2012. *Global value chains during the great trade collapse: A bullwhip effect?*, Working Paper Series No. 1412 (Frankfurt am Main, European Central Bank (ECB)).

Amengual, M. 2010. "Complementary labor regulation: The uncoordinated combination of state and private regulators in the Dominican Republic", in *World Development*, Vol. 38, No. 3, pp. 405–414.

Amiti, M.; Konings, J. 2007. "Trade liberalization, intermediate inputs, and productivity: Evidence from Indonesia", in *American Economic Review*, Vol. 97, No. 5, pp. 1611–1638.

Anner, M.; Bair, J.; Blasi, J. 2013. "Towards joint liability in global supply chains: Addressing the root causes of labor violations in international subcontracting networks", in *Comparative Labor Law and Policy Journal*, Vol. 35, No. 1, pp. 1–43.

Antràs, P.; Chor, D. 2013. "Organizing the global value chain", in *Econometrica*, Vol. 81, No. 6, pp. 2127–2204.

Arnold, D. 2014. "Workers' agency and power relations in Cambodia's garment industry", in A. Rossi, A. Luinstra and J. Pickles (eds): *Towards better work: Understanding labour in apparel global value chains* (Basingstoke and Geneva, Palgrave Macmillan and ILO), pp. 212–231.

Aron, R.; Singh, J.V. 2005. "Getting offshoring right", in *Harvard Business Review*, Vol. 83, No. 12, pp. 135–143.

Athukorala, P-C.; Nasir, S. 2012. *Global production sharing and south-south trade*, Regional Value Chains Background Paper No. 1 (Geneva, United Nations Conference on Trade and Development (UNCTAD)). Available at: http://unctad.org/en/PublicationsLibrary/ecidc2013misc1_bp1.pdf [10 Apr. 2015].

Baldwin, J.R.; Yan, B. 2014. *Global value chains and the productivity of Canadian manufacturing firms*, Economic Analysis (EA) Research Paper No. 90 (Ottawa, Statistics Canada). Available at: http://www.statcan.gc.ca/pub/11f0027m/11f0027m2014090-eng.htm [12 Mar. 2015].

Baldwin, R. 2013. "Global supply chains: Why they emerged, why they matter, and where they are going", in D.K. Elms and P. Low (eds): *Global value chains in a changing world* (Hong Kong, China; Singapore and Geneva, Fung Global Institute (FGI), Nanyang Technological University (NTU) and World Trade Organization (WTO), pp. 13–59. Available at: http://www.cggc.duke.edu/pdfs/2013-07_Elms&Low_eds_GlobalValueChains_in_a_ChangingWorld_WTO.pdf [12 Mar., 2015].

—.; Lopez-Gonzalez, J. 2014. "Supply-chain trade: A portrait of global patterns and several testable hypotheses", in *The World Economy*, May (online version published before inclusion in an issue). Available at: http://onlinelibrary.wiley.com/doi/10.1111/twec.12189/full [23 Apr. 2015].

Banga, R. 2013. *Measuring value in global value chains*, Regional Value Chains Background Paper No. 8 (Geneva, United Nations Conference on Trade and Development (UNCTAD)). Available at: http://unctad.org/en/PublicationsLibrary/ecidc2013misc1_bp8.pdf [9 Apr. 2015].

Bernard, A.B.; Jensen, J.B.; Redding, S.J.; Schott, P.K. 2007. "Firms in international trade", in *Journal of Economic Perspectives*, Vol. 21, No. 3, pp. 105–130.

Bhaskaran, R.; Nathan, D.; Phillips, N.; Upendranadh, C. 2013. *Vulnerable workers and labour standards (non-)compliance in global production networks: Home-based child labour in Delhi's garment sector*, Working Paper No. 16 (Manchester, UK, Capturing the Gains, University of Manchester). Available at: http://www.capturingthegains.org/pdf/ctg-wp-2013-16.pdf [11 May 2015].

Blinder, A.S. 2009. "How many US jobs might be offshorable?", in *World Economics*, Vol. 10, No. 2, pp. 41–78.

Blome, C.; Schoenherr, T. 2011. "Supply chain risk management in financial crises: A multiple case-study approach", in *International Journal of Production Economics*, Vol. 134, No. 1, pp. 43–57.

Brach, J.; Kappel, R. 2009. *Global value chains, technology transfer and local firm upgrading in non-OECD countries*, GIGA Working Papers No. 110 (Hamburg, German Institute of Global and Area Studies (GIGA)). Available at: http://www.giga-hamburg.de/en/system/files/publications/wp110_brach-kappel.pdf [20 Mar. 2015].

Brancati, E.; Brancati, R.; Maresca, A. 2015. *Global value chains, innovation and performance: Firm-level evidence from Italy.* Available at: http://papers.ssrn.com/sol3/papers.cfm?abstract_id=2512641 [20 Mar. 2015].

Bryson, J.R.; Daniels, P.W. 2010. "Service worlds: The 'services duality' and the rise of the 'manuservice' economy", in P.P. Maglio, C.A. Kieliszewski and J.C. Spohrer (eds): *Handbook of service science* (New York, Springer), pp. 79–104.

Budd, J.W.; Konings, J.; Slaughter, M.J. 2005. "Wages and international rent sharing in multinational firms", in *The Review of Economics and Statistics*, Vol. 87, No. 1, pp. 73–84.

Buono, I.; Vergara Caffarelli, F. 2013. *Trade elasticity and vertical specialisation*, Working Paper No. 924 (Rome, Bank of Italy). Available at: http://www.bancaditalia.it/pubblicazioni/temi-discussione/2013/2013-0924/en_tema_924.pdf [20 Mar. 2015].

Chan, J.; Pun, N.; Selden, M. 2013. "The politics of global production: Apple, Foxconn and China's new working class", in *New Technology, Work and Employment*, Vol. 28, No. 2, pp. 100–115.

Constantinescu, C.; Mattoo, A.; Ruta, M. 2015. *Explaining the global trade slowdown.* Article published on Vox, CEPR's Policy Portal. Available at: http://www.voxeu.org/article/explaining-global-trade-slowdown [20 Mar. 2015].

Dalle, D.; Fossati, V.; Lavopa, F. 2013. "Política industrial: ¿el eslabón perdido en el debate de las Cadenas Globales de Valor?" [Global value chains and development policies: setting the limits of liberal views on integration into the global economy], in *Revista Argentina de Economía Internacional*, No. 2, pp. 3–16.

De Backer, K.; Miroudot, S. 2013. *Mapping global value chains*, Working Party of the Trade Committee, TAD/TC/WP/RD(2012)9 (Paris, Organisation for Economic Co-operation and Development (OECD)). Available at: http://www.oecd.org/officialdocuments/publicdisplaydocumentpdf/?cote=TAD/TC/WP(2012)6/FINAL&docLanguage=En [12 Mar. 2015].

De Loecker, J. 2007. "Do exports generate higher productivity?: Evidence from Slovenia", in *Journal of International Economics*, Vol. 73, No. 1, pp. 69–98.

Dhar, S.; Balakrishnan, B. 2006. "Risks, benefits, and challenges in global IT outsourcing: Perspectives and practices", in *Journal of Global Information Management*, Vol. 14, No. 3, pp. 39–69.

Distelhorst, G.; Hainmueller, J.; Locke, R.M. 2014. *Does lean improve labor standards? Management and social performance in the Nike supply chain*, Working Paper No. 2013-09 (Providence, RI, The Watson Institute for International Studies at Brown University). Available at: http://papers.ssrn.com/sol3/papers.cfm?abstract_id=2337601 [22 Apr. 2015].

Ebert, F.C.; Posthuma, A. 2011. *Labour provisions in trade arrangements: Current trends and perspectives*, Discussion Paper No. 205 (Geneva, International Labour Organization (ILO)).

English, B. 2013. "Global women's work: Historical perspectives on the textile and garment industries", in *Journal of International Affairs*, Vol. 67, No. 1, pp. 67–82.

Escaith, H.; Lindenberg, N.; Miroudot, S. 2010. *International supply chain and trade elasticity in time of global crisis*, Staff Working Paper ERSD No. 8, Economic Research and Statistics Division (ERSD) (Geneva, World Trade Organization (WTO)).

European Parliament and Council. 2009. "Directive 2009/38/EC of the European Parliament and of the Council of 6 May 2009 on the establishment of a European Works Council or a procedure in Community-scale undertakings and Community-scale groups of undertakings for the purposes of informing and consulting employees", in *Official Journal of the European Union*, 16.5.2009, L 122/28.

Farreira, J.; Prokopets, L. 2009. "Does offshoring still make sense?", in *Supply Chain Management Review*, Vol. 13, No. 1, pp. 20–27.

Farrell, D. 2004. "Beyond offshoring: Assess your company's global potential", in *Harvard Business Review*, Vol. 82, No. 12, pp. 82–90.

Feenstra, R.C.; Hanson, G.H. 1995. *Foreign investment, outsourcing and relative wages*, NBER Working Paper No. 5121 (Cambridge, National Bureau of Economic Research (NBER)).

Ferrantino, M.; Taglioni, D. 2014. *Global value chains in the current trade slowdown*, Economic Premise No. 137 (Washington, DC, World Bank). Available at: http://www-wds.worldbank.org/external/default/WDSContentServer/WDSP/IB/2014/03/27/000333037_20140327142552/Rendered/PDF/862320BRI0EP1380Box385167B00PUBLIC0.pdf [7 Apr. 2015].

Forrester, J.W. 1961. *Industrial dynamics* (Cambridge, MA, Productivity Press).

George, A.; Alam, P. 2014. *After-life of mobile phones: Waste of return to production?*, Working Paper No. 07 (New Delhi, Institute for Human Development). Available at: http://www.ihdindia.org/Working%20Ppaers/2014/WP-0714anngeorge.pdf [24 Apr. 2015].

Gereffi, G.; Frederick, S. 2010. *The global apparel value chain, trade and the crisis: Challenges and opportunities for developing countries*, Policy Research Working Paper No. 5281 (Washington, DC, World Bank).

—.; Humphrey, J.; Sturgeon, T. 2006. "The governance of global value chains", in *Review of International Political Economy*, Vol. 12, No. 1, pp. 78–104.

—.; Lee, J. 2014. "Economic and social upgrading in global value chains and industrial clusters: Why governance matters", in *Journal of Business Ethics*, Sep. Available at: http://link.springer.com/article/10.1007/s10551-014-2373-7 [22 Apr. 2015].

—.; Spencer, D.; Bair, J. 2002. *Free trade and uneven development: The North American apparel industry after NAFTA* (Philadelphia, PA, Temple Press).

—.; Sturgeon, T. 2013. "Global value chains and industrial policy: The role of emerging economies", in D.K. Elms and P. Low (eds): *Global value chains in a changing world* (Hong Kong, China; Singapore and Geneva, Fung Global Institute (FGI), Nanyang Technological University (NTU) and World Trade Organization (WTO), pp. 329–360. Available at: http://www.cggc.duke.edu/pdfs/2013-07_Elms&Low_eds_GlobalValueChains_in_a_ChangingWorld_WTO.pdf#page=288 [12 Mar. 2015].

Giovannetti, G.; Marvasi, E.; Sanfilippo, M. 2014. *Supply chains and the internationalization of SMEs: Evidence from Italy*, Working Papers RSCAS No. 62 (San Domenico di Fiesole, Robert Schuman Centre for Advanced Studies European University Institute). Available at: http://papers.ssrn.com/sol3/papers.cfm?abstract_id=2441121 [20 Mar. 2015].

Harrison, A. 2005. *Has globalization eroded labour's share?: Some cross-country evidence*, MPRA Paper No. 39649, Munich Personal RePEc Archive (Munich, Munich University Library).

Heyman, F.; Sjöholm, F.; Gustavsson Tingvall, P. 2007. "Is there really a foreign ownership wage premium? Evidence from matched employer-employee data", in *Journal of International Economics*, Vol. 73, No. 2, pp. 355–376.

Hiratsuka, D. 2010. "Characteristics and determinants of East Asia's trade patterns", in D. Hiratsuka and Y. Uchida (eds): *Inputs trade and production networks in East Asia* (Northampton, MA, Edward Elgar), pp. 62–83.

Hobbs, J.E. 1996. "A transaction cost approach to supply chain management", in *Supply Chain Management: An International Journal*, Vol. 1, No. 2, pp. 15–27.

Holdcroft, J. 2012. *The triangular trap: Unions take action against agency labour* (Geneva, IndustriALL Global Union). Available at: http://www.industriall-union.org/sites/default/files/uploads/documents/Triangular_Trap/agency_work_final.pdf [20 Mar. 2015].

International Institute for Labour Studies (IILS). 2009. *World of Work Report 2009: The global jobs crisis and beyond* (Geneva, International Labour Organization (ILO)).

—. 2013. *Social dimensions of free trade agreements* (Geneva, International Labour Organization (ILO)).

International Labour Office (ILO). 2013. *Final report: Meeting of experts on labour inspection and the role of private compliance initiatives* (Geneva).

—. 2014a. *Crisis responses, competitiveness and jobs*, Studies on growth with equity (Geneva).

—. 2014b. *Trade union manual on export processing zones* (Turin).

—. 2014c. *Ups and downs in the electronics industry: Fluctuating production and the use of temporary and other forms of employment*, Issues paper for discussion at the Global Dialogue Forum on the Adaptability of Companies to Deal with Fluctuating Demands and the Incidence of Temporary and Other Forms of Employment in Electronics, Geneva, 9–11 Dec. Available at: http://www.ilo.org/wcmsp5/groups/public/---ed_dialogue/---sector/documents/meetingdocument/wcms_317267.pdf [20 Mar. 2015].

—. 2014d. *Wages and working hours in the textiles, clothing, leather and footwear industries* (Geneva).

—. 2015. *World Employment and Social Outlook: Trends 2015* (Geneva).

International Monetary Fund (IMF). 2007. *World Economic Outlook: Globalization and inequality* (Washington, DC).

—.; World Bank (WB). 2015. *Prospects for global trade*, presented at the Second G20 Sherpas Meeting, Izmir, Turkey, 26–27 Mar.

—. 2013. *German-Central European supply chain: Cluster report*, IMF Country Report No. 13/263 (Washington, DC).

Jackson, J.K. 2013. *Outsourcing and insourcing jobs in the U.S. economy: Evidence based on foreign investment data*, CRS Report for Congress No. RL32461, Congressional Research Service (Washington, DC, Library of Congress). Available at: http://fas.org/sgp/crs/misc/RL32461.pdf [20 Mar. 2015].

Javorcik, B. 2014. *Does FDI bring good jobs to host countries?*, Policy Research Working Paper No. 6936 (Washington, DC, World Bank). Available at: http://www-wds.worldbank.org/servlet/WDSContentServer/WDSP/IB/2014/10/07/000158349_20141007105443/Rendered/PDF/WPS6936.pdf [20 Mar. 2015].

Jayadev, A. 2007. "Capital account openness and the labour share of income", in *Cambridge Journal of Economics*, Vol. 31, No. 3, pp. 423–443.

Jiang, X. 2013. *Trade and employment in a vertically specialized world*, ILO Research Paper No. 5 (Geneva, International Labour Organization (ILO)). Available at: http://www.ilo.org/wcmsp5/groups/public/---dgreports/---inst/documents/publication/wcms_211506.pdf [10 Apr. 2015].

Keller, W.; Yeaple, S.R. 2009. "Multinational enterprises, international trade, and productivity growth: Firm-level evidence from the United States", in *Review of Economics and Statistics*, Vol. 91, No. 4, pp. 821–831.

—. 2013. "The gravity of knowledge", in *American Economic Review*, Vol. 103, No. 4, pp. 1414–1444.

Khatun, F.; Rahman, M.; Bhattacharya, D; Moazzem, K.G. 2008. *Gender and trade liberalization in Bangladesh: The case of the readymade garments*, CPD Research Monograph No. 2 (Dhaka, Centre for Policy Dialogue (CPD)).

Knutsen, H.M. 2004. "Industrial development in buyer-driven networks: The garment industry in Vietnam and Sri Lanka", in *Journal of Economic Geography*, Vol. 4, No. 5, pp. 545–564.

Kommerskollegium [National Board of Trade], Government of Sweden. 2010. *Servicification of Swedish manufacturing* (Stockholm). Available at: http://www.kommers.se/Documents/dokumentarkiv/publikationer/2010/skriftserien/report-2010-1-servicification-of-swedish-manufacturing.pdf [12 May 2015].

Krugman, P. 1995. "Growing world trade: Causes and consequences", in *Brookings Papers on Economic Activity*, No. 1, pp. 327–377.

Lanz, R.; Mirodout, S. 2011. *Intra-firm trade: Patterns, determinants and policy implications*, OECD Trade Policy Papers No. 114 (Paris, OECD).

—.; Maurer, A. 2015. *Services and global value chains: Some evidence on servicification of manufacturing and services networks*, Staff Working Paper ERSD No. 3, Economic Research and Statistics Division (ERSD) (Geneva, World Trade Organization (WTO)). Available at: https://www.wto.org/english/res_e/reser_e/ersd201503_e.pdf [12 May 2015].

Lee, S.; McCann, D. 2011. "Negotiating working time in fragmented labour markets: Realizing the promise of 'regulated flexibility'", in S. Hayter (ed.): *The role of collective bargaining in the global economy: Negotiating for social justice* (Cheltenham, Edward Elgar), pp. 47–75.

Lepawsky, J.; Billah, M. 2011. "Making chains that (un)make things: Waste-value relations and the Bangladesh rubbish electronics industry", in *Geografiska Annaler: Series B, Human Geography*, Vol. 93, No. 2, pp. 121–139.

Lipsey, R.E.; Sjöholm, F. 2004. "Foreign direct investment, education and wages in Indonesian manufacturing", in *Journal of Development Economics*, Vol. 73, No. 1, pp. 415–422.

Locke, R.M.; Rissing, B.A.; Pal, T. 2013. "Complements or substitutes? Private codes, state regulation and the enforcement of labour standards in global supply chains", in *British Journal of Industrial Relations*, Vol. 51, No. 3, pp. 519–552.

Lodefalk, M. 2010. *Servicification of manufacturing: Evidence from Swedish firm and enterprise group level data*, Working Paper No. 3 (Örebro, Swedish Business School, Örebro University).

Low, P. 2013. "The role of services in global value chains", in D.K. Elms and P. Low (eds): *Global value chains in a changing world* (Hong Kong, China; Singapore and Geneva, Fung Global Institute (FGI), Nanyang Technological University (NTU) and World Trade Organization (WTO)), pp. 61–81. Available at: http://www.cggc.duke.edu/pdfs/2013-07_Elms&Low_eds_GlobalValueChains_in_a_ChangingWorld_WTO.pdf#page=288 [12 Mar. 2015].

Mayer, F.; Gereffi, G. 2010. "Regulation and economic globalization: Prospects and limits of private governance", in *Business and Politics*, Vol. 12, No. 3, Article 11.

McNamara, K. 2008. *The global textile and garment industry: The role of information and communication technologies (ICTs) in exploiting the value chain*, infoDev publication (Washington, DC, World Bank).

Meixell, M.J.; Gargeya, V.B. 2005. "Global supply chain design: A literature review and critique", in *Transportation Research Part E*, Vol. 41, pp. 531–550.

Nathan, D. Forthcoming. *Impact of GVCs on employment relations: Non-standard work and the quality of employment*, background paper prepared for ILO Research Department (Geneva, ILO).

Organisation for Economic Co-operation and Development (OECD). 2010. *Trade and economic effects of responses to the economic crisis*, OECD Trade Policy Studies (Paris). Available at: http://www.oecd-ilibrary.org/trade/trade-and-economic-effects-of-responses-to-the-crisis_9789264088436-en [22 Apr. 2015].

—.; World Trade Organization (WTO); United Nations Conference on Trade and Development (UNCTAD). 2013. *Implications of global value chains for trade, investment, development and jobs*. Prepared for the G20 Leaders Summit, Saint Petersburg (Russian Federation), Sep. Available at: http://unctad.org/en/PublicationsLibrary/unctad_oecd_wto_2013d1_en.pdf [20 Mar. 2015].

—.; —.; World Bank (WB). 2014. *Global value chains: Challenges, opportunities, and implications for policy.* Report prepared for the G20 Trade Ministers Meeting, Sydney, Australia, 19 Jul. Available at: http://www.oecd.org/tad/gvc_report_g20_july_2014.pdf [24 Apr. 2015].

Peels, R.; Schneider, A. 2014. "The potential role of the ILO to enhance institutional coherence on CSR in international trade and investment agreements", in R. Blanpain, et al. (eds): *Protecting labour rights in a multi-polar supply chain and mobile global economy* (Alphen aan den Rijn, Kluwer Law International), pp. 139–158.

Plank, L.; Rossi, A.; Staritz, C. 2014. "What does 'Fast Fashion' mean for workers? Apparel production in Morocco and Romania", in A. Rossi, A. Luinstra and J. Pickles (eds): *Towards better work: Understanding labour in global value chains* (Basingstoke and Geneva, Palgrave Macmillan and ILO), pp. 127–147.

Prislan, V.; Zandvliet, R. 2013. *Labor provisions in international investment agreements: Prospects for sustainable development*, Working Paper No. 003-IEL (Leiden, Grotius Centre for International Legal Studies, University of Leiden).

Robertson, R.; Sitalaksmi, S.; Ismalina, P.; Fitrady, A. 2009. "Globalization and working conditions: Evidence from Indonesia", in R. Robertson, D. Brown, G. Pierre and M-L. Sanchez-Puerta (eds): *Globalization, wages, and the quality of jobs: Five country studies* (Washington, DC, World Bank), pp. 203–235.

Rodrik, D. 1998. *Democracies pay higher wages*, NBER Working Paper No. 6364 (Cambridge, MA, National Bureau of Economic Research (NBER)). Available at: http://www.nber.org/papers/w6364.pdf [20 Mar. 2015].

Rossi, A.; Luinstra, A.; Pickles, J. (eds). 2014. *Towards better work: Understanding labour in global value chains* (Basingstoke and Geneva, Palgrave Macmillan and ILO).

—.; Robertson, R. 2011. *Better factories Cambodia: An instrument for improving industrial relations in a transnational context*, Working Paper No. 256 (Washington, DC, Center for Global Development).

Samel, H.M. 2012. *Upgrading under volatility in a global economy.* Available at: http://ssrn.com/abstract=2102643 [9 Dec. 2014].

Singa Boyenge, J-P. 2007. *ILO database on export processing zones (Revised)*, Working Paper No. 251, Sectoral Activities Programme (Geneva, ILO). Available at: http://www.ilo.org/public/libdoc/ilo/2007/107B09_80_engl.pdf [23 Apr. 2015].

Stockhammer, E. 2013. *Why have wage shares fallen? A panel analysis of the determinants of functional income distribution*, Condition of Work and Employment Series No. 35 (Geneva, ILO). Available at: http://www.ilo.org/wcmsp5/groups/public/---ed_protect/---protrav/---travail/documents/publication/wcms_202352.pdf [20 Mar. 2015].

Tengblad, P.; Docherty, P. 2009. "The role of institutions and social governance in restructuring", in P. Meil (ed.): *Challenges for Europe under value chain restructuring: Contributions to policy debates* (Leuven, Higher Institute of Labour Studies (HIVA), University of Leuven), pp. 63–84.

Timmer, M.P.; Erumbam, A.A.; Los, B; Stehrer, R.; de Vriers, G.J. 2014. "Slicing up global value chains", in *Journal of Economic Perspectives*, Vol. 28, No. 2, pp. 99–118.

United Nations Conference on Trade and Development (UNCTAD). 2010. *Trade and Development Report 2010: Employment, globalization and development* (Geneva).

—. 2012. *World Investment Report 2012: Towards a new generation of investment policies* (Geneva).

—. 2013. *World Investment Report 2013: Global value chains: Investment and trade for development* (Geneva).

—. 2014a. *Exploring the potential of the trade in services for development*, Services: New Frontier on Sustainable Development Series No. 2 (Geneva). Available at: http://unctad.org/en/PublicationsLibrary/ditctncd2013d4_en.pdf [11 May 2015].

—. 2014b. *Trade and Development Report 2014: Global governance and policy space for development* (Geneva).

United Nations Economic and Social Commission for Asia and the Pacific (ESCAP). 2006. *Linking Greater Mekong subregion enterprises to international markets: The role of global value chains, international production networks and enterprise clusters*, Studies in Trade and Investment No. 59 (Bangkok).

—. 2011. *Enabling environment for the successful integration of small and medium sized enterprises in global value chains*, Studies in Trade and Investment No. 70 (Bangkok).

Van Biesebroeck, J. 2005. "Exporting raises productivity in sub-Saharan African manufacturing firms", in *Journal of International Economics*, Vol. 67, No. 2, pp. 373–391.

Vogel, D. 2005. *The market for virtue: The potential and limits of corporate social responsibility* (Washington, DC, Brookings Institution).

Ward, H. 2004. *Public sector roles in strengthening corporate social responsibility: Taking stock* (Washington, DC, World Bank).

Warren, C.; Robertson, R. 2011. *Globalization, wages, and working conditions: A case study of Cambodian garment factories*, Working Paper No. 257 (Washington, DC, Center for Global Development).

World Trade Organization (WTO). 2015. *Trade Statistics and Outlook: Modest trade recovery to continue in 2015 and 2016 following three years of weak expansion*, Press Release No. 739, 14 Apr. Available at: https://www.wto.org/english/news_e/pres15_e/pr739_e.pdf [23 Apr. 2015].

—.; Institute of Developing Economies – Japan External Trade Organization (IDE-JETRO). 2011. *Trade patterns and global value chains in East Asia: From trade in goods to trade in tasks*. Available at: https://www.wto.org/english/res_e/booksp_e/stat_tradepat_globvalchains_e.pdf [7 Apr. 2015].